Wolfgang Weigand (Hg.)
Philosophie und Handwerk der Supervision

Therapie & Beratung

Wolfgang Weigand (Hg.)

Philosophie und Handwerk der Supervision

Mit Beiträgen von Michael B. Buchholz,
Ferdinand Buer, Marina Gambaroff, Rolf Haubl,
Brigitte Hausinger, Rudolf Heltzel, Mathias Hirsch,
Michael Klessmann, Mathias Lohmer, Marga Löwer-Hirsch,
Winfried Münch, Wolfgang Weigand, Mario Wernado
und Beate West-Leuer

Psychosozial-Verlag

Bibliografische Information der Deutschen Nationalbibliothek
Die Deutsche Nationalbibliothek verzeichnet diese Publikation
in der Deutschen Nationalbibliografie; detaillierte bibliografische Daten
sind im Internet über http://dnb.d-nb.de abrufbar.

Originalausgabe
© 2012 Psychosozial-Verlag
Walltorstr. 10, D-35390 Gießen
Fon: 0641-969978-18; Fax: 0641-969978-19
E-Mail: info@psychosozial-verlag.de
www.psychosozial-verlag.de
Alle Rechte vorbehalten. Kein Teil des Werkes darf in irgendeiner Form
(durch Fotografie, Mikrofilm oder andere Verfahren)
ohne schriftliche Genehmigung des Verlages reproduziert
oder unter Verwendung elektronischer Systeme verarbeitet,
vervielfältigt oder verbreitet werden.
Umschlagabbildung: El Lissitzky: »Proun R.V.N. 2«, 1923.
Umschlaggestaltung & Satz: Hanspeter Ludwig, Wetzlar
www.imaginary-world.de
Druck: CPI books GmbH, Leck
Printed in Germany
ISBN 978-3-8379-2194-6

Inhalt

Unzeitgemäße Gedanken zur Supervision   9
Wolfgang Weigand

Teil I
Das Eigentliche: Supervision als praktizierte Solidarität

Zur Dynamik der Intersubjektivität im Supervisionsprozess   35
Marina Gambaroff

Supervision und Emotionsregulation   53
Rolf Haubl

Verwickelt, verstrickt und dennoch gut beraten   63
Abstinenz, Containment und Verantwortung
im Beratungsprozess
Mathias Lohmer

Mit Klienten in die Oper   71
Puccinis *Turandot* als Übergangsraum
in der Psychodynamischen Beratung
Beate West-Leuer

Scheitern einer Supervision   95
Mathias Hirsch

Inhalt

Teil II
Aus dem Blick geraten

Körperlichkeit und Supervision 123
Die Arbeit mit Menschen aus »Fleisch und Blut« –
»versehrt« und »unversehrt«
Marga Löwer-Hirsch

Supervision als Sprachspiel 137
Über Sprache und Verstehen der Sprache
Winfried Münch

Das Ungesagte und Unscheinbare 155
Die Bedeutung des Verborgenen in der Supervision
Mario Wernado

**Entwicklung professioneller Therapeuten
und die Bewältigung therapeutischer Paradoxien** 161
Michael B. Buchholz

Teil III
Entwürfe von Leben und Arbeit

Vita activa – Der folgenreiche Wandel des Arbeitsbegriffs 189
Brigitte Hausinger

Die Ökonomisierung psychosozialer Arbeit und ihre Folgen 203
Zehn kritische Thesen aus der Sicht des Supervisors
Rudolf Heltzel

Die Supervision und das Glück 223
Ferdinand Buer

Wenn Arbeit und Leben ins Stocken geraten … 251
Sinnsuche und Sinnfindung in der Supervision
Michael Klessmann

Die Autorinnen und Autoren 265

Ich widme diesen Band dem Mitautor dieses Buches, meinem Kollegen und Freund Mario Wernado, der während der Drucklegung im April 2012 verstorben ist.

Unzeitgemäße Gedanken zur Supervision

Wolfgang Weigand

»Auch da, wo ich manchmal herzlich gerne raten möchte, habe ich den Verdacht, am Ende rate ich mir selber, nicht den anderen, und ich rate aus einer Verwechslung beider Lager, indem ich mich an die paar Dinge klammere, die meinem Verständnis ähnlich scheinen.«

Max Frisch

Die Idee, über das Thema »Philosophie und Handwerk der Supervision« nachzudenken, entstand in einer Zeit, in der eine Methodeninflation Einzug in die Theorie und Praxis der Beratung hielt. Jedes Problem, das der Beratung bedurfte, konnte aufgestellt, auf seine Konstruktionen hin analysiert, mithilfe von paradoxen Interventionen angegangen und mit vielerlei Techniken zur Lösung gebracht werden. Das hat sich bis heute nicht geändert und ist nach Kenntnis der Beratungsszene eher noch verstärkt zu beobachten. Man kann zwar mit Recht argumentieren, dass jedes Handwerk seine Werkzeuge hat und nach bestimmten Regeln der Kunst verfährt; gleichzeitig wissen wir jedoch, dass die Einhaltung von Regeln, die Anwendung von Techniken und der Einsatz von Werkzeugen noch kein Kunstwerk schafft. Es fehlen Bilder und Absichten, Intuition und Vorstellungen, existenzieller Ausdruck und schöpferische Kraft. Es bedarf einer Rückkehr zu den Wurzeln des Geschehens, seiner Geschichte, den Widersprüchen und auch Widerständen, den Ungereimtheiten und den Hinter- und Untergründen der Wirklichkeit. Um solches mit dem Blick auf Supervision in Erfahrung zu bringen, wurde ein Angebot mit gleichem Namen – »Philosophie und Handwerk der Supervision« – entwickelt, das Experten ihres Faches in kleinen Gruppen mit Kolleginnen und Kollegen darstellen und reflektieren sollten. Es gab lebhaftes Interesse und viel Bestätigung für diese Idee und ihre praktische Umsetzung. Allein – das war die Überraschung – fanden sich zu wenig Teilnehmer, um das Vorhaben in die Wirklichkeit umzusetzen. Über die Gründe wurde in vielerlei Richtung spekuliert; es blieb ein Gefühl, dass für das, was man grundsätzlich für wichtig hält, nicht genügend Raum, Zeit und Energie vorhanden ist, sich in kurzer Distanz zur supervisorischen Werkstatt einzufinden, um über das Grundsätzliche, Eigentliche und nicht sofort Verwertbare nachzudenken. Also blieb den Mitarbeiterinnen und Mitarbeitern des Projektes nur die Möglichkeit, über eine Publikation ihre Absicht, ihr Interesse und ihre gedanklichen Bewegungen am Leben zu halten und sie in dieser Form einem interessierten, professionellen Kollegenkreis anzubieten und weiterzugeben.

Wenn der gesellschaftliche Bedarf nach einer bestimmten professionellen Dienstleistung, hier der Beratung und Supervision, wächst und dies noch in ungewöhnlichem Umfang wie gegenwärtig, hat dies für die Qualität der Dienstleistung Konsequenzen.

Positiv erzeugen die vermehrten und veränderten Nachfragen modifizierte oder neue professionelle Antworten, um den vorhandenen Problemen gerecht zu werden; die Zahl der Professionellen wächst und diese wachsende Rekrutierung wird auch neues Potenzial zu Tage fördern, da das neue Personal heterogene Kompetenzen mitbringt und der professionelle Diskurs sich dadurch erweitert. Negative Begleiterscheinungen entstehen aus dem erweiterten Angebot- und Nachfragegeschehen am Markt: Die Konkurrenz unter den Professionellen wird größer, der Kampf um Marktanteile führt zu Verhaltensweisen, die den professionellen, sogar ethischen Standards zuwiderlaufen können. Dadurch entsteht eine neue Dynamik in der Ausübung und Weiterentwicklung der Profession. Die Professionellen sind mit dem Marktgeschehen beschäftigt, suchen sich dort zu behaupten und konzentrieren ihre Energie nicht primär auf die kontinuierliche Entwicklung der Fachlichkeit, sondern erfinden eher neue Beratungsangebote, von denen sie sich Vorteile am Markt, vielleicht sogar ein Alleinstellungsmerkmal versprechen. Mit dem vorliegenden Buch möchte ich einem fachlich und konzeptionell bedingten Professionalisierungsdefizit entgegenwirken und den Supervisoren und Supervisorinnen zu bedenken geben, dass ihre Profession nicht nur von der Nachfrage und vom Markt, sondern auch vom vertieften Nachdenken über das eigene Handeln, dem wissenschaftlich Diskurs und der beruflichen Ethik abhängig ist. Methodische und konzeptionelle Legitimationen des Praxishandelns alleine genügen nicht, sondern das ungehinderte und offene Nachdenken über das, was Berater eigentlich tun, muss Raum und Zeit bekommen.

Was ist Beratung?

Geht man dem Wort *Beratung* etymologisch auf den Grund, findet man eine interessante Unterscheidung. Zunächst war *Rat* der Gesamtbegriff für alles, was für die leibliche Fürsorge und die Nahrung der Geschlechtsgenossen vonseiten des Geschlechtsherren anzuschaffen und zu gewähren war. Der materielle Bedarf an Nahrung und Kleidung musste gedeckt werden. Erst dann wurde der Rat als Anweisung und Belehrung der Geschlechtsgenossen durch das Geschlechtsoberhaupt verstanden. Erst im dritten Schritt kam der Aspekt der freien Wahl, sich Rat zu suchen, zu erbitten, anzunehmen, auf einen Rat zu hören, bzw. Rat zu erteilen zur Geltung.

> »Ratgeben begründet sich aus der Not und Ratebedürftigkeit des Menschen. Infolgedessen zeigt sich der Rat, der gegeben wird, als ein Axiom, dessen Sinn sich durch sich selbst erschließt; Ratgeben bedarf keiner besonderen Begründung. Der Mensch ist aufgrund seiner Existenz, die von inneren und äußeren Gefahren bedroht ist, dem Freisein und ›Fürsichsein‹ (Hegel) ausgeliefert, woraus Angst und Schrecken entstehen. Es bleibt keine Wahl, als sich selbst zu schützen und sich um sich selbst zu kümmern«, so formuliert Winfried Münch (2011, S. 219ff.).

Die Begrenztheit menschlichen Fühlens, Denkens und Wollens und die Bedürftigkeit des Menschen nach Fürsorge und Unterstützung kennzeichnen die individuelle Dimension des menschlichen Beratungsbedürfnisses. Die Ermöglichung solidarischen Handelns als Ausdruck der Sozialität des Menschen charakterisiert die soziale Dimension der Beratung. Die unterschiedlichen Interessen gesellschaftlicher Gruppen und Organisationen bei gleichzeitigem Zwang zur Verständigung und Kooperation zum Wohle aller überfordern den Menschen sehr schnell, komplexe soziale Situationen angemessen wahrnehmen und in ihnen adäquat handeln zu können. Der hinzukommende ethische und politische Anspruch permanenter Aufklärung zur Humanisierung der Lebenswelt, wie die Begleitung des Menschen aus (unverschuldeter) Abhängigkeit zu emanzipatorischem Handeln, machen deshalb Beratung zur Notwendigkeit und zur generellen Funktion moderner Gesellschaften.

Im Beratungsprozess selbst spiegeln sich anthropologische Wirklichkeit, soziale Dynamik und gesellschaftliche Wertmuster wie folgt:

Beratung als In-Beziehung-Sein	Kommunikation
Beratung als Auseinander-Setzung	Konflikt
Beratung als Unterscheidung/Trennung	Differenzierung
Beratung als gemeinsame Suchbewegung	Aufklärung
Beratung als Partizipation am Sein des Anderen	Solidarität

Beratung als Vergewisserung	Nachhaltigkeit
Beratung als Ich-Werdung	Individuation
Beratung als Autonomiebestrebung	Emanzipation
Beratung als Suche nach Erlösung	Befreiung
Beratung als Sinnfindung	Transzendenz

Wenn wir den existenziellen Text eines junger Literaten unserer Tage ernst nehmen und in unseren Beratungskontext einbeziehen, dann wird nochmals deutlich, dass Beratung als Ausdruck menschlicher Existenz begriffen werden kann.

> »Erschöpftsein ist ein prägendes Gefühl. Menschen, Eindrücke überfluten mich. Ich finde es sehr schwierig, Stille herzustellen. Die Welt ist sehr vehement, sie rüttelt ständig an meinem Gehäuse, zu allem soll man eine Meinung haben. Aber ich habe nicht zu allem eine Meinung. Man soll erreichbar sein. Das klingt nach viel Kontakt, nach etwas Gutem. In Wahrheit gibt es trotz dieser Dauerkommunikation eine große Heimatlosigkeit. Es ist schwer sich einen Unterschlupf zu errichten, durch einen Ort oder einen Menschen. Ich habe das Gefühl, dass Einsamkeit und Traurigkeit bei vielen Menschen meines Alters sehr präsent sind. Vielen fällt es schwer zu sagen, wo sie sich zuhause fühlen. Immer mehr Menschen suchen Kliniken auf. Traurigkeit und Heimatlosigkeit nehmen zu, während man verlangt, Stärke zu zeigen: im Beruf, gegenüber anderen, gegen uns selbst. (Lebert 2012)

Ausgangspunkt der Beratung ist also die menschliche Erfahrung der Hilflosigkeit und Hilfsbedürftigkeit gepaart mit der Angst vor dem Alleinsein, aber auch die entgegengesetzte Erfahrung, über die Partizipation am Sein der Anderen jene Unterstützung zu erhalten, die es ihm ermöglicht, sein Leben zu gestalten.

Die Begegnung mit dem Anderen als Erfahrung des Fremdseins und des Andersseins, aber auch als Ort der Kontaktaufnahme und der Möglichkeit, sich zu verständigen und zu verstehen, ist das Fundament der Beratung.

Die Erfahrung des Verstandenwerdens wie des Fremdseins begründet ein dialektisches Verhältnis im Dialog zwischen Ratsuchendem und Berater. In einer Oszillation von Nähe und Distanz, von Verstehen und Nichtverstehen, von Suchen und Finden, von Empathie und Verschlossenheit, von Entlastung und Belastung, von Zur-Sprache-Bringen und Sprachlosigkeit, von Reden und Schweigen, von Rat und Ratlosigkeit bewegen sich beide in der Hoffnung, dass der eine dem anderen Ergänzung und Hilfe sein kann.

Person und Rolle des Beraters

»Es ist keine Zeit für Ich-Geschichten und doch ereignet sich alles am Ich.«
Max Frisch

Das heißt, dass die Suche nach der Wahrheit nicht jenseits der Person, sondern mit ihr und durch sie passiert. Der Supervisor macht Erfahrungen, die er über Erzählungen weitergibt, an Kollegen, benachbarte Disziplinen, an die Beratungswissenschaft. Er erzählt aus seinem Beraterleben und setzt damit das supervisorische Paradigma fort: Er berichtet von schwierigen, erfolgreichen, enttäuschenden, hoffnungsvollen Konstellationen aus seiner Praxis und erwartet Aufmerksamkeit, Interesse und Rückmeldung von seinen Zuhörern.

Das ist das Hoffnungsvolle an der gegenwärtigen Entwicklung, dass aus Mangel an schlüssigem und aufregendem konzeptionellem Diskurs die Person des Supervisors wieder in den Mittelpunkt tritt: in der Form, dass der Auftraggeber überprüft, ob der Berater mit dem Wertesystem und den Zukunftsvorstellungen des Ratsuchenden übereinstimmt und die (Arbeits-) Beziehung zwischen beiden tragfähig ist.

Wir können davon ausgehen, dass künftig neben dem fachlichen Hintergrund und der als selbstverständlich anzunehmenden Kompetenz des Beraters die Individualität seiner Person wie seine sozialen Zugehörigkeiten, also seine individuelle und soziale Identität, als die bedeutsamen Faktoren seiner Beraterrolle angenommen werden können.

Die Skizze einer so verstandenen Rollenbeschreibung kann sich dann wie folgt differenzieren:

- Beratungskonzept
    - Objektwissen
    - Wahrnehmungsperspektiven
    - Verstehenszugänge
    - Interventionstableau
    - philosophisch-ethische Grundlagen
- Individualität und Persönlichkeit, z. B.
    - Geschlecht
    - Alter
    - Herkunft
    - Lebensgeschichte
    - berufliche Sozialisation
    - signifikante Ereignisse

- soziale Zugehörigkeit, z. B.
- Religion/Konfession
- kulturelle und politische Affinitäten
- gesellschaftliche Gruppierungen
- berufliche Vereinigungen
- ehrenamtliches Engagement

Dass neben der Beratungskompetenz die individuellen und sozialen Attribute des Beraters eine zentrale Rolle in der Akquisition, dem Zustandekommen des Auftrages und des Kontraktes spielen, überrascht nicht wirklich. Auch in der Vergangenheit waren diese Faktoren bestimmend; sie wurden eher dem Theorie- und Methodendiskurs untergeordnet, weil der subjektive Faktor der gewünschten Standardisierung, Konzeptualisierung und Professionalisierung der Beratung zuwiderlief. Es wäre zukünftig eine Aufgabe der Beratungswissenschaft, die Subjektivität der Person in der Beraterrolle zu beschreiben und zu kennzeichnen, um die unterschiedlichen Auswirkungen im spezifischen Beraterverhalten feststellen zu können und die entsprechenden Konsequenzen für das Kompetenzprofil des Beraters zu formulieren.

Außerdem gewinnen die personengebundenen Faktoren auch deshalb an Bedeutung, da sich die Erkennbarkeit des jeweiligen Beratungskonzeptes immer weniger auf einen geschlossenen, theoriespezifischen Hintergrund bezieht; es nimmt die Tendenz zu, sich in der konkreten Arbeit auf unterschiedliche theoretische Ansätze und Verfahren zu beziehen und den Methodeneinsatz dem Problem und nicht das Problem der Methode anzupassen.

Der professionelle Berater wird also einerseits permanent mit neuen Herausforderungen konfrontiert sein, andererseits kann er im Rückgriff auf seine persönliche, soziale und professionelle Identität jene Selbstgewissheit gewinnen, die es ihm möglich macht, eigenständige Antworten auf Komplexität, Chaos und auch Destruktivität zu finden.

Damit gibt es auch die begründete Zuversicht, sich auf sich selbst und auf die Kommunität professionell arbeitender Kolleginnen und Kollegen verlassen zu können. Selbstgewissheit und Ich-Stärke werden als persönlicher Habitus des Supervisors künftig noch mehr gebraucht werden, weil die Ambivalenzen groß sind, die schnelle Lösung nicht in Aussicht ist und Frustration und Aggression darüber auch auf den Berater projiziert werden. Unterstützung und Stärkung findet der Supervisor im professionellen Austausch und Diskurs mit Kolleginnen und Kollegen (vgl. Heltzel/ Weigand 2012).

Der Berater – wesensgleich mit dem Ratsuchenden verbunden

Wir haben festgestellt, dass durch die Bedürftigkeit und Relativität des Menschen, also seine Unmöglichkeit, alles selbst zu wissen und zu können, Beratung erforderlich wird. Wir reden also noch von der Alltagsberatung, die vor jeder professionellen Beratung liegt, aber deren Fundament ist. In diesen alltäglichen Beratungen können wir von einer »Kongenialität von Berater und Ratsuchendem« ausgehen, die darin besteht, dass sie »ein gemeinsames Bezugssystem besitzen, nämlich die universelle Lebenswelt, in der der Mensch lebt«. Sie verfügen über ein Wissen vom Menschen, von sich selbst und ihrer Lebenspraxis. Mit diesem Wissen, das sehr unterschiedlich sein kann, können sie sich auf Augenhöhe begegnen (vgl. Münch 2011, S. 283). Wir können von einer »Ebenbürtigkeit« (S. 241) des Ratsuchenden und des Beraters sprechen. Beide sind voller Emotion, Leidenschaft und Interesse. »Wer menschliches Verhalten beforscht, ist wesensgleich mit dem verbunden, den er erforscht« (Dilthey nach Münch 2011, S. 242). »Diese Beziehung ist keineswegs emotionslos, sondern von Mitempfinden geprägt. ›Helfen und Raten‹ haben sich aus dem Kern mitmenschlicher Seinsverfassung entwickelt und sind zu einem unausweichlichen Motiv des Denkens und Fühlens geworden« (Münch 2011, S. 224). Die Ordnung des sozialen Mitempfindens kommt noch vor den Ordnung stiftenden Gesetzen.

Und es ist nicht erst Prinzip einer professionellen Ethik, dass, wie Hobbes formuliert, »der Beratende, was er auch immer vor sich hat, nur das Wohl dessen bezweckt, dem er den Rat erteilt« (1651, S. 196).

Der Wunsch, dass Beratung glücklich macht

Vergleicht man die Kriterien, die gute Beratung auszeichnet, mit den Veränderungswünschen der Ratsuchenden, so sieht man, dass von Beratung fast alles erwartet wird, was man sich von einem glücklichen Leben wünscht: Konfliktlösung, Entscheidungshilfe, Authentizität, Offenheit, Akzeptanz, Zuwendung, Identitäts- und Sinnfindung. Gute Beratung, wenn sie gelingt, befreit, schafft Zufriedenheit und macht vielleicht sogar glücklich, so die latente Hoffnung der Ratsuchenden, so vielleicht auch der heimliche Wunsch der Berater. Somit sind mit der Beratung unausgesprochen säkularisierte Erlösungswünsche verbunden. Wie wir wissen, sind solche Hoffnungen weitgehend irreal, weil die Wirklichkeit unseres menschlichen Lebens von Gebrochenheit, Beschwernis und Unvollkommenheit geprägt ist. Dem Wunsch, dass menschliches Leben gelingt, steht die Realität und Erfahrung gegenüber, dass sich dieses Gefühl des Gelingens zeitweise und in manchen Lebenssituationen einstellt, aber unsere Existenz dann wieder von Unstimmigkeit, Misserfolg, Leid eingeholt wird. Gerade das moderne gesellschaftliche Bewusstsein ist von der Vorstellung bestimmt, dass uns alles gelingen kann, wenn wir gut beraten sind und unsere Veränderungsfähigkeit mobilisieren. Auch in den unterschiedlichen Feldern der Beratung nehmen die Angebote zu, die in jedem Fall Erfolg oder darüber hinaus Heil und Glück versprechen. Es bedürfte einer eigenen Analyse der Inflation der Glücks-Literatur auf dem Buchmarkt, um zu verstehen, warum in einer Gesellschaft, die sich für aufgeklärt hält, so viel Unsinn über das glückliche Leben verbreitet wird.

Der Supervisor weiß, dass sein Bemühen um Verstehen, Aufklärung und Problemlösung immer nur begrenzte Wirkung hat. Selbst das positive Feedback des Ratsuchenden ist keine Garantie dafür, dass das Beratungsergebnis letztlich für das Leben des Klienten wirklich gut und heilsam ist.

Grenzen der Beratung

Burn-out, Überforderung, Ziellosigkeit, Depression, Krankheit, Beziehungs- und Vertrauensverlust, Destruktivität: Sie werden zu Themen der Supervision und gleichzeitig gerät die Supervision damit selbst an ihre Grenzen. Was Beratung in solchen Grenzsituationen bewirken und wo sie helfen kann, bedarf einer realistischen Betrachtungsweise. Beratung kann helfen, schwierige Situationen auszuhalten und zu überstehen, sich zu entlasten, alternative Möglichkeiten im Umgang mit dem Leid zu finden, es zu mildern und an bestimmten Stellen das unveränderbare Leid, so hart es klingt, zu akzeptieren. Liest man in den Veröffentlichungen von Supervisoren, kann man den Eindruck gewinnen, dass unsere Veränderungsbemühungen in der Regel erfolgreich sind und dass sich, wenn man den richtigen Berater mit den richtigen Methoden findet, vieles oder gar alles im Arbeitsleben und in den Organisationen zum Besseren wenden könnte.

Das Plädoyer für Relativität und Begrenzung, für Respekt vor der Grenze und dem Nicht-Machbaren hat nicht die Absicht, zu entmutigen und die Beraterenergie zu schmälern, sondern durch eine realistische Sicht unserer beraterischen Möglichkeiten dem Ratsuchenden zu helfen, die angemessene Wahrnehmung seiner eigenen Wirklichkeit zu finden. Auch ein solches Beratungsziel ist ziemlich anspruchvoll.

Berater und Organisation – Verantwortung und kritisches Bewusstsein

Die Zugehörigkeit des Beraters zur Organisation besteht in seinem Grenzgang zwischen der Organisation und ihrer Umwelt. Die Anerkennung erhält der Berater durch das Vertrauen, das ihm die Organisation als Externem/Fremdem entgegenbringt und durch die Akzeptanz seiner nicht mit wenig Risiko behafteten Interventionen. Leistung und Kompetenz des Beraters bestehen in der Fähigkeit zwischen Identifikation und Distanzierung mit den Organisationswirklichkeiten zu wechseln, also Nähe und Distanz gleichermaßen anzubieten, was ihn zwischen die Fronten der Organisation bringen kann; diese Position gilt es auszuhalten. Die Metapher vom Berater als unabhängigem, ein- bzw. ausgeschlossenem Dritten charakterisiert seine mögliche Position und deutet bereits an, dass sich seine Neutralität eher auf die Fähigkeit bezieht, einen Identifikationswechsel zwischen den agierenden Rollenträgern, Gruppen und Subsystemen zu vollziehen als auf eine Abstinenz, die ihn außerhalb des Geschehens stellt. Zudem kann er sich seiner Beraterverantwortung nicht durch den Verweis auf seine Neutralität und die Selbstverantwortung des Klienten entziehen, da sich seine Rolle nicht in einem intersubjektiven Verhältnis von Berater und Ratsuchendem definiert, sondern er im System der Organisation in wechselnden Rollenzusammenhängen tätig wird und seine Interventionen in einem kollektiven System verarbeitet werden, in dem die Verantwortung für die jeweiligen Entscheidungen, die an unterschiedlichen Orten getroffen werden, sich ebenfalls differenziert. Sicher ist es nicht leicht zu definieren, was im konkreten Fall seine Beraterverantwortung ausmacht, aber es muss auch hier das professionelle Grundprinzip gelten, alles zum Wohl des Klienten, hier: der Organisation, zu tun.

Der Supervisor ist herausgefordert, ein kritisches gesellschaftliches Bewusstsein zu entwickeln und wachzuhalten. Dies bezieht sich nicht vorrangig auf die makropolitischen Fragestellungen, sondern auf die soziale Wirklichkeit im mesopolitischen Raum und in der Mikropolitik der Organisationen. Wenn dort beispielsweise, wie gegenwärtig häufig der Fall, Konflikte personalisiert, individualisiert und über die Suche nach dem Sündenbock moralisiert, die Ursachen im System aber nicht mit reflektiert werden, dann ergibt sich für den Supervisor die Aufgabe, den Perspektivenwechsel zu ermöglich und zu fördern. So geht die einseitige Ökonomisierung vieler Lebensbereiche mit einer Deprofessionalisierung derselben einher, da die betriebswirtschaftlichen Faktoren abgekoppelt werden von den fachlichen, sozialen, politischen und ethischen Auswirkungen ökonomischer Entscheidungen.

Der Supervisor ist gefordert, dem Denken in entpersonalisierten und auf das Funktionieren reduzierten Systemen entgegenzuwirken, wenn Personalität in ihrer individuellen und sozialen Ausprägung relativiert oder gar zerstört wird. Dass gegenwärtig die Universalität systemischer Operationen persönliche Identitäten zerstört und andererseits Individuen dazu benutzt werden als Sündenböcke von den Systemmängeln abzulenken und sie nicht mehr kritisch zu untersuchen, zeigt eine korrespondierende Abwehr, den Konflikten auf den Grund zu gehen.

Ethische Implikationen

Nun sind Berater, was die Ethik angeht, zunächst nicht professionell. Sie werden sich also auf eine allgemeine Ethik beschränken müssen. In der Regel wird es so sein, dass die dem Individuum in den unterschiedlichen Sozialisationsprozessen vermittelten und verinnerlichten Werte später auch in der Beraterrolle praktiziert werden; die erlernten Wertmuster werden dann im Laufe des Lebens durch signifikante Erlebnisse und Lebenserfahrung modifiziert, akzentuiert und relativiert. Ergänzt und spezifiziert werden sie in beruflichen Ausbildungen und in der Übernahme professioneller Rollen. Eine Ausbildung in ethischem Handeln gibt es aber nicht einmal bei Theologen.

Im gegenwärtigen Gesellschaftsdiskurs gibt es wohl kaum jemanden, der die Wertrelativierung und den Werteverlust in der Postmoderne nicht beklagen würde. Möglicherweise handelt es sich dabei gar nicht so sehr um eine absolute Werteignoranz, sondern eher um einen Rückgang der für alle Gesellschaftsmitglieder verbindlichen Werte. Der Wertkonsens wird in gesellschaftlichen Subsystemen gefunden und wahrscheinlich auch gelebt, aber er erfasst nicht mehr die Gesellschaft als Ganzes. Der ethische Überbau wird gesellschaftlich gefordert und gleichzeitig relativiert die gleiche Gesellschaft die ethischen Implikationen politischen und ökonomischen Handelns.

Über die Etablierung einer Prozessethik in der Beratung versuchen Heintel und Mitarbeiter (2006) gerade, die widersprüchlichen und komplexen Ausgangssituationen, die wir ja aus den komplizierten Beratungsaufträgen kennen, als ethisch relevante Orte zu verstehen und Dialog und Entscheidungsprozesse zu organisieren, die den ethischen Diskurs zulassen und damit Voraussetzung für eine praktizierte Ethik sind. Ein über die ethische Perspektive hinausgehender Aspekt, der mir zukünftig wichtig zu werden scheint, ist die Frage nach der Sinnvermittlung durch Beratung.

Sinnsuche und Sinnstiftung

Die aufgeklärte Gesellschaft ist immer weniger in der Lage, die von ihr selbst verursachten Missstände, Ungerechtigkeiten, Gewalttätigkeiten und Leiden allein durch den Gebrauch der Vernunft zu verarbeiten, geschweige denn einzugrenzen. Sinnentwürfe, die an den Rändern der aufgeklärten Gesellschaft in religiöser oder spiritueller Form auftauchen, werden gebraucht, um die Krisen, in die das Individuum gerät, zu bewältigen. Je mehr die sinngebenden Institutionen traditioneller Gesellschaften infrage gestellt und dem Individuum deren Sinnangebote entzogen werden, umso stärker ist der moderne Mensch auf der Suche nach dem, was sein Leben gelingen lässt. Gegenwärtig bestätigen beispielsweise die inflationär ansteigenden Publikationen zum Glücklichsein diese Annahme. Die Renaissance des Religiösen weist in dieselbe Richtung, wobei fundamentalistische und esoterische Tendenzen sich dem Gebrauch der Vernunft widersetzen. Die Dialektik von Vernunft und Glaube wird sich auch in den Beratungsräumen entfalten, wobei es mir zu wenig scheint, wenn sich die Antwort des Beraters auf die Sinnfrage oder die angebotenen Sinnentwürfe des Klienten auf eine allgemeine Toleranz beschränkt, ohne sich in die Auseinandersetzung von Identität und Emanzipation einerseits und Glaube und Vernunft andererseits zu begeben. Karlheinz Geißler (2000) vertritt die These, dass das Beraten das Beten ersetzt habe. Wo sonst Hilfe von oben erwartet wurde, tritt nun der säkulare und profane Berater auf den Plan und versucht die Antworten zu finden, die helfen, mit den Lebensproblemen fertig zu werden. Es ist nicht ausgeschlossen, dass die Entwicklung wieder den Gang zurückgeht, indem die Priester wieder die Berater ablösen, weil die Diffusion und Komplexität der Gesellschaft zu hoch ist und man sich wieder nach sicheren Fundamenten sehnt. Dann bleibt zu hoffen, dass die Dialektik von Glaube und Vernunft nicht aufgegeben, sondern zum Maßstab wird. Ethische Konzepte und Sinnfragen werden den Berater herausfordern, sich auf eine Reise zu begeben, für die er sein Ticket noch nicht gebucht hat. Zumindest müsste er »ein Bewusstsein entwickeln von dem, was fehlt« (Habermas 2008). Die ersten Gehversuche dazu sind schon zu entdecken: Die Sinnfrage gewinnt im Beratungsraum an Bedeutung, Spiritualität wird nicht nur dem streng Gläubigen überlassen (vgl. Supervision 2005[4]) und im Life-Coaching (Buer/Schmidt-Lellek 2008) werden die Fragen nach Sinn, Glück und Verantwortung in der Arbeit gestellt.

Wertneutralität als Selbsttäuschung – Der Supervisor als Sinngeber?

»Bewusste und unbewusste Sinnannahmen und Weltdeutungsmuster, die wir alle mit uns herumtragen, prägen die Wahrnehmung unseres Alltags und Handelns mit und beeinflussen das Beziehungsgeschehen in der SV tiefgreifend« (Klessmann 2005, S. 22). Welche Rollen spielen Sinnannahmen für die Supervision? Es gibt sehr viele Möglichkeiten, die Welt zu beobachten, je nachdem welche Systemreferenz zugrunde liegt. Welche Menschen und Weltbilder liegen den Supervisionskonzepten zugrunde? Die Vorstellung, der Berater könnte wertneutral sein, war trotz des Paradigmas der erkenntnisleitenden Interessen in jeder Art von Kommunikation (vgl. Kritische Theorie) zu lange im Bewusstsein vor allem therapeutisch orientierter Berater wirksam, denen die Selbstbestimmung und Selbstverwirklichung des Klienten zur einseitigen Orientierung wurden.

Sinn wird sowohl individuell wie gesellschaftlich konstruiert; er ist damit nichts Objektives, sondern immer von den jeweiligen biografischen wie gesellschaftlichen Lebenskontexten abhängig. Sinngebung vollzieht sich in kommunikativen und sozialen Prozessen: Erfahrungen werden reflektiert, ausgewertet, verglichen, mit anderen Sinnentwürfen kontrastiert, um dann zu eigenen Sinnkonstruktionen zu kommen. Der Mensch ist aktiver Konstrukteur von Sinn in unterschiedlichen Lebenssituationen. In der modernen Risikogesellschaft kann er sich dabei weniger auf Orientierung gebende Institutionen verlassen, sondern sucht auf individuellen Wegen nach Antworten. Beratung ist dann ein geeigneter Ort, der Sinnfragen zulässt, reflektiert, sie aber nicht endgültig entscheidet.

Beratung ist heute das beliebteste Medium, um das Erlöstwerden wahrscheinlicher zumachen (K. Geißler 2000).

Vernachlässigte Perspektiven

Ameln und Kollegen widmen ein Kapitel ihres Buches den latenten Funktionen und *hidden agendas* und kommen zum Schluss, dass selbige »nicht die Ausnahme, sondern die Regel in Beratungsprozessen« sind (2009, S. 137). Sie sind für Widersprüche, Störungen, Konflikte, Verwicklungen, Irrungen und Wirrungen verantwortlich. Naheliegend wäre es deshalb, diesen verborgenen Phänomenen mehr Bedeutung zu geben und ihnen auf die Spur zu kommen. Gleichzeitig kann man latente Funktionen und hidden agendas als Faktoren des »menschlichen Makels« betrachten; sie sind angstbesetzt und verursachen Abwehrreaktionen. Rasche und kostengünstige Beratungserfolge werden von den Auftraggebern gewünscht, was das Anwachsen von Beratungstechnologien zur Folge hat, die eben dies ermöglichen sollen. Dagegen benötigt die Beschäftigung mit latenten Funktionen, hidden agendas und vor allem mit unbewusstem Material Zeit, Umwege und insbesondere die Bereitschaft im ratsuchenden System, sich mit solchen Phänomenen zu beschäftigen und sich als Person und Organisation darauf einzulassen. Dabei handelt es sich beim Verborgenen in der Beratung auch um heimliche Tagesordnungen, die zwar bekannt sind, aber nicht besprochen werden dürfen; weiterhin um latente Themen, die vom Berater wahrgenommen werden können, aber dem Klientel nicht einfach zumutbar sind und schließlich um unbewusste Prozesse, die weder von den Ratsuchenden noch von den Beratern einfach und sofort zu erkennen sind. Das Aufspüren unbewussten Materials ist für beide Seiten ein anstrengender Prozess und in der Regel mit Widerständen verbunden. Hier liegt meiner Meinung nach gegenwärtig die qualitative Differenz zwischen verschiedenen Beratungskonzepten.

Unter dem Fokus der vernachlässigten Perspektiven haben sich die Autoren dieses Bandes darum bemüht, basale Wirklichkeiten und zu wenig beachtete Prozesse des Beratungsgeschehens in den Blick zu nehmen und zu beschreiben, um damit philosophische Grundlagen der Beratungsarbeit freizulegen und das Handwerk der Supervision aus diesem Kontext zu entwickeln. Als ersten Einblick in die Beiträge habe ich jeweils unter einer Überschrift den Fokus benannt, der für das gesamte Anliegen des Bandes besonders relevant ist und durch Textausschnitte das Anliegen des Verfassers illustriert.

In den Blicken, die ein anderer auf uns wirft, werden wir uns selbst bewusst (Gambaroff)

> »Ich habe die Erfahrung gemacht, dass immer dann, wenn eine Situation in einer Supervision unklar wurde oder scheinbar ein Stillstand eingetreten war, die Offenlegung meiner Gegenübertragungsgefühle den Austausch lebendiger werden ließ, Ängstlichkeit und Widerstand verringerte, die Kreativität der Supervisanden und das gemeinsame Verständnis erhöhte sowie dazu beitrug, im dynamischer gewordenen intersubjektiven Aushandeln zu einem gemeinsamen Interpretationsresultat zu gelangen. Offensichtlich werden solche Enthüllungen von den Supervisanden als eine indirekte Erlaubnis verstanden, auch bei sich selbst *schwierige* Gefühle und *problematische* Bilder und Phantasien zuzulassen.«

So selbstverständlich und übereinstimmend in der Beratungsliteratur immer wieder formuliert wird, dass Anerkennung und die Akzeptanz des Supervisanden die Grundlage für das Verstehen bildet, muss das, was mit Anerkennung gemeint ist, präzisiert und erklärt werden. Der Wunsch nach Anerkennung wird nicht durch eine verbalisierte Zuwendung zufriedengestellt, sondern durch Empathie, die als »stellvertretende Introspektion« verstanden werden kann. Sie hilft, einen Raum herzustellen, in dem sich die Schamgefühle verringern und Selbstwertgefühl sich entwickeln kann. Erst in den Blicken, die ein anderer auf uns wirft, werden wir uns selbst bewusst.

> »Eingeflochten in das Gewebe von Beziehungen wird die intersubjektive Wahrheit geschaffen. Für alle Beteiligten ist es gleichzeitig auch eine Arbeit am Selbst – an Selbsterkenntnis und Selbstwert im individuellen wie professionellen Feld.«

Integration von Denken und Fühlen als Grundlage von Erleben und Handeln (Haubl)

Untersuchungen zum Thema der Emotionsregulation wie sie hier von Haubl entwickelt werden, sind unabdingbar für die Integration von Denken und Fühlen als Grundlage von Erleben und Handeln. »Emotionsregulation ist die Ich-Fähigkeit einer Person, ihre generelle Emotionalität sowie ihre spezifischen Emotionen zu beeinflussen.« Diese Fähigkeit hat sich lebensgeschichtlich entwickelt, ist aber in ihrer positiven oder negativen Entfaltung von der jeweiligen aktuellen Situation abhängig. »Zu diesem Zweck benötigt der Supervisor selbst die Ich-Fähigkeit, seine Emotionen während des Supervisionsprozesses im Dienste der Unterstützung und Qualifizierung des Supervisanden zu regulieren.«

Vor- bis unbewusst mitagieren (Lohmer)

Der Berater wird, ob er will oder nicht, zum Teil des Systems, das er berät und ist trotz hoher Selbstreflexivität nicht davor geschützt »vor- bis unbewusst mitzuagieren.« Die Vorstellung, der Berater könnte der neutrale Beobachter auf der Grenze des Organisationssystems sein oder sich in affektiver Abstinenz und grundsätzlicher Distanz zum Klientensystem bewegen, ist nicht haltbar, da er sich emotional-affektiv verwickelt und verstrickt und nur die Möglichkeit hat, die Verwicklungen wieder aufzulösen, indem er sich die Verstrickungen, in die er geraten ist, bewusst macht, in ihrer Bedeutung reflektiert und sie damit in produktiver Weise dem Beratungsprozess zur Verfügung stellt. Lohmer erläutert diesen Prozess und kommt zum Schluss, dass die Verantwortung des Beraters/Supervisors darin besteht, »das eigene ›Mitagieren‹ immer wieder zu bemerken, die eigene Gegenübertragung zu analysieren, offen für kritische Rückmeldungen und Irritationen im Kundensystem zu sein und die Reflexionsschleifen in seiner Berater-Peer-Group bzw. einer eigenen Projektsupervision zu nutzen.«

Spontan entstehende und alternative Beratungsräume (West-Leuer)

Beate West-Leuer hörte von einer Coaching-Kollegin, Inhaberin einer Coaching-Company, dass sie mit ihren Klienten gelegentlich in die Oper geht. Sie stellt sich daraufhin vor, wie es wäre, mit Klienten Opernaufführungen zu besuchen und reflektiert die Auswirkungen einer solche Intervention zwischen unzulässigem Tabubruch und genialer Methode an zwei Fallgeschichten aus der Praxis und am Fall der Prinzessin aus Puccinis Oper *Turandot*.

Sie kommt zum Schluss:

> »Die beiden Fallvignetten zeigen, wie die Beraterin zwischen Mitagieren und Beobachten hin und her wechselt. Im Übergangsraum der Oper wird die Beratungsbeziehung vom Bühnengeschehen beeinflusst […] Im Übergangsraum der Oper wird die Beratung mit Inhalten überschwemmt, die sich nicht ›organisch‹ aus dem Beratungsanliegen und der dyadischen Beratungsbeziehung ergeben. Das heißt, ein gemeinsamer Opernbesuch verändert den Beratungsraum somit nicht nur strukturell, sondern auch qualitativ.«

Für den Berater heißt dies, in diesem alternativen Beratungsraum die gleichmäßige Zugewandtheit des Beraters und seine konzentrierte Beschäftigung mit den Belangen des Klienten zu sichern, auch wenn Neutralität und Abstinenz reduziert sind. Anders als in der Therapie kommen diese alternativen und spontan entstehenden Beratungsräume in der Supervision aus der Beratungsarbeit auf natürliche und selbstverständliche Weise zustande (vgl. Heltzel/Weigand 2012) und können professionell genutzt werden, wenn sie bewusst reflektiert und kontrolliert als ein Teil der Beratungsarchitektur gelten. Ansonsten besteht eher die Gefahr, dass sie als Nebenschauplätze im Kontext der Beratung subtil und unkontrolliert dem Agieren Tür und Tor öffnen.

Hätte ich etwas anderes tun können? (Mathias Hirsch)

Mathias Hirsch hat sich eines Themas angenommen, das nicht angenehm und eher kränkend sein könnte, nämlich das Scheitern in der Supervision. Es ist deshalb nicht leicht darüber zu schreiben, aber es zeichnet den Professionellen aus, dass er in seiner Rolle Verantwortung übernimmt, ohne Schuld zuschreiben zu wollen, sondern mit der Absicht, zu verstehen und zu erklären, warum es dazu gekommen ist. Das ist eigentlich das Material, aus dem Kompetenz und Qualität entstehen; umso mehr muss man dazu ermuntern, das eigene Scheitern nicht verdeckt zu halten, sondern es dem professionellen Diskurs zugänglich zu machen. Mich hat die Beschreibung von Mathias Hirsch beeindruckt, die mit dem nach einem Scheitern ganz naheliegenden Satz beginnt:

> »Hätte ich etwas (anderes) *tun* können? Beraten, Ratschläge geben, regulieren, anordnen, strukturieren, intervenieren? Ich wollte doch nur *sein*, ein interessierter Beobachter, Begleiter sein, wohlwollend-neutraler Aufdecker und Interpret der (unbewussten) Dynamik. All das hat aber nicht ausgereicht, den unaufhaltsamen, einer antiken Tragödie gleichenden Ablauf wirksam zu beeinflussen. Besonders mein unrühmliches Ende, gegen das ich auch nichts *tun* konnte, erfüllte mich mit Scham. Denn das ist nicht meine Art, ohne jede Trennungsbearbeitung eine Gruppe zu verlassen, die entstandenen Beziehungen missachtend mich aus dem Staub zu machen, aber es war natürlich nicht möglich, eine Trennungsarbeit zu erzwingen.«

Der Fall zeigt, dass die Erklärungen für das Scheitern selten eindimensional sind, die Ursachen vielmehr im Sinne des szenischen Verstehens auf unterschiedlichen Ebenen zu suchen sind: intrapsychisch, sozial, institutionell, vielleicht sogar gesellschaftlich. Deswegen ist die Interpretation, der Leiter habe Angst vor Rivalität und Niederlage gehabt, durch die organisatorische Perspektive zu ergänzen, dass die Szene »eben in unentwirrbaren Macht- und Rivalitätsverhältnissen des Gesamtklinikums« angesiedelt war, in dem die psychiatrischen Abteilung einen zwiespältigen Raum einnahm, »zumal diese einerseits zwar Geld einbrachte, andererseits aber nicht als richtig zum medizinischen System zugehörig empfunden wurde.«

Der Körper drückt manchmal mehr aus, als uns lieb ist (Löwer-Hirsch)

> »Körperhaltung, Mimik, Ausdruck, Sprechen, etc. zeigen oder verraten etwas von uns und über uns. Da nimmt es doch wunder, dass in der Supervisionsliteratur so selten über den Körper und seinen Ausdruck gesprochen wird, vielleicht sogar in den Supervisionen selbst wenig, fast so als gäbe es da ein Tabu, als sei da etwas schambesetzt. Der Körper und die Körperlichkeit lassen sich nur teilweise ›verstecken‹, schon kaum unsere Regungen und der Ausdruck unserer Gefühle. Der Körper drückt manchmal mehr aus, als uns lieb ist.«

Die Bedeutung von Köperlichkeit und Leiblichkeit auch in der Beratungsarbeit stärker zu reflektieren, veranlasste mich die Lektüre eines Aufsatzes von Wolfgang Blankenburg, »Körper und Leib in der Psychiatrie« (2007), den man sehr gut in den beraterischen Kontext transferieren kann; zum zweiten waren es Beobachtungen in Prüfungen, die ich allein oder meist mit Kollegen in der Prüfer- und Beisitzerrolle an der Hochschule durchzuführen hatte. Bei der Reflexion der Körperlichkeit und Leiblichkeit der männlichen und weiblichen Prüflinge in ihrer Bedeutung für das jeweilige Prüfungsverhalten der Prüfer und den daraus sich ergebenden Reaktionen der Prüflinge konnte ich feststellen, wie signifikant sich diese Faktoren bemerkbar machten.

Deshalb kann ich Marga Löwer-Hirsch in ihren oben und im Folgenden zitierten Schlussfolgerungen zustimmen, wenn sie Beratung auch als »eine Art Übersetzungsarbeit an der Schnittstelle zwischen Körper, Seele und Kultur als einer gefühlten Begegnung« beschreibt.

> »Supervision kann das Verstehen des Spannungsfeldes zwischen Denken, Fühlen und Handeln in seinen leiblichen Ausdruck aufgreifen, kann dadurch selbst verstörend wirken. Bestenfalls aber entspannen sich die Körper aller Beteiligten durch das lebendige, eben auch leibliche, Verstehen von Kommunikations- und Ablaufprozessen und es stellt sich ein neues Gleichgewicht ein.«

Der begrenzte Raum des Sprechens als Spielraum für interpretative Tätigkeiten (Winfried Münch)

Supervision kann sich zwar die unterschiedlichsten human- und sozialwissenschaftlichen Konzepte zu eigen machen; sie kommt damit nicht aus, solange nicht die Person des Superviors, bzw. der Supervisorin das erlernte Handlungswissen für sich angeeignet und verinnerlicht hat.

> »Im Grunde geht es um die personengebundene Befähigung, das jeweils in der Supervision sprachlich Vorgestellte, welches anschaulich zwischen der ratsuchenden und der beratenden Person als das empfindungs- und wahrnehmungsmäßig Begegnende sich darzeigt, in einen Prozess des Erkennens und Verstehens hineinzuführen und denselben kompetent zu begleiten«,

schreibt Winfried Münch. Sein Verdient ist es, die Sprache der Supervision zu betrachten, da sie ein zentrales Medium des Beratungsprozesses ist.

> »[D]azu wird nach dem hier bevorzugten formalisierten Sprachspielkonzept die ratsuchende Person, welche ein ratbedürftiges Anliegen zur Untersuchung stellen will, zum Sprechen herausgefordert, ausgelöst durch das aufmerksam zurückhaltende Verhalten der Supervisorin oder des Supervisors. Hieraus entfaltet sich in dem begrenzenden Raum des Sprechens, verstanden als Spielraum

für interpretative Tätigkeiten, ein dynamisches, prozesshaftes Interaktionsspiel, bei dem kontextbezogene Erkenntnisperspektiven eröffnet werden.«

Auffällig ist deshalb, wie wenig in den Beratungen und Fallbesprechungen Wert auf eine supervisorische Sprachkultur gelegt wird. Es finden Sprachspiele statt, die teilweise aus einem theoretischen Kontext kommen, sich emotional und affekthaft aufladen, klischeehaft aus anderen Sprachkontexten übernommen werden und natürlich etwas ausdrücken, was analysiert und reflektiert werden müsste. Supervision als der Versuch, zu verstehen, könnte auch als Sprachspiel mit unbekanntem Ausgang bezeichnet werden.

Scham und Widerstand als gesunder Selbstschutz (Wernado)

»Für die Supervisions- und Beratungstätigkeit ist es wichtig, davon auszugehen, dass Schamaffekte etwas Konstruktives enthalten, indem sie etwas Wertvolles im Menschen, nämlich: sein Sosein schützen und es ist Aufgabe des Supervisors, faktisch und atmosphärisch die Situation so zu gestalten, dass diese Perspektive glaubwürdig eingebracht werden kann. Nur so ist eine Veränderung zu erwarten.«

Die Aufforderung, alles zu zeigen, ist in vielen Beratungen eine unausgesprochene, unreflektierte, aber wirksame Erwartung des Supervisors an den Supervisanden und damit hat er bereits die Schamschwelle erreicht, wenn nicht überschritten. Jan Reemstma hat in der Schilderung seiner Entführung (1997) über dieses Schamgefühl geschrieben; die Lektüre kann den Berater darauf aufmerksam machen, wie wichtig es ist, das Unaussprechbare zu respektieren und mit dem Unverstandenen achtsam umzugehen. Geschieht dies zu wenig oder gar nicht, ist der Widerstand kein Zeichen der Abwehr, sondern Ausdruck eines gesunden Selbstschutzes.

Die Integration von persönlichem Selbst und beruflicher Technik (Buchholz)

Alles, was Buchholz über die Professionalität der Therapeuten schreibt, könnte mit kleinen Einschränkungen auch für die Supervision und die professionellen Supervisoren gelten. Deswegen ist der Artikel trotz der supervisorischen Perspektive dieses Buches im therapeutischen Kontext verblieben.

Sein Fokus richtet sich auf »die Integration von persönlichem Selbst und beruflicher Technik«. Dabei sieht er eine »Differenz zwischen lehrbarem Wissen und der Nicht-Lehrbarkeit der Erfahrung«. Die Beratungswissenschaft, die gegenwärtig im Entstehen begriffen ist, wird uns auf dem Weg zur guten Supervision nur bedingt helfen können, weil die Entwicklung des kompetenten Supervisors von der individuellen Lebensart und seiner persönlichen und beruflichen Identität abhängig ist. Der Weg vom Laien-Helfer zum erfahrenen Professionellen ist nicht mit ausgefeilten Lernprogrammen zu begehen, sondern vor allem in den Paradoxien der persönlichem Begegnung im apersonalen Rahmen erfahrbar.

> »Er lebt seine professionelle Rolle durchaus im Gebrauch von Technik und Methode, doch werden diese in scharfem Kontrast zu vorher nun nicht in einer theoriekonformen, rigiden oder mechanischen Weise angewendet, sondern auf eine höchst persönliche Weise und dies mehr und mehr zu entdecken, macht den erfahrenen Professionellen stolz [...] Sie wenden sich neuen Lernbereichen wie der Anthropologie, dem Religiösen und Spirituellen zu und fangen an zu begreifen, dass das Spirituelle nicht Spezialgebiet ist, sondern Stufe im Bewusstwerdungs- oder Entwicklungsprozess. Andere wenden sich der Poesie, Romanen oder Biografien zu und öffnen sich ganz neuen ästhetischen Erfahrungsgebieten, die sie mehr und mehr in ihre Beruflichkeit integrieren.«

Die Bedingungen, unter denen Menschen arbeiten (Hausinger)

Anhand der Differenzierung der »Vita activa« von Hannah Arendt in die drei Grundtätigkeiten von Arbeiten, Herstellen, Handeln wird deutlich, wie wenig wir uns definitorisch mit dem Arbeitsbegriff beschäftigen oder noch konkreter, wie unreflektiert wir den zentralen Begriff der Supervision, nämlich Beratung im Feld der Arbeit, verwenden.

> »Durch Arbeiten entstehen Verbrauchs- bzw. Konsumgüter, durch Herstellen Gebrauchsgegenstände und Handeln konstituiert zwischenmenschliche Bezüge (Kommunikation und Interaktion). All diese Tätigkeiten werden bedingt durch das Faktum des Zusammenlebens der Menschen. Während Arbeiten und Herstellen noch ohne Mitmenschen vorstellbar sind, ist Handeln ohne Mitmenschen gar nicht denkbar.«

Sich auf die Bedingungen, unter denen Menschen arbeiten, zu besinnen, ist der Ausgangspunkt der Supervision, wobei es nicht zuvorderst darauf ankommt, diese Bedingungen auf direktem Wege zu verändern – das ist primär anderen gesellschaftlichen Gruppen vorbehalten –, sondern darauf, über Reflexion ein Bewusstsein von der Existenz und der Rolle des Homo faber zu schaffen, der die Sinnhaftigkeit der eigenen Arbeit und Alternativen zu ihrer Veränderung findet.

Kann Supervision helfen oder ist sie nur Schmieröl im kapitalistischen Getriebe? (Heltzel)

Das, was im Blick auf Hannah Arendt eher allgemein formuliert wurde, erhält im Aufsatz von Rudolf Heltzel über die Folgen der Ökonomisierung psychosozialer Arbeit konkreten und manchmal auch erschreckenden Ausdruck. Wir diskutieren zwar die Ökonomisierung aller Lebensbereiche, werden aber erst wirklich mit den Folgen dieser Bemächtigung unseres Lebensalltags konfrontiert, wenn wir beispielsweise in der Supervision davon erfahren, wie Patienten vernachlässigt werden, Mitarbeiter sich einschränken und Führungskräfte überfordert werden, weil sich Effektivität nur noch in betriebswirtschaftlicher Kostenreduzierung ausdrückt und Qualität mit diagnostischen und therapeutischen Standardisierungen verwechselt wird. Kann da Supervision helfen oder ist sie nur Schmieröl im kapitalistischen Getriebe? Natürlich stellen sich die Kolleginnen und Kollegen dieser Frage, die nicht einfach zu beantworten ist, da manchmal das, was im persönlichen Nahraum der Mitarbeiter hilfreich ist, dem Organisationssystem und mehr noch den dahinter stehenden gesellschaftlichen und politischen Instanzen zur Legitimation problematischer Strategien und Konzepte dient.

Gleichwohl neige ich dazu, mich von dem Satz der Supervisandin überzeugen zu lassen:

»Wenn mir hier in der Gruppensupervision nicht ständig vermittelt worden wäre, dass das so sein darf, dass das Sinn macht, dass das die richtige Einstellung und dass das professionell ist – ich hätte das nie im Leben ausgehalten! Und jetzt ist mir die Patientin dankbar, dass ich zu ihr gestanden habe und kommt mit Veränderungen auf mich zu, die ich ihr gar nicht mehr zugetraut hätte!«

Supervision als Ort der Kontemplation
über das rechte Maß der Arbeit (Buer)

Wie kommt die Frage nach dem Glück in die Supervision?

> »Glück beziehungsweise Zufriedenheit ist bis heute der wichtigste Maßstab zur Beurteilung aller politischen und privaten Bestrebungen. Man kann ohne Übertreibung sagen, daß die Verkündung des allgemeinen Menschenrechts auf individuelles Glück der eigentliche Startschuß der Moderne war, die versprach, ihre Überlegenheit über die von ihr verdrängten traditionellen Lebensweisen nachzuweisen, indem sie uns den Weg zum individuellen Glück eröffnete« (Bauman 2010 S. 11f.).

Ferdinand Buer bezieht die Glücksfrage auf die professionellen Arbeitsverhältnisse und fragt nach den »glücklichen Episoden [...] im Rausch gesteigerter Arbeit und gesteigerten Konsums«.

Was sind die Bedingungen, die Glück begünstigen? Da sind viele zu nennen, von denen ich an dieser Stelle zwei besonders hervorheben möchte: Einmal die Supervision als »Ort der Kontemplation, der zur Besinnung über das rechte Maß auch in der Arbeit Anlass gibt« und zum anderen den Supervisor, der sich um das eigene Glücklichsein kümmert. Nicht zuletzt ist ihm dabei die Philosophie behilflich, die eine besinnliche Dimension hörbar macht, »die zu einer richtungweisenden Besonnenheit führt.«

In der Spannung zwischen dem Suchen
und Verfehlen von Sinn (Klessmann)

> »Wer sich mit beruflichen Themen und Problemen in Supervision begibt, kann Sinnfragen kaum ausweichen. Denn berufliche Probleme bezeichnen häufig Situationen, in denen einem ein bestimmtes Handeln als nicht mehr sinnvoll, als nicht zielführend, als dysfunktional erscheint, sodass man das Gleichgewicht neu justieren möchte.«

Sinn zu finden heißt Ordnung, Zusammenhang und damit auch Abgrenzung und Unterscheidung herzustellen; offenbar brauchen wir solche Ordnung immer neu, um uns in der unbehausten Welt einigermaßen sicher zu fühlen.

Klessmann will die Supervisorinnen und Supervisoren auf die Sinnfragen, die in der Supervision mehr implizit als explizit formuliert werden, aufmerksam machen und ihren Stellenwert ausloten. Dabei ist Sinnsuche eher in der Spannung zwischen dem Suchen und dem Verfehlen von Sinn angesiedelt als in einer absoluten Beantwortung der Fragen nach dem Sinn des Lebens. Deshalb geht es in der Supervision weniger darum, Sinn herzustellen als dafür zu sorgen, »dass sich Erleichterung und Entlastung einstellen, wenn man das Empfinden von Angst, Ausweglosigkeit, Sinnlosigkeit und Verzweiflung überhaupt erst einmal aussprechen kann, ohne dass es bagatellisiert wird.«

Literatur

Ameln, Falko von; Kramer, Josef & Stark, Heike (2009): Organisationsberatung – beobachtet. Wiesbaden.
Bauman, Zygmunt (2010): Wir Lebenskünstler. Berlin.
Blankenburg, Wolfgang (2007): Körper und Leib in der Psychiatrie. In: Blankenburg, Wolfgang: Psychopathologie des Unscheinbaren. Berlin, S. 201–234.
Buer, Ferdinand & Schmidt-Lellek, Christoph (2008): Life-Coaching. Göttingen.
Geißler, Karlheinz (2000): Vom Beten zur Beratung. Supervision 2000(2), 36–40.
Habermas, Jürgen (2008): Ein Bewusstsein von dem, was fehlt. In: Reder, Michael & Schmidt, Josef: Ein Bewusstsein von dem, was fehlt. Eine Diskussion mit Jürgen Habermas. Frankfurt/M. (Suhrkamp), S. 26–36.
Heintel Peter; Krainer, Larissa & Ukowitz, Martina (2006): Beratung und Ethik. Berlin.
Heltzel, Rudolf & Weigand, Wolfgang (2012): Im Dickicht der Organisation. Göttingen.
Heltzel, Rudolf (2012): Die Gestaltung des Beziehungsraums in der Beratung. In: Heltzel, Rudolf & Weigand, Wolfgang: Im Dickicht der Organisation. Göttingen, S. 80–116.
Hobbes, Thomas (1651): Leviathan. Frankfurt a. M. 1966
Klessmann, Michael (2005): Die Sinndimension der Supervision. Verbändeforum Supervision, Die Zukunft der Supervision zwischen Person und Organisation, 15–22.
Lebert, Benjamin (2012): Anders näher an der Realität. Süddeutsche Zeitung vom 02.03.2012.
Münch, Winfried (2011): Tiefenhermeneutische Beratung und Supervision. Frankfurt/M.
Reemstma, Jan (1997): Im Keller. Hamburg.

TEIL I
Das Eigentliche: Supervision als praktizierte Solidarität

Zur Dynamik der Intersubjektivität im Supervisionsprozess

Marina Gambaroff

»umuntu ngumuntu ngabantu«
»A person is a person through persons« (Bantu)

»Was haben Sie da eben gesagt?« Die empörte Stimme meines Patienten auf der Couch lässt mich aufschrecken. Ich bin eingeschlafen, habe im Schlaf gesprochen und nicht die geringste Ahnung, was ich gesagt habe. Mich ergreift Panik.

Ich sage vorsichtig: »Ich muss eingenickt sein. Was habe ich denn gesagt? Ich weiß es nicht.« Seine Stimme erscheint mir noch ein wenig entrüsteter: »Sie haben mich gefragt, wann lassen Sie sich endlich die Haare schneiden?«

Was habe ich da um Himmels Willen nur gesagt? Ich habe absolut keine Idee, was mich aus den Tiefen meines Dämmerzustandes zu dieser Frage gebracht haben könnte, geschweige denn, dass ich meine Frage deuten könnte. Ich bin eine junge, unerfahrene Analytikerin, die zum ersten Mal während einer Behandlung eingeschlafen ist. Beschämend genug, das meinem Kontrollanalytiker berichten zu müssen. Und dann gebe ich auch noch im Schlaf Orakelsprüche von mir. Bin ich wahnsinnig geworden? Gibt es einen Delilah-Komplex? In Bruchteilen von Sekunden versuche ich zu begreifen, was mir da passiert ist und begreife nichts. Ich muss auf einer Ebene reagiert haben, die mir im wachen Zustand nicht zugänglich ist. Aber habe ich reagiert oder agiert? Mir ist nicht ganz geheuer, ich fühle, irgendwie müssen der Patient und ich dies miteinander enträtseln. Und in einem winzigen Eckchen meines Hirns blinkt zaghaft das Versprechen, auf unbewusste Kommunikation sei Verlass.

Ich sage meinem Patienten, ich wüsste auch nicht, warum ich das gefragt hätte. Das einzige, was wir jetzt tun könnten, sei, gemeinsam zu verstehen versuchen, was da gerade eben zwischen uns abgelaufen sei. Zu meiner Erleichterung lässt sich der Patient darauf ein, und wir können in einem Dialog, wie er sich so zwischen uns vorher nie ereignet hatte, gemeinsam herausarbeiten, dass er sich seit einigen Wochen überlege, seinen Bart abzurasieren, dies aber bisher nicht getan habe, weil er befürchtete, ich könne dann sein wahres Gesicht erkennen.

Der Patient war mir oft sehr rätselhaft erschienen. Ich hatte so manche Hypothese zu seiner Störung, aber spürte keine gefühlsmäßige Resonanz in mir. Ich hatte es schwer, einen empathischen Zugang zu ihm und seiner inneren Welt zu finden. Die Stunden mit ihm waren von Beziehungslosigkeit geprägt und ich wusste nicht, wie ich diese Eindrücke zur Sprache bringen sollte. Erst auf einer meinem Bewusstsein völlig unzugänglichen Ebene, sozusagen im Tiefschlaf, hatte ich offenbar die Möglichkeit, Signale von ihm aufzunehmen und mich einer ganz essenziellen Befindlichkeit des Patienten zu nähern: seiner Angst und seinem Wunsch, mir sein wahres Gesicht zu zeigen, endlich wirklich in den Blick genommen und akzeptiert zu werden. Bis zu diesem Augenblick hatte ich, ohne alle innere Resonanz, nur theoretisch in der Kontrollanalyse darüber sprechen können, dass er mich als Selbstobjekt brauchte. Erst in unserem gemeinsamen Klärungsversuch, in dem sich eine ganz neue Qualität des Dialoges manifestierte, als mir der Patient zu Hilfe kam, entwickelte sich ein Zusammenhang, der uns beiden plausibel wurde im Sinne einer gemeinsam geschaffenen und miteinander geteilten Wahrheit. Das geschilderte Ereignis markierte vielleicht keinen Neubeginn im Sinne Balints, doch etwas war in Fluss gekommen und ich fand einen direkteren Zugang zu seinen Ängsten und Wünschen. Dennoch blieb ich – trotz dieser Erfahrung – noch für lange Zeit weiterhin der Haltung treu, Selbstoffenbarungen tunlichst zu vermeiden, blieb Beobachterin des innerseelischen Geschehens des Anderen, blieb in der Position der Objektivierenden.

Dies dürfte vor weit über dreißig Jahren mein erstes, allerdings zunächst sehr bewusstloses, den Patienten und mich überrumpelndes, ein wenig groteskes und auch nur kurzzeitiges Betreten des intersubjektiven Feldes gewesen sein.

Die Bedeutung der Übertragungs-Gegenübertragungs-Verschränkung für die analytische Arbeit war klar. Die Analytiker mussten schon damals keine »blechernen Affen« mehr sein, wie Krutzenbichler und Essers (1991) die orthodoxen, auf (illusionäre) Neutralität bedachten Analytiker beschrieben hatten. Die Rehabilitierung der Gegenübertragung als wichtiges Instrument der Erkenntnis gehörte schon zum Handwerk und spielte in den Kontrollanalysen eine Rolle, blieb aber ein »inneres Ereignis«, das den Patienten in der Regel nicht offenbart wurde.

Wir setzten uns mit Balint, Kohut und Winnicott auseinander, bei denen die Bezogenheit zentrales Anliegen war. Die Ergebnisse der neueren Säuglingsforschung (Stern 1991, 1992; Lichtenberg 1991) begannen, langsam in den Vordergrund zu rücken. Der Säugling als intersubjektiv verfasstes durch und durch soziales Wesen betrat die Bühne. Die gewonnenen Erkenntnisse waren von größter Bedeutung und erschütterten bis dahin zentrale psychoanalytische Hypothesen, etwa die klassische Ansicht vom Säugling als asozialem Triebbündel und die Symbiosetheorie über die frühe Mutter-Kind-Beziehung. Ein grundlegendes Umdenken über die frühe und früheste Kindheit war die Folge (vgl. Dornes 1993, 1997). Die sogenannte »intersubjektive Wende«, durchaus als Paradigmenwechsel verstanden, rückte näher.

Die Erkenntnis, dass die Psyche intersubjektiv verfasst, zwischenmenschliche Bezogenheit das Fundament der conditio humana ist, erweist sich, so Altmeyer und Thomä (2006) mehr und mehr als »common ground« der Psychoanalyse. Das Wissen um Intersubjektivität, um die vom Säuglingsalter an unbezweifelbare soziale Natur des Menschen, werde, so ihre Erwartung, »zur Integration der gesamten Disziplin« (Altmeyer/Thomä 2006, S. 26) der in vielfältige Schulen aufgesplitterten Psychonanlyse beitragen. Ebenso sehen Aron und Harris (2006) »Relationalität« als schulenübergreifendes und potenziell integrativ wirkendes Konzept. Es geht nicht mehr um die Betrachtung von isolierten Monaden und ihren intrapsychischen Triebkonflikten. Der Fokus liegt auf der Art und Weise, wie das Selbst mit seiner Umwelt interagiert und intrapsychische Prozesse mit intersubjektiven verbunden sind.

Die intersubjektive Wende ist von den USA ausgegangen, hat aber ihre Quellen, worauf Bohleber (2006) hinweist, in der europäischen Sozial-, Sprach- und Moralphilosophie, etwa der dialogischen Begegnungsphilosophie Bubers, der Phänomenologie in der Tradition Husserls und Gadamers, in Levinas' Philosophie der Alterität sowie in Hegel als erstem Philosophen der Intersubjektivität. Ebenfalls sind in diesem Kontext die Diskursethik von Habermas und Honneths Anerkennungsethik zu nennen. Bohleber spricht von einer gewissen »Traditionsvergessenheit«, wenn etwa Argelanders Entwurf des szenischen Verstehens und Lorenzers Interaktionstheorie und andere Vorläufer des intersubjektivistischen Denkens in dem Zusammenhang nur mehr wenig Erwähnung finden.

Auf die jeweiligen Unterschiede hinsichtlich der Konzepte von Intersubjektivität im Raum der Begegnung von Patient und Psychoanalytiker will ich hier nicht vertiefend eingehen. Für eine ausführlichere Darstellung möchte ich auf die erhellende Arbeit »Intersubjektivität und Supervision« von Löwer-Hirsch (2001) verweisen. In diesem Rahmen werde ich mich vor allem mit der Bedeutung von Gegenübertragungsreaktionen der Supervisorin befassen, die mir für mein Thema als besonders wesentlich erscheinen. Ich werde zunächst auf einige Überlegungen zum psychoanalytisch-therapeutischen Arbeiten eingehen, von denen es mir sinnvoll erscheint, sie auch auf die psychoanalytisch orientierte supervisorische Arbeit anzuwenden und mich dann im Folgenden auf einige Beispiele aus meiner Praxis beziehen.

Der analytische Prozess wird gemeinsam, aber – und das ist wichtig – auf asymmetrische Weise entwickelt.

> »Einer der Beteiligten stellt sich in erster Linie als Helfer, Heiler und Forscher zur Verfügung. Dem anderen geht es vorrangig darum, Erleichterung für sein emotionales Leben zu finden [...] einer der beiden Beteiligten [übernimmt] die Aufgabe, Orientierung zu vermitteln, während der andere sein Erleben auf weniger schmerzvolle Weise als bislang zu organisieren und zu reorganisieren versucht« (Orange et al. 2001, S. 19).

Oder noch einmal variiert: die Intersubjektivitätstheorie »betrachtet die Psychoanalyse als den dialogischen Versuch zweier Personen, gemeinsam zu verstehen, wie das emotionale Erleben einer dieser Personen organisiert ist, indem sie ihre intersubjektiv konfigurierte Erfahrung zu klären versuchen« (Orange 1995; zit. n. Orange et al. 2001).

Die in den Zitaten verdeutlichte Asymmetrie charakterisiert eine wesentliche Gemeinsamkeit von Psychoanalyse und Supervision: Beides sind professionelle Beziehungen in einem asymmetrischen Setting.

> »Bei beiden ergeben sich durch Entfaltung und Erhellung von Szenarien Veränderungsprozesse mit dem Ziel, Patienten oder Supervisanden zu Subjekten ihres eigenen Denkens, Fühlens und Handelns werden zu lassen. Unterschieden sind die Settings durch den Arbeitsauftrag: Therapie ist definiert als eine Heilbehandlung, Supervision als eine Beratungssituation für berufliche Fragestellungen« (Löwer-Hirsch 2001, S. 54).

Beiden ist gemeinsam, dass sich die Arbeit im Kontext von Beziehung gestaltet. Zwei (oder mehr) Subjektivitäten begegnen sich mit ihren jeweiligen Erkenntnis-, Arbeits- aber auch Abwehrstilen und stehen in ständiger Wechselwirkung zueinander (vgl. ebd.).

Wenn von Intersubjektivität gesprochen wird, ist im psychoanalytischen Zusammenhang ganz wesentlich von Übertragung und Gegenübertragung die Rede, die Jaennicke (2006) als das *perfekte Beispiel* für das intersubjektive Feld ansieht. Beebe und Lachmanns (2006) »dyadischer Systemansatz« eines Zwei-Personen-Modells postuliert, dass, was immer von zwei interaktiv miteinander verschränkten Selbstsystemen gebildet werde, weder auf den Analytiker noch auf den Analysanden zurückgeführt werden könne, sondern stets ein von beiden konstruiertes Geschehen sei. Jaennicke (2006) stellt dazu die wunderbar bildhafte Frage: »Was sieht man, wenn man die wellige Oberfläche eines Sees betrachtet: den Wind oder das Wasser?«

Orange, Stolorow und Atwood (2006) sind wie Beebe und Lachmann der Selbstpsychologie Kohuts, wenn auch nicht unkritisch, verbunden. Sie weisen jedes Wissen um eine »objektive Welt« für den analytischen Prozess zurück und sprechen davon, dass jegliche Zuschreibung an eine objektive Wirklichkeit nichts als »Konkretisierungen subjektiver Wahrheiten« sei. Sie akzeptieren voll das fundamentale Prinzip der Selbstpsychologie, dass »Selbsterleben radikal kontextabhängig ist – das heißt, in spezifischen Kontexten der Bezogenheit wurzelt« (Orange et al. 2001, S. 15).

Ogden sieht Übertragung und Gegenübertragung als nicht voneinander trennbare Phänomene an, die als Reaktion aufeinander entstehen. Für ihn sind sie Aspekte einer einzigen intersubjektiven Totalität. Ogden (2006) spricht vom »analytic third«, dem analytischen Dritten:

> »Der intersubjektive analytische Dritte wird als drittes Subjekt aufgefaßt, das durch das unbewußte Zusammenspiel von Analytiker und Analysand geschaffen wird; zugleich werden Analytiker und Analysand im Akt der Erschaffung des analytischen Dritten erzeugt. (Es gibt keinen Analytiker, keinen Analysanden, keine Analyse außerhalb des Prozesses, durch den der analytische Dritte geschaffen wird.)« (Ogden 1998; zit. n. Altmeyer 2000, S. 218).

Dies ist formuliert in Analogie zu Winnicotts Aussage, es gebe den Säugling nicht ohne die Mutter und die Mutter nicht ohne den Säugling und in ihrer Interaktion enstehe der dritte intermediäre Raum. »Hier haben wir die Emergenz des »subject of analysis« (Ogden) aus der analytischen Dyade als semantische Parallele zur intersubjektiven Genese des Selbst aus der Mutter-Kind-Dyade« (Altmeyer 2000, S. 218).

Das Dritte ist das Neue, das aus dem analytischen Prozess entsteht, ist die gemeinsam gefundene analytische Wahrheit. Sie ist dialogisch und entsteht durch das Zusammenspiel von Patient und Therapeut, durch den Austausch von Übertragung und Gegenübertragung im intersubjektiven Feld, das den Dualismus von Subjekt und Objekt, von Ja und Nein nicht kennt und dem das von Winnicott gepriesene Spielerische zur Kreativität und zur Erschaffung der gemeinsamen Wahrheit verhilft.

>»Die postmoderne Erkenntnistheorie erkennt keine Autorität i.B. auf Wahrheit an, sondern betrachtet diese als relativ kontextgebunden. Intersubjektivistischen Auffassungen zufolge vollzieht sich der analytische Prozess nicht zwischen einem erkennenden Analytiker und einem Patienten, der das Objekt der Erkenntnis ist, sondern er gilt als eine Begegnung von zwei Subjektivitäten« (Bohleber 1999, S. 816).

Übertragen auf die Supervision kann man in Analogie von einem »supervisorischen Dritten« sprechen. Aus der Zusammenarbeit von Supervisorin und Supervisand ergibt sich für beide Seiten eine intersubjektiv geteilte gültige Wahrheit hinsichtlich des supervidierten Systems. Der Unterschied zur psychoanalytischen Behandlung liegt nun darin, dass der Fokus nicht vorwiegend auf dem Supervisanden als Privatperson mit seiner Beziehungs- und Bindungsgeschichte liegt, sondern auf der professionellen Kompetenz des Supervisanden in der Interaktion mit seinem Klienten und dessen Einbettung in seiner jeweiligen Organisation: »Referenzhintergrund ist die Arbeitswelt, die nicht familiale Arbeit in und mit Organisationen und den entsprechenden Bildern dazu, die in den Individuen evoziert werden« (Löwer-Hirsch 2001, S. 54).

Die psychoanalytischen Intersubjektivitätstheorien befassen sich ausschließlich mit der therapeutischen Dyade. So stellt Mittelsten Scheid (2010) denn auch die Frage nach der Bedeutung der intersubjektiven Wende für die Gruppenanalyse und weist u. a. auf das Konzept der »Gruppenmatrix« von Foulkes hin. Ich denke, auch in Gruppensupervisionen bildet sich logischerweise das supervisorische Dritte aus. Hier stehen der Fallbringer mit seiner Interaktion mit dem Klienten sowie die Gegenübertragungen der anderen Gruppenmitglieder wie der Supervisorin auf diese vorgetragene Konstellation im Zentrum. Es entwickelt sich im Aushandlungsprozess der sich vielfältig summierenden und sich austauschenden Subjektivitäten einschließlich jener der Supervisorin ein intersubjektiver Interpretationszusammenhang im Sinne eines Ganzen, das mehr ist als die Summe seiner Teile. Diese Emergenz lässt sich als die gemeinsam konstruierte und miteinander geteilte Wahrheit beschreiben.

Bei einer Teamsupervison wiederum spielen die Einbettung des Teams in seine Organisation, und seine aktualisierte Übertragung auf die Organisation mit den wechselseitigen Einflüssen, eine entscheidende Rolle. Im Supervisionsprozesss werden sich Konflikt- und Problemlagen wie auch Chancen der Veränderung in Szene setzen und zu einer gemeinsam im Austausch erarbeiteten Evidenz, einer gemeinsamen Neuschöpfung führen.

Die Supervisorin beansprucht nicht, objektiv zu wissen, was im gegebenen Fall das (einzig) Richtige ist.

>»Psychoanalytisch-konstruktivistisch arbeitende Supervisoren [...] sind sich klar darüber, daß sie ihren Supervisanden die ›Realität‹ nicht nahebringen, sondern nur den eigenen Umgang mit der Realität in Beziehung setzen können zu dem ihrer Supervisanden, um in einem spannenden Prozess eine gemeinsame ›Wirklichkeit‹ zu konstruieren« (Sies/West-Leuer 2001, S. 171).

Mir scheint, dass in der supervisorischen Arbeit die Realität der Supervisorin – verstanden als ihre Kompetenz, ihre Auffassung des Arbeitsauftrages, ihre Subjektivität, ihre Selbstreflexion und die Handhabung der eigenen vielfältigen Gegenübertragungsreaktionen – von entscheidender Bedeutung ist. Ich habe die Erfahrung gemacht, dass immer dann, wenn eine Situation in einer Supervision unklar wurde oder scheinbar ein Stillstand eingetreten war, die Offenlegung meiner Gegenübertragungsgefühle den Austausch lebendiger werden ließ, Ängstlichkeit und Widerstand verringerte, die Kreativität der Supervisanden und das gemeinsame Verständnis erhöhte sowie dazu beitrug, im dynamischer gewordenen intersubjektiven Aushandeln zu einem gemeinsamen Interpretationsresultat zu gelangen. Offensichtlich werden solche Enthüllungen von den Supervisanden als eine indirekte Erlaubnis verstanden, auch bei sich selbst »schwierige« Gefühle und »problematische« Bilder und Phantasien zuzulassen.

Das Ausmaß der Offenlegung (self-disclosure) von Gegenübertragungsgefühlen und -reaktionen angemessen zu dosieren, erscheint mir wesentlich. Für Renik (1999) stellt sich nicht die Frage, ob Selbstenthüllungen zulässig seien, sondern »*wie* man den unvermeidbaren Zustand fortwährender Enthüllungen handhaben soll« (S. 931). Eine seiner Überlegungen ist, dass für einen Analytiker, der sich stark um Abstinenz und Anonymität bemüht, ein Bedürfnis bestehen könnte, als Autorität idealisiert zu werden. Vieles zu solchen Fragen wird unterschiedlich diskutiert. Mir kommt, auch für die supervisorische Arbeit, die Ansicht von Burke (n. Renik 1999) am ehesten entgegen, wenn er von einer Balance zwischen »Asymmetrie« und

»Wechselseitigkeit« spricht sowie die von Thomä (1999), wenn er Patienten an seinen im Kontext der Arbeit entstandenen Gefühlen »teilhaben« lässt. Anhand der folgenden Beispiele möchte ich den Effekt zeigen, den solche (dosierten) Offenlegungen haben können.

In einer Supervisionsgruppe ist ein Platz frei geworden und ein neues Mitglied, von allen neugierig erwartet, kommt in die Sitzung. Aufgefordert von der Gruppe, doch etwas von sich zu erzählen, legt der Neue los. Er findet kein Ende, erzählt von zahllosen interessanten Projekten, von Veröffentlichungen und Plänen. Von der Gründung eines Netzwerkes. Er ist ein toller Hirsch! Ich denke an die sprichwörtliche Tüte Mücken. In unserem Vorgespräch hatte er gar nicht so gewirkt. Außerdem wundere ich mich, warum die Gruppe ihm so still lauscht und sich nicht die geringste Ungeduld regt. Als er dann in seinem Überschwang auch noch die Gruppe fragt, ob er denn zum Einstieg einen Fall vorstellen solle und die Gruppe ergeben ihr Einverständnis signalisiert, spüre ich, dass ich damit nicht einverstanden bin. Ich überlege, ob ich mit der Wahl des Neuen, der uns alle platt macht, eventuell einen Fehler begangen habe. Mich beschleichen Gefühle der Rivalität und Ärger auf die für gewöhnlich so lebhafte und einfallsreiche Gruppe, die vollkommen passiv zum Zuhören bereit ist.

Der Neue berichtet nun von einem Projektteam in einer Bank, das er bisher nur einmal supervidiert hat. Dieses Team hat erst vor Kürzerem den Tod des beliebten Projektleiters verkraften müssen und hat Schwierigkeiten mit dem »Ersatzmann« des Verstorbenen. Mein Supervisand ist aus diesem Grunde mit der Supervision dieses Teams betraut worden. Er halte den Ersatzmann für sehr kompetent, voller neuer Ideen, sehr ungestüm, aber wenig in der Lage, auf seine Kollegen kommunikativ zuzugehen und offenbar vorwiegend damit beschäftigt, auf der Karriereleiter weiterzukommen. Die Mitglieder des Projektteams wirkten eher demotiviert, hätten auf »Dienst nach Vorschrift« geschaltet und überließen den neuen Leiter seinem Ungestüm. Es falle ihm schwer, sich in diesen Mann einzufühlen, er hätte keine Idee, wie der ticke. Gleichzeitig erlebe er in dem gesamten Kliententeam eine untergründige, fast resignative Ängstlichkeit.

Nach der Darstellung tut sich meine Gruppe schwer, Einfälle zu produzieren. Sie ist ohne jede Eigeninitiative und wirkt entmutigt, wie auf verlorenem Posten. Ich werde zunehmend unzufriedener mit dem zähen Verlauf der Sitzung. Also besinne ich mich auf meine anfängliche Gegenübertragung, deute an, dass ich mich »platt gemacht« und auch verärgert gefühlt hätte und frage, was sich vom vorgetragenen Fall in der Gruppe, die auf mich so passiv wirke, widerspiegele.

Die Diskussion wird nach der Offenlegung meiner Gefühle deutlich lebhafter und im Austausch der verschiedenen subjektiven Erlebensweisen der Teilnehmer und der Supervisorin entsteht eine plausible Interpretation des gesamten Ablaufs. Es wird klar, dass sich unser Neuer ebenso ungestüm, von Ideen übersprudelnd, sich selbst überhöhend, die anderen mit seinen Plänen und Projekten beeindruckend und erdrückend wie sein Klient in die Gruppe eingebracht hatte.

Die Anfangsunsicherheit, die mit einem Einstieg in eine bereits bestehende Gruppe verbunden ist, hatte unser Neuer in Identifikation mit seinem Klienten überspielt. Er konnte sich nun in den Projektleiter deutlich besser einfühlen, spürte dessen spezifische Abwehr von Unsicherheit nach dem Motto: »Angeben ist die beste Verteidigung« sozusagen am eigenen Leib. Das passive Zurückgenommensein der anderen Gruppenteilnehmer wurde verstanden als Spiegelung der Haltung des Projektteams. Sie fühlten sich überfahren und unfähig, den vielen Ideen des Neuen etwas entgegenzusetzen. Das durch den Fallbericht noch einmal mobilisierte Trennungs- und Trauerthema hatte sowohl eine entsprechende Gegenübertragungsreaktion der Gruppe auf das Kliententeam als auch noch einmal Gefühle von Verlust hinsichtlich des Ausscheidens des Vorgängers unseres Neuen bewirkt. Diese Form der Resonanz verstärkte die Empathie in das vorgestellte Team.

Der intensive Austausch über Gefühle des Verlusts sowie damit verbundene Assoziationen brachten die Frage nach dem vermutlich zentralen Thema des supervidierten Teams auf, nämlich die Frage nach der Sicherheit von Arbeitsplätzen in der Organisation. Die geplante Fusion der Bank und die in diesem Zusammenhang wahrscheinlichen Kündigungen waren bis dahin vom Neuen nicht angesprochen worden, so als hätte er eine Kündigung seines »Arbeitsplatzes« in der Supervisionsgruppe befürchtet. In meinen Gegenübertragungsphantasien zu Beginn hatte ich mich damit beschäftigt, ob er überhaupt der Richtige für die Gruppe sei.

Welche Trennungen würde die Organisation vornehmen, wer von den Mitarbeitern war vom Verlust seines Arbeitsplatzes bedroht? Das

Projektteam schien gelähmt aufgrund der existenziell verunsichernden, wenn auch diffusen und unkonkreten Erwartungen. Und gab es eventuell seitens der Organisation noch ein ganz anderes, kaschiertes Motiv dafür, den Neuen zu beauftragen? War sein larvierter Auftrag, Rivalitätsspannungen hinsichtlich möglicher Kündigungen, die die Arbeitsfähigkeit des Teams blockierten, zu »neutralisieren«?

Meine anfängliche, recht negative Gegenübertragung auf den Neuen sowie auf die Gruppe als Ganzes, die ich in Maßen eingebracht hatte, verhalf der Gruppe zu einem intensiven Austausch über die subjektiven Befindlichkeiten der Einzelnen, die viel differenzierter waren, als die Zaghaftigkeit der ersten Hälfte der Sitzung hätte vermuten lassen. Die Interpretation der Szene mithilfe der gemeinsamen Analyse des Gruppengeschehens führte zu einem vertieften supervisorischen Verständnis des Falls. Der gemeinsam von den alten Mitgliedern, dem Neuen und der Supervisorin intersubjektiv gestaltete Sinnzusammenhang hinsichtlich des Arbeitsfeldes des Neuen wurde als plausibel und befriedigend erlebt. Das gemeinsame Arbeiten hatte Verschiedenes erreicht: einen von allen geteilten Sinnzusammenhang, daraus entstandene weiterführende Fragen und eine Integration des Neuen.

Das zweite Beispiel handelt von einem Team von Sozialarbeiterinnen, die in einem Projekt eines kirchlichen Trägers mit vorwiegend HIV-positiven Prostituierten zusammenarbeiten. Ihnen ist eine monatlich stattfindende, projektbegleitende Fallsupervision mit mir zugebilligt worden. Die Arbeit ist aufreibend für die Teamangehörigen, die Schicksale der Frauen sind extrem und voller Verzweiflung. Das Team ist jedoch emotional sehr offen und hat sehr rasch den Sinn der Reflexion von Übertragung-Gegenübertragung und Spiegelung begriffen und immer wieder erlebt, dass dieser Zugang die Arbeit mit den Klientinnen professionalisiert und erleichtert. In einer Sitzung berichten sie von einer erfolgreichen Aktion, in der sie mit vereinten Kräften zwei jungen Prostituierten eine gemeinsame Wohnung und jeweils einen bürgerlichen Job organisieren und die eine sogar zu einer Psychotherapie motivieren konnten. Also Grund zur Freude!

Die Atmosphäre, in der das alles in der Supervision berichtet wird, entspricht jedoch so gar nicht dem positiven Ergebnis. Die Teilnehmerinnen wirken missmutig, gereizt und freudlos. Ich selber gerate ebenfalls in eine merkwürdig lustlose Stimmung und in immer stärker werdende Selbstzweifel, fühle mich als Supervisorin wertlos und schäme mich meiner Inkompetenz. Dies passt so gar nicht zu dem positiven, wenn auch in resignativem Ton vorgetragenen Inhalt. Ich vermute aus diesem Grunde eine, allerdings noch nicht verstandene, Gegenübertragungsreaktion, die mit einer unbewussten Thematik des Teams verknüpft sein muss und entscheide mich, meine Eindrücke und Gefühle in der Gruppe anzusprechen. Zum einen erwähne ich die merkwürdig gedrückte und gereizte Atmosphäre, zum anderen teile ich meine eigene Verstimmung mit und dass dies nicht zu der erfolgreichen Lösung der Probleme zweier ihrer Klientinnen passe, mit der wir doch alle hochzufrieden sein müssten. Wir hätten zwar in der Gruppe immer wieder einmal Bedrückung und Resignation gespürt, vor allem, wenn sich ausweglos scheinende Lebensumstände und Verwicklungen der Klientinnen widergespiegelt hätten. Aber heute könne ich mir die Stimmung nicht erklären. Ich sei daher neugierig, was in der Situation gerade in und zwischen uns geschehe und wolle das gemeinsam mit ihnen verstehen.

Zunächst gehen die Erklärungen vor allem in die Richtung von Überarbeitung und Ausgelaugtsein. Erfolgreiche Problemlösung hin oder her, sie seien einfach fertig. Schließlich würde die Arbeit Kraft kosten, das müsse ich doch anerkennen. Dass plötzlich so etwas wie der Vorwurf einer mangelnden Anerkennung meinerseits im Raum steht, lässt mich aufhorchen. Ich habe großen Respekt und Hochachtung vor der engagierten Arbeit meiner Supervisandinnen. Welche Übertragungen des Teams auf mich werden also in dieser Bemerkung deutlich? Haben meine Phantasien über meine Inkompetenz und meine Selbstwertzweifel vielleicht mit einem wesentlichen Bedürfnis nach Anerkennung und Wertschätzung zu tun, welches für das Team auf der bewussten Ebene nicht kommunizierbar ist, das ich aber jetzt am eigenen Leibe spüre?

Wir gehen dieser Frage gemeinsam nach und so stellt sich im Verlauf der Sitzung heraus, dass es offenbar um ein Problem der Anerkennung des Teams im Rahmen seiner Organisation geht. Sie beginnen sich zu beklagen. Seit Monaten sei ihnen ein weiterer Computer zugesagt worden, das würde ihre Arbeitssituation um einiges entlasten, weil sie sich zurzeit zu sechst zwei Computer teilen müssten, mit einem weiteren müssten sich nur noch zwei um einen Computer herum organisieren. Sie seien doch schon sehr bescheiden in ihren Ansprüchen und dennoch würde sich nichts tun. So armselig ausgestattet zu sein, sei doch absolut beschämend! Die Geschäftsführung, darauf angesprochen, hätte sie abgewimmelt und ihnen zu verstehen gegeben, dass sie sich für die nächste Zeit den Erwerb eines Computers aus dem Kopf schlagen könnten. Es gäbe schließlich noch andere Projekte mit »menschlich wertvollen Individuen«. Das Geld liege nun einmal nicht auf der Straße. Mit einem süffisanten Lächeln sei noch hinzugesetzt worden, ihre »Damen« würden allerdings das Geld auf der Straße verdienen.

An sich war es in der Arbeit mit diesem Team vorwiegend um Fallsupervision gegangen. In der beschriebenen Sitzung waren jedoch Beziehungsaspekte zu der Organisation, in die das Team eingebettet ist, in den Vordergrund getreten. Jetzt ergab sich Arbeit an der Schnittstelle von personalem (bzw. gruppalem) und Organisationssystem.

Die Reaktion des Teams, das sich von seiner Organisation nicht nur nicht bestärkt und anerkannt, sondern stark entwertet und beschämt fühlte und die dadurch belastete Beziehung zu seiner Organisation wurden zum Thema. Das Team machte sich Luft: Es sei mal wieder deutlich geworden, dass sie für ihre Geschäftsführung auf der untersten Stufe angesiedelt seien, der letzte Dreck seien. Hier schlage voll die wahre, moralisierende, Einstellung der Kirche durch. Wenn ihre Klientinnen schon von der Gesellschaft als Prostituierte in den untersten Rängen angesiedelt würden, so hätten sie wenigstens seitens einer kirchlichen Organisation Wertschätzung für ihre Arbeit und Achtung für ihre Klientinnen erwartet!

Die Offenlegung meiner in der Situation entstandenen Selbstwertzweifel hatte das Team ermutigt, sich an die prekären, stark verunsichernden Gefühle von Entwertetsein und Beschämung heranzuwagen, wie sie sich in der offen zutage tretenden negativen Übertragung auf ihre Organisation manifestierten. Während dieser Phase spürte ich einen starken Sog, in das Geschimpfe des Teams einzustimmen und von einem ungeheuren Zorn auf die kirchliche Institution fortgespült zu werden.

Da ich mir klarmachen konnte, wie sich in diese negativen Gefühle sehr deutlich meine eigenen Probleme mit Kirche mischten, verzichtete ich darauf, *diese* Reaktion dem Team zu enthüllen. Es hätte in diesem Moment vermutlich nur meiner eigenen Entlastung gedient und wäre die Mitteilung einer privaten Meinung, quasi die Offenlegung eines Teils meines Privatlebens, gewesen und damit kontraproduktiv für den Prozess. Außerdem vermutete ich aufgrund der besonderen Heftigkeit meines Zorns, dass dieser eventuell im Dienste der Abwehr stand für ein im Team unbewusst vorherrschendes schwerer erträgliches Gefühl der tiefsitzenden Beschämung, die aus Selbstschutzgründen verleugnet werden musste.

Im Verlauf des intensiven gemeinsamen Austausches begann es für das Team keine entscheidende Rolle mehr mehr zu spielen, ob die süffisanten Bemerkungen der Geschäftsführerin so herablassend und entwertend gemeint waren, wie sie zunächst von ihnen aufgenommen worden waren. Die sei schließlich immer und zu allen schnippisch und abfällig. Das Team begann zu differenzieren, erkannte in der Tatsache, dass ihm eine projektbegleitende und entsprechend finanzierte Supervision zugestanden worden war, eine deutliche Unterstützung und damit Anerkennung seitens der Organisation. Das Wahrnehmungs- und Interpretationsmuster veränderte sich. Wir machten uns bewusst, dass die Arbeit mit einer gesellschaftlich marginalisierten, wenn nicht sogar verachteten sozialen Gruppe, wie sie HIV-positive Prostituierte darstellen und wie es auch häufig dem Selbsterleben dieser Klientinnen entspricht, potenziell immer wieder konkordante, identifikatorische Gegenübertragungsgefühle von Wertlosigkeit und Selbstverachtung auslösen könne und dass diese Gefühle, die sie als eine klare Gefährdung ihrer Selbstwertbalance erlebten, einer besonderen Aufmerksamkeit bedürften, um ihre Arbeitsfähigkeit davon nicht beeinträchtigen zu lassen. Auch eigene, verkappte, Entwertungstendenzen den Klientinnen gegenüber konnten angesprochen werden.

Entscheidend war, wie sich das Entwertungsthema in seinem breiten Spektrum als wichtige und sensible Frage für das Team herauskristallisiert hatte. Ein Thema, auf das sie in Zukunft mehr achten und das sie für kontinuierliche Reflexion zugänglich halten wollten. Der Stimmungsumschwung war eklatant. Wir waren von unseren negativen Gefühlen in der Situation entlastet und genossen den gemeinsamen Erkenntnisgewinn.

In einer der folgenden Supervisionssitzungen erfuhr ich, dass sie jetzt endlich einen weiteren Computer hätten. Irgendwie seien sie einfach anders, wohl selbstbewusster hinsichtlich ihrer Arbeit und nachdrücklicher bei der Geschäftsführung aufgetreten und hätten sich ihrer vermeintlichen »Ärmlichkeit«, um einen Computer »betteln« zu müssen, überhaupt nicht geschämt.

Tiedemann (2007) betont den intersubjektiven Aspekt von Schamgefühlen. Scham sei Interaktionsgefühl par excellence. »Die Scham entspringt dem Gesehen-Werden, der abwertende Blick der oder des Anderen ist die entscheidende Komponente dabei« (S. 431). Tiedemann konzipiert Scham, anders als das Gros psychoanalytischer Autoren, nicht als intrapsychischen Konflikt, sondern als das

> »Erleben von fehlender Anerkennung, die Erfahrung von Zurückweisung, Missachtung, im schlimmsten Falle die Gefühle des Verworfenseins und Ausgestoßenwerdens [...] Das Bedürfnis nach intersubjektiver Anerkennung wird im Schamaffekt grundlegend frustriert und bezieht sich auf das gesamte Individuum« (ebd., S. 431).

Scham werde charakterisiert durch den Bruch der Anerkennungsbeziehung. Tiefe Scham, »Daseinsscham«, das tiefsitzende Gefühl der Selbstverneinung, müsse daher aus Selbstschutzgründen besonders nachhaltig verdrängt werden.

Ich gehe auf den intersubjektiven Aspekt von Scham nicht nur ein, weil sich diese Überlegungen auf das geschilderte Beispiel beziehen lassen, sondern auch weil mir dieser Aspekt grundsätzlich für Supervisionsprozesse wichtig erscheint. Es fällt ja nicht nur Kandidaten sondern auch gestandenen Beratern gelegentlich ausgesprochen schwer, ungenehme, peinliche Befindlichkeiten und Einfälle in der Supervision zur Sprache zu bringen. Sie schämen sich und fürchten, die Anerkennung durch die Supervisorin zu verlieren oder schon verloren zu haben. Stattdessen werden stellvertretend – oft im Sinne einer (unbewussten) Abwehr – andere, durchaus auch unangenehme, aber weniger aufstörende Gefühle benannt. Dies kann sich in allen supervisorischen Settings (Einzeln, in der Gruppe oder im Team) ereignen und zu einem intersubjektiv ausgehandelten Fazit führen, das ich als intersubjektive »Abwehrwahrheit« bezeichnen möchte. Diese Abwehrwahrheit hat für alle Beteiligten (inklusive der Supervisorin) in dem Augenblick natürlich ihre Gültigkeit, dürfte aber, wenn sie unverändert erhalten bleibt, zu einer Schiefe im Verständnis des supervidierten Arbeitszusammenhanges führen.

Gerade zur Vermeidung von Schamgefühlen, die, wenn sie verdrängt oder verleugnet bleiben, zu vielfältigen Blockaden führen können, ist es eine wichtige Aufgabe für die Supervisorin, eine Arbeitsatmosphäre der (authentischen, nicht fassadenmäßigen!) Anerkennung und Akzeptanz herzustellen. Und dies nicht nur den Personen, sondern auch all dem gegenüber, was im Laufe der Sitzung eingebracht wird. Je mehr man im Sinne der analytischen Grundregel, bezogen auf im Hier-und-Jetzt des Supervisionsprozesses entstehende Einfälle, Phantasien etc., einen Raum eröffnet, in dem nach Möglichkeit unzensiert diese Einlassungen ihren Platz haben dürfen und als wertvolles Arbeitsmaterial willkommen sind, desto umfangreicher und intensiver kann sich der intersubjektive Austausch, das »Weben eines Teppichmusters« (Löwer-Hirsch 2001), entfalten. Hier kann die Supervisorin zusätzlich zum Halt im Rahmen des Settings ein containment bieten, das die intersubjektiven Neuschöpfungsprozesse, an denen sie auch teilhat, unterstützt.

Der Wunsch, anerkannt – erkannt – zu werden, ist ein tiefes menschliches Bedürfnis. Es zeigt, wie wesentlich wir von wohlwollender Beziehung als Fundament unserer Selbstwerdung und für die Entwicklung eines guten und stabilen Selbstwertgefühls abhängig sind; wie sehr wir zu dem, was wir sind, durch unsere Beziehungsschicksale werden. »Werden wir uns nicht erst in den Blicken, die ein Anderer auf uns wirft, unserer selbst bewußt?« (Habermas, zit. n. Jaennicke 2006).

Kohuts berühmtes Wort vom »Glanz im Auge der Mutter«, hervorgerufen durch das kleine Kind und seine Aktivitäten, betont das Heilsame, Entwicklungsfördernde des spiegelnden Blicks (vgl. Kohut 1981). Obwohl Kohut in manchem korrigiert worden ist, sind gerade seine Überlegungen zur einfühlsamen Spiegelung des Kindes durch die Mutter auch für Aspekte der Supervision sinnvoll. »Indem [Kohut] demonstriert, daß die Organisation des Selbsterlebens grundsätzlich durch das Erleben der Responsivität des Anderen mitdeterminiert wird, entwickelt er ein kontextualistisches Verständnis der Psychoanalyse, das der intersubjektiven Theorie sehr nahe kam« (Jaennicke 2006, S. 67).

Ich möchte aus der Selbstpsychologie auch für das supervisorische Arbeiten das Modell des Selbstobjektes aufnehmen. Bacal und Newman (1994) definieren das Selbstobjekt folgendermaßen: »ein Objekt ist ein Selbstobjekt, wenn es intrapsychisch so erlebt wird, als erfülle es in einer Beziehung Funktionen, die das Selbstgefühl wecken, aufrecht erhalten und positiv beeinflussen« (S. 279). Beziehungen dieser Art werden nie überflüssig, sie bleiben ein Leben lang notwendig, wir alle sind immer wieder einmal auf sie angewiesen – auch als »reife« Erwachsene.

Insofern könnte man sagen, dass SupervisorInnen, zumindest in Situationen von Verunsicherung ihrer Supervisanden, auch als fördernde Selbstobjekte für diese wirken, wenn sie deren Bedürfnis nach anerkennender Spiegelung, Responsivität und Empathie entgegenkommen. Wobei Empathie im Sinne Kohuts nicht als »verschwommene Sentimentalität oder Mystik« (Jaennicke 2006, S. 68), sondern als ein Zusammentragen von Daten, ein Sammeln von Informationen und als stellvertretende Introspektion zu verstehen ist. Diese Form der Empathie ermöglicht ein An-Erkennen der Supervisanden in ihrer Interaktion mit ihren Klienten, um dann in weiteren Schritten durch das »Verweben« der jeweiligen Subjektivitäten eine gemeinsam geschaffene Interpretation zu erreichen.

Die Bereitschaft, intersubjektive Dynamik in vollem Umfang zuzulassen, erfordert bestimmte Einstellungen von SupervisorInnen, die gelegentlich Kränkungscharakter haben können:

➢ Verzicht auf Wünsche nach Hierarchisierung und Autorität, und zwar für beide Seiten, für Superervisanden *und* Supervisorin (vgl. Sies/West-Leuer 2001)
➢ Verzicht auf Instruktion (vgl. ebd.)
➢ Ebenbürtiges Arbeiten bei Vermeidung von inauthentischer Kollegialität unter Aufrechterhaltung der Asymmetrie
➢ Verzicht auf die Illusion einer »objektiven« Wahrheit
➢ Akzeptieren der Tatsache, nicht allein HerrIn des Geschehens zu sein
➢ Akzeptieren der eigenen Wünsche nach Spiegelung und Anerkennung
➢ Akzeptieren der eigenen Fallibilität, Ratlosigkeit, Scham und potenzieller unbewusst bleibender Übertragungen
➢ Akzeptieren der Supervisanden als potenzielle Helfer
➢ Das Risiko der Verbundenheit eingehen, Interdependenz und wechselseitige Beeinflussung tolerieren

Mir scheinen dies neben der zentralen Bedeutsamkeit der Reflexion und Handhabung von Übertragungs-Gegenübertragungs-Reaktionen die wesentlichen Voraussetzungen zu sein, Intersubjektivität im Supervisionsprozess zuzulassen bzw. zu befördern. Man wird diese Vorraussetzungen vermutlich nicht immer umfassend erfüllen können.

Es genügt, im Sinne Winnicotts, *a good enough supervisor* zu sein. Eingeflochten in das Gewebe von Beziehungen wird die intersubjektive Wahrheit geschaffen. Für alle Beteiligten ist es gleichzeitig auch eine Arbeit am Selbst – an Selbsterkenntnis und Selbstwert im individuellen wie professionellen Feld.

Literatur

Altmeyer, M. (2000): Narzissmus und Objekt. Ein intersubjektives Verständnis der Selbstbezogenheit. Göttingen (Vandenhoeck & Ruprecht).
Altmeyer, M. & Thomä, H. (Hg.) (2006): Die vernetzte Seele. Die intersubjektive Wende in der Psychoanalyse. Stuttgart (Klett-Cotta).
Aron, L. & Harris, A. (2006): In Beziehungen denken – in Beziehungen handeln. Neuere Entwicklungen der relationalen Psychoanalyse. In: Altmeyer, M. & Thomä, H. (Hg.): Die vernetzte Seele. Die intersubjektive Wende in der Psychoanalyse. Stuttgart (Klett-Cotta), S. 108–121.
Bacal, H. A. & Newman, K. M. (1994): Objektbeziehungstheorien – Brücken zur Selbstpsychologie. Stuttgart (Frommann-Holzboog).
Beebe, B. & Lachmann, F. (2006): Die relationale Wende in der Psychoanalyse. Ein dyadischer Systemansatz aus Sicht der Säuglingsforschung. In: Altmeyer, M. & Thomä, H. (Hg.): Die vernetzte Seele. Die intersubjektive Wende in der Psychoanalyse. Stuttgart (Klett-Cotta), S. 122–159.
Bohleber, W. (1999): Editorial. Sonderheft Psyche 53(9/10), S. 815–819.
Bohleber, W. (2006) Intersubjektivismus ohne Subjekt? Der Andere in der psychoanalytischen Tradition. In: Altmeyer, M. & Thomä, H. (Hg.): Die vernetzte Seele. Die intersubjektive Wende in der Psychoanalyse. Stuttgart (Klett-Cotta), S. 203–226.
Dornes, M. (1993): Der kompetente Säugling. Die präverbale Entwicklung des Menschen. Frankfurt (Fischer).
Dornes, M. (1997): Die frühe Kindheit. Entwicklungspsychologie der ersten Lebensjahre. Frankfurt (Fischer).
Jaennicke, C. (2006): Das Risiko der Verbundenheit – Intersubjektivitätstheorie in der Praxis. Stuttgart (Klett-Cotta).
Kohut, H. (1981): Die Heilung des Selbst. Frankfurt (Suhrkamp).
Krutzenbichler, S. & Essers, H. (1991): Muß denn Liebe Sünde sein? Über das Begehren des Analytikers. Freiburg (Kore).
Lichtenberg, J. (1991): Psychoanalyse und Säuglingsforschung, Berlin u. a. (Springer).
Löwer-Hirsch, M. (2001): Intersubjektivität und Supervision. In: Oberhoff, B. & Beumer, U. (Hg.): Theorie und Praxis psychoanalytischer Supervision. Münster (Votum; DGSv), S. 49–64.
Mittelsten Scheid, B. (2010): Die Bedeutung der intersubjektiven Wende der Psychoanalyse für die Gruppenanalyse. Gruppenanalyse 20(1), 82–102.
Oberhoff, B. & Beumer, U. (Hg.) (2001): Theorie und Praxis psychoanalytischer Supervision. Münster (Votum; DGSv).
Ogden, Th. H. (2006): Das analytische Dritte, das intersubjektive Subjekt der Analyse und das Konzept der projektiven Identifizierung. In: Altmeyer, M. & Thomä, H. (Hg.): Die vernetzte Seele. Die intersubjektive Wende in der Psychoanalyse. Stuttgart (Klett-Cotta), S. 35–64.

Orange, D. M.; Atwood, G. E. & Stolorow, R. D. (2001): Intersubjektivität in der Psychoanalyse. Kontextualismus in der psychoanalytischen Praxis. Frankfurt a. M. (Brandes & Apsel).

Orange, D. M.; Stolorow, R. D. & Atwood, G. E. (2006): Zugehörigkeit, Verbundenheit, Betroffenheit. Ein intersubjektiver Zugang zur traumatischen Erfahrung. In: Altmeyer, M. & Thomä, H. (Hg.): Die vernetzte Seele. Die intersubjektive Wende in der Psychoanalyse. Stuttgart (Klett-Cotta), S. 160–177.

Renik, O. (1999): Das Ideal des anonymen Analytikers und das Problem der Selbstenthüllung. Sonderheft Psyche 53(9/10), 929–957.

Sies, C. & West-Leuer, B. (2001): Konstruktivistische Ansätze in der psychoanalytischen Supervison. In: Oberhoff, B. & Beumer, U. (Hg.): Theorie und Praxis psychoanalytischer Supervision. Münster (Votum; DGSv), S. 167–182.

Stern, D. (1991): Tagebuch eines Babys. Was ein Kind sieht, spürt, fühlt und denkt. München u. a. (Piper).

Stern, D. (1992): Die Lebenserfahrung des Säuglings. Stuttgart (Klett-Cotta).

Thomä, H. (1999): Zur Theorie und Praxis von Übertragung und Gegenübertragung im psychoanalytischen Pluralismus. Sonderheft Psyche 53(9/10), 820–872.

Tiedemann, J. L. (2007): Die intersubjektive Natur der Scham. Dissertation, FU-Berlin.

Winnicott, D. (1973): Vom Spiel zur Kreativität. Stuttgart (Klett-Cotta).

Supervision und Emotionsregulation
Rolf Haubl

In einem Projektteam herrscht eine durchgehend gedrückte Stimmung, obwohl das Team sehr erfolgreich ist. Statt sich darüber zu freuen, halten sich die Teammitglieder lange mit kleinen Unzulänglichkeiten auf. In der Supervision stellt sich heraus, dass dies die Auswirkungen einer unbegriffenen Angst sind: Wer Freude oder gar Stolz zeigt, provoziert eine Debatte darüber, wer von den Teammitgliedern wie viel zu dem Erfolg beigetragen hat. Diese Debatte aber darf aus Angst vor Neid nicht geführt werden.

Die familienlose Leiterin einer Familienhilfe neigt dazu, in Teambesprechungen über das Erholungsbedürfnis ihrer älteren Mitarbeiterinnen zu spotten, was diese als ungerecht und arrogant erleben. Wie sich in der Supervision herausstellt, verdeckt ihr Spott ihre Angst vor Vereinsamung, die sie durch freiwillige Mehrarbeit und Tabletten zu bewältigen sucht.

Der junge Abteilungsleiter eines produzierenden Unternehmens bemüht sich sehr um einen kommunikativen Leitungsstil, für den ihn aber nicht alle Mitarbeiter schätzen. Als er unversehens beginnt, in seinem »Laden aufzuräumen«, stellt sich in der Supervision seine Aggression als Versuch heraus, die entwertende Nachrede zum Verstummen zu bringen, er sei ein »Weichei« und »Frauenversteher«, was ihn in seinem Selbstbild als Mann verunsichert und homophobe Befürchtungen mobilisiert.

Aufgrund seiner schlechten Performance wird ein junger Investmentbanker bei der anstehenden Beförderungswelle übergangen. Nach außen nimmt er dies klaglos hin und stellt seine Situation sogar als Motivation heraus, sich künftig umso mehr anzustrengen. Gleichzeitig fängt er aber an, mit Informationen zu geizen, die seine Kollegen für ihre Entscheidungen benötigen. Vor sich selbst und ihnen legitimiert er dies als besondere Sorgfaltspflicht, die Informationen genau zu prüfen. Dass er sich damit an seinen Konkurrenten zu rächen sucht, kann er erst nach und nach in der Supervision erleben und einsehen.

Nach drei guten Geschäftsabschlüssen in kurzer Zeit übernimmt sich der Leiter des Einkaufs eines Technologieunternehmens. Er versäumt es, den Vertrag für das nächste Geschäft von der Rechtsabteilung prüfen zu lassen. Der Vertrag erweist sich jedoch als Knebelvertrag, der dem Unternehmen sehr schaden kann. Genau besehen, muss sich der Leiter in der Supervision eingestehen, dass ihm seine Erfolge das euphorische Gefühl vermittelt haben, überhaupt nicht fehlen zu können.

Emotionen in Organisationen: Von der Störung zur Ressource

Obwohl Fälle wie die skizzierten zum Erfahrungsbestand von Berater/innen in der Arbeitswelt gehören, haben Organisationen, insbesondere Unternehmen, lange Zeit eine Fassade reiner Zweckrationalität aufrechterhalten: Als Idealtypus des Fordismus gelten Organisationen, die wie »Maschinen« funktionieren, deren »Räder und Rädchen« ohne »Reibungsverlust« ineinandergreifen. In diesem imaginativen Kontext erscheinen Emotionen als »Sand im Getriebe«. Folglich müssen Organisationen von ihnen »gereinigt« werden.

Dieses Bild ist empirisch schon immer falsch gewesen, hat aber ideologisch zu verdecken geholfen, dass Organisationen nicht nur Angstbindung betreiben, sondern stets auch angstbesetzte Orte sind (Bauer 2005; Ortmann 2010). Dem entspricht die Figur der männlichen Leitungskraft, die rein zweckrational denkt und damit die Geschicke der Organisation, für die er arbeitet, erfolgreich lenkt (Kanter 1977). Den Gegentypus verkörpern Frauen und Arbeiter, denen eine defizitäre emotionale Selbstkontrolle zugeschrieben wird, weshalb sie anscheinend einer fürsorglichen Disziplinierung bedürfen. Die Angst, die durch die Fassade reiner Zweckrationalität verdeckt wird, ist somit nicht zuletzt die Angst vor einer Feminisierung und Proletarisierung. Um sie zu bannen, sind Leitungskräfte gehalten, den Habitus einer Männlichkeit zu entwickeln, die keine Angst kennt, was faktisch auf eine kontraphobische Verleugnung aller Emotionalität hinausläuft.

Im Zuge des gesellschaftlichen Übergangs vom Fordismus zum Postfordismus (Eichler 2009), der sich unter anderem als rasante Erweiterung des Dienstleistungssektors vollzieht, ändert sich auch die Einstellung gegenüber Emotionen. Zwar bleibt sie instrumentell, an die Stelle der Neutralisierung von Emotionen tritt aber ihre intelligente Nutzung. Die Emotionen der Organisationsmitglieder gelten nunmehr als Ressource, die als profitabler Beitrag zur Wertschöpfung »bewirtschaftet« werden kann und soll. Führungskräften erhalten dabei die Aufgabe, Disziplinierung durch Motivierung zu ersetzen: auf Befehlstöne zu verzichten und eine flexible emotionale Ansprache zu kultivieren (Conger/Kanungo 1998). Diese strategisch-taktische Emotionalisierung findet auf allen Hierarchieebenen statt und stellt – polemisch gesprochen – eine Feminisierung der Organisationskultur dar, ohne dass Frauen dadurch zwangsläufig tatsächlich erheblich größere Aufstiegschancen bekämen.

Emotionalisierung ist ein integraler Bestandteil einer fortschreitenden Subjektivierung von Arbeit, die eine Vergrößerung der Nachfrage nach arbeitsbezogener Beratung samt deren Psychologisierung befördert hat – ob als Supervision oder Coaching etikettiert, sei dahingestellt (Haubl 2010). Und wieder sind es die Leitungskräfte sowie diejenigen Organisationsmitglieder, die einmal Leitungskräfte werden wollen, von denen man erwartet, dass sie als Erste entsprechend »nachrüsten«.

Im Zuge dieser Entwicklung interessieren sich dann auch die Organisationswissenschaften zunehmend für die emotionale Wirklichkeit von Arbeit und Leben in Organisationen (z. B. Fineman 2000). Um dieser Wirklichkeit in Supervision und Coaching gerecht zu werden, bedarf es einer verstärkten theoretischen und praktischen Hinwendung zu Fragen der Emotionsregulation, die bisher eher vernachlässigt worden sind.

Ein Komponentenmodell der Emotionen

Emotionen werden heute in den verschiedenen Wissenschaften, die sich mit ihnen befassen, als biopsychosoziale Elemente menschlichen Erlebens und Handelns konzipiert (Keltner et al. 2006). Ihrer Komplexität entspricht am besten ein Modell, das verschiedene Komponenten unterscheidet, die ineinandergreifen, ohne dass sie einander allerdings determinieren würden.

Die Komponenten sind:
(a) *Organismus:* Emotionen sind genetisch disponiert und haben eine hirnstrukturelle, physiologische und hormonelle Basis.
(b) *Ausdruck:* Emotionen werden primär nonverbal ausgedrückt, wobei sich vor allem das menschliche Gesicht im Laufe der Evolution zu einem differenzierten Signalgeber entwickelt hat. Eine ganze Reihe

von Emotionen, wie z. B. Angst und Wut, ist mimisch universal verständlich, wenn die Darstellung nicht unterdrückt wird, was freilich prinzipiell möglich ist.

(c) *Handlung:* Emotionen lösen Handlungsbereitschaften aus. Zum Beispiel führt Angst zu einer Lähmung oder zu einer Fluchtbewegung. Dies erfolgt, wie auch im Falle des Gesichtsausdrucks, zunächst ohne zu überlegen, aber nicht reflexartig, sodass auch für Handlungsbereitschaften die prinzipielle Möglichkeit besteht, sie zu kontrollieren.

(d) *Empfindung:* Die erste Stufe, auf der Emotionen zu Bewusstsein kommen, ist die Selbstwahrnehmung als Lust – Unlust.

(e) *Gefühl:* Die weiteren Bewusstseinsstufen entstehen durch eine kognitive Ausdifferenzierung der Empfindungen, deren höchste die sprachliche Unterscheidung eines Repertoires verschiedener Emotionen ist.

(f) *Normative Regelung:* Bezugsgruppen entwickeln spezifische Gefühlskulturen, die aus den mehr oder weniger sanktionierten Erwartungen bestehen, wer in welchen Situationen welche Emotionen wie zu regulieren hat. Dies gilt zum einen über alle Emotionen hinweg, mithin für die generelle Emotionalität eines Gruppenmitgliedes; zum anderen gilt es für jede der verschiedenen Emotionen speziell. Und zwar in dreifacher Hinsicht: Es gibt Erwartungen, wer in welchen Situationen welche Gefühle wie ausdrücken soll, wer in welchen Situationen welche Gefühle tatsächlich fühlen soll und wer in welcher Situation nach seinen Gefühlen handeln soll.

Emotionsregulation

Emotionsregulation ist die Ich-Fähigkeit einer Person, ihre generelle Emotionalität sowie ihre spezifischen Emotionen zu beeinflussen. Kindern gelingt das schlechter als Erwachsenen, aber auch zwischen Erwachsenen ist die Fähigkeit unterschiedlich ausgeprägt (Friedlmeier/ Holodynski 1999). Die generelle Fähigkeit einer Person resultiert aus ihrer bisherigen Lebensgeschichte, in der sie gelernt hat, ihre Emotionen zu regulieren. Dieses Fähigkeitsniveau steht ihr aber nicht immer zur Verfügung. So kann es etwa unter großen psychosozialen Belastungen zu einer Regression kommen, die dazu führt, dass die Person nicht mehr in der Lage ist, sich zu kontrollieren. Freilich gibt es auch Situationen, in denen eine Person freiwillig darauf verzichtet, sich zu kontrollieren, obwohl ihr das gelingen würde.

Somit muss zwischen Emotionsregulation und ihrer Motivierung unterschieden werden. Zu den maßgeblichen Motiven von Personen, ihre Emotionen zu regulieren, gehört ihr Bestreben, die Erwartungen zu erfüllen, die ihre Bezugsgruppe an ihre Emotionsregulation stellt, da die Erfüllung dieser Erwartungen die Wahrscheinlichkeit erhöht, sozial integriert zu werden. Erfüllen sie die Erwartungen nicht, müssen sich die Personen rechtfertigen. Sie können die Erwartungen ihrer Bezugsgruppe unbeabsichtigt nicht erfüllen, aber auch mit Absicht unterlassen, was von ihnen erwartet wird. Ihre Bezugsgruppe kann dadurch provoziert werden, ihre bisherigen Erwartungen zu verändern, oder die Provokateure, weil sie erwartungswidrig handeln, auszuschließen.

Was Bezugsgruppen an Emotionsregulation erwarten, variiert nach verschiedenen sozialen Kategorien, vor allem nach Alter, Geschlecht und Status. Betrachtet man Emotionsregulation als eine Aufgabe der Supervision, dann steht diejenige Emotionsregulation im Vordergrund, die von Supervisanden als den Trägern bestimmter Berufsrollen in einem arbeitsteilig organisierten professionellen Handlungszusammenhang erwartet werden darf (Morris/Feldman 1996).

Emotionen in der Supervision

Für die Supervisionen sind Emotionen auf verschiedenen Ebenen von Bedeutung:
(a) Supervisanden fragen Supervision nach, weil es ihnen im Zusammenhang mit ihrem beruflichen und professionellen Rollenhandeln schwer fällt, ihre Emotionen angemessen zu regulieren. Die Supervision dient dann dazu, ihre Ich-Fähigkeit zu verbessern, wobei bereits das Einholen von Supervision ein Mittel der Emotionsregulation sein kann.

Hält der Supervisand trotz seinen täglichen gegenteiligen Erfahrungen die Fassade reinen zweckrationalen Handelns aufrecht, dann muss der Supervisor erst einmal Raum für die Anerkennung des generellen Einflusses von Emotionen auf dessen Rollenhandeln schaffen.

Weiterhin soll der Supervisand die Gelegenheit erhalten, zu lernen, handlungsrelevante Emotionen bei sich selbst und anderen Rollenträgern zu erkennen und zu reflektieren, auch wenn sich diese Emotionen nur in Anzeichen zu erkennen geben. Und er soll lernen, bei sich und anderen Rollenträgern zu erkennen und zu reflektieren, in welchen Situationen er und sie welche Strategien der Emotionsregulation mit welchem »Erfolg« gebrauchen, um sie gegebenenfalls zu verbessern.

Darüber hinaus soll der Supervisor klären helfen, welche formelle und informelle Gefühlskultur in der Organisation herrscht, die der Supervisand als Rollenträger repräsentiert, und wie sich diese Anforderungen mit seiner persönlichen Emotionalität vertragen: ob emotionale Dissonanzen bestehen, die mehr oder weniger psychisch belastend sind und deshalb bewältigt werden müssen.

(b) Supervision ist wie jede Form professioneller Beratung eine methodisch angeleitete Rollenbeziehung, die selbst unweigerlich Emotionen hervorruft. Mithin hängt eine gelingende Supervision auch davon ab, dass sie keine Emotionen erzeugt, die den angestrebten Lernprozess be- oder verhindern. In diesem Sinne hat ein Supervisor z. B. darauf zu achten, dass seine Interventionen den supervidierten Rollenträger nicht mehr als notwendig beschämen und ihm keine quälenden Schuldgefühle bereiten (König 2003; Menschik-Bendele 2003; Pühl 2003).

Zu diesem Zweck benötigt der Supervisor selbst die Ich-Fähigkeit, seine Emotionen während des Supervisionsprozesses im Dienste der Unterstützung und Qualifizierung des Supervisanden zu regulieren. Regulieren heißt dabei nicht zwangsläufig, seine Emotionen zurückzuhalten. Teilt der Supervisor seinem Supervisanden mit, welche Emotionen dieser bei ihm auslöst, kann dies eine hilfreiche Intervention sein, vor allem dann, wenn die begründete Vermutung besteht, der Supervisand löse an seinem Arbeitsplatz ähnliche Emotionen aus (Oberhoff 2000).

(c) Jede Supervisionsausbildung sollte einem zukünftigen Supervisor die Möglichkeit einer emotionalen Selbsterfahrung bieten. Hinzukommen sollte die Vermittlung von Wissen über die bekannten Muster emotionaler Interaktionsdynamik wie z. B. die Scham-Wut-Spirale, bei der eine Person ihre Angst vor einer drohenden Beschämung dadurch abwehrt, dass sie sich in einen Wutausbruch hineinsteigert, über den sie sich im Nachhinein schämt.

Da Emotionen oft nur über mehr oder weniger subtile Anzeichen zu erkennen sind, reicht ein solches Wissen allerdings nicht aus. Es muss von der Einübung eines szenischen Verstehens (Haubl 1999;

Oberhoff 2002) flankiert werden, das in der Lage ist, »falsche« Emotionen – Wut statt Scham – zu identifizieren. Schließlich sollte der zukünftige Supervisor bereits während seiner Ausbildung auf die psychosozialen Belastungen seiner Rolle vorbereitet werden und dementsprechend eine emotionale Selbstfürsorge lernen, die einer Erschöpfung vorbeugt.

Emotionen im Fokus

Eine Möglichkeit, psychodynamisch-systemische Supervisions- und Coachingprozesse (Haubl 2008) zu optimieren, bietet eine Fokusbildung. Ähnlich wie in der Fokaltherapie (Lachauer 2004, 2005) legen Supervisor und Supervisand zu Anfang ihrer Zusammenarbeit, wenn sie ihr Arbeitsbündnis schließen, gemeinsam einen thematischen Fokus fest, der als Zielvorgabe dient und die Interventionen des Supervisors orientiert. Diagnostisch betrachtet, ist der Fokus die Beschreibung einer Konfliktkonstellation im Rollenhandeln des Supervisanden, die er nicht durchschaut und die er – aus diesem Grund – nicht auflösen kann. Die Psycho- und Soziodynamik solcher Konflikte wird durch Wünsche und/oder Emotionen des Supervisanden erzeugt, die sein Rollenhandeln nachhaltig stören. Diese Wünsche und Emotionen können mehr oder weniger bewusst sein, was unter anderem davon abhängt, wie sehr sie den Erwartungen an die Rolle widersprechen. Nehmen wir als Beispiel das folgende mentale Modell, das aus der Perspektive einer männlichen Leistungskraft formuliert ist:

Frau Müller widersetzt sich ständig meinen Anordnungen, ich ermahne sie, bin aber nicht konsequent. (Störung)

Ich möchte mir gegenüber meiner Mitarbeiterin Frau Müller endlich »Respekt« verschaffen. (Wunsch)

Frau Müller ist seit Jahrzehnten in der Abteilung und verfügt über ein Insiderwissen, auf das ich angewiesen bin. Wenn ich den »Chef herauskehre«, wird sie es mir vorenthalten und gegen mich intrigieren. (Angst)

Dieses einfache Beispiel mag den elementaren Dreisatz illustrieren, den jede Fokusbildung verlangt. Komplexere Konfliktkonstellationen lassen sich durch eine Verschränkung mehrerer Dreisätze analysieren und beschreiben.

Fokusbildung ist ein hilfreiches Denkwerkzeug. Es strukturiert und zentriert einen Supervisionsprozess, gleichzeitig bietet es dem Supervisanden ein Modell an, wie er sich und sein Rollenhandeln reflektieren kann. Im Verlauf des Prozesses wird der anfangs formulierte Fokus ständig weiterentwickelt. Rückblickend erscheint dann die Geschichte einer Supervision als Geschichte dieser Entwicklung.

Von einem Supervisanden wird zum Zwecke der Fokusbildung erwartet, dass er zunächst möglichst genau erzählt, was ihn in seinem Arbeitsalltag bei seinem Rollenhandeln stört. Diese Störung gilt es zu beheben, was dem Modell zufolge von zwei Ansatzpunkten her geschehen kann:

(1) Es sind unangemessene Wünsche, die ein erfolgreiches Rollenhandeln hintertreiben und deshalb einer korrigierenden Überprüfung bedürfen.

Ist der Respekt, den sich der Supervisand im angeführten Beispiel wünscht, unbewusst als kritiklose Unterwerfung oder gar als Liebe konnotiert, so verweigert seine Mitarbeiterin ihm die Gefolgschaft, weil sie spürt, dass sie dafür missbraucht werden soll, seinen brüchigen Selbstwert zu stabilisieren, was ihre Rollenbeziehung überfordert. Wünsche sind nicht auch zwangsläufig bereits realistische Ziele. Es gehört zu den Aufgaben einer gelungenen Supervision, beides voneinander zu unterscheiden.

(2) Es lassen sich bislang unerkannte oder uneingestandene Ängste (oder andere Emotionen) finden, die ein erfolgreiches Rollenhandeln hintertreiben und deshalb anders als bisher bewältigt werden müssen.

Nachdem die Angst erkannt und benannt ist, sollte der Supervisand sich ihr mit emotionaler und kognitiver Unterstützung des Supervisors stellen. Das kann heißen, bei seinen zukünftigen Entscheidungen bewusst auf das Insiderwissen seiner Mitarbeiterin zu verzichten, um dadurch weniger erpressbar zu sein und ein eigenständiges Urteil zu riskieren, mit dem er, wenn es gut geht, den Teil der Beschäftigten für sich gewinnt, die deren »Einflüsterungen« misstrauen.

Ausblick

Obwohl die Supervision bereits eine lange Tradition hat, steht eine nennenswerte Supervisionsforschung erst am Anfang (Petzold et al. 2003; Haubl/Hausinger 2009; Busse/Ehmer 2010). Untersuchungen zum Thema der Emotionsregulation, wie es hier knapp entfaltet worden ist, fehlen ganz. Da inzwischen aber wissenschaftlich gut belegt ist, wie intensiv sich Denken und Fühlen im menschlichen Erleben und Handeln wechselseitig durchdringen (Damasio 1997), sind entsprechende Untersuchungen dringend anzumahnen.

Literatur

Bauer, A. (2005): Institutionen und Organisationen zwischen Angstbindung und Angstproduktion. In: Fröse, M. W. (Hg.): Management Sozialer Organisationen. Bern (Haupt), S. 181–202.
Busse, S. & Ehmer, S. (Hg.) (2010): Wissen wir, was wir tun? Beraterisches Handeln in Supervision und Coaching. Göttingen (Vandenhoeck & Ruprecht).
Conger, J. A. & Kanungo, R. N. (1998): Charismatic leadership. Thousand Oaks (Sage).
Damasio, A. (1997): Descartes' Irrtum. Fühlen, Denken und das menschliche Gehirn. München (List).
Eichler, L. (2009): Dialektik der flexiblen Subjektivität. Beitrag zur Sozialcharakterologie des Postfordismus. In: Müller, S. (Hg.): Probleme der Dialektik heute. Wiesbaden (V&S), S. 85–111.
Fineman, S. (2000): Emotions in organizations. Second edition. London (Sage).
Friedlmeier, W. & Holodynski, M. (Hg.) (1999): Emotionale Entwicklung. Funktion, Regulation und soziokultureller Kontext von Emotionen. Heidelberg, Berlin (Spektrum Akademischer Verlag).
Haubl, R. (1999): Die Hermeneutik des Szenischen in der Einzel- und Gruppenanalyse. Inszenieren – szenisches Verstehen – szenisches Intervenieren. Zeitschrift für Gruppenpsychotherapie und Gruppendynamik 35, 17–53.
Haubl, R. (2008): Historische und programmatische Überlegungen zum psychodynamisch-systemischen Leitungscoaching. Positionen. Beiträge zur Beratung in der Arbeitswelt 1, 2–8.
Haubl, R. (2010): Coaching und Supervision: Wie paradigmatisch sind die Differenzen? In: DGSv (Hg.): Kernkompetenz: Supervision. Köln (DGSv), S. 33–36.
Haubl, R. & Hausinger, B. (Hg.) (2009): Supervisionsforschung: Einblicke und Ausblicke. Göttingen (Vandenhoeck & Ruprecht).
Kanter, R. M. (1977): Man and women of the corporation. New York (Basic Books).
Keltner, D.; Haidt, J. & Shiota, M. N. (2006): Social functionalism and the evolution of emotions. In: Schaller, M.; Kendrick, D. & Simpson, J. (Hg.): Evolution and Social Psychology. New York (Psychology Press), S. 115–142.
König, K. (2003): Scham und Schuld in Beratungsprozessen. supervision 3, 18–22.
Lachauer, R. (2004): Die Verwendung des Fokusbegriffs in der Psychotherapie. Psychoanalytische Blätter 17, 7–19.
Lachauer, R. (2005): Du sollst Dir ein Bild machen. Fokus – Metapher – psychoanalytische Hermeneutik. Forum der Psychoanalyse 21, 14–29.
Menschik-Bendele, J. (2003): »Pfui schäm dich! Alle Leute seh'n dich! Supervision 3, 29–36.

Morris, J. A. & Feldman, D. C. (1996): The dimensions, antecedents, and consequences of emotional labor. Academic of Management Review 21(4), 986–1010.
Oberhoff, B. (2000): Übertragung und Gegenübertragung in der Supervision. Münster (Daedalus).
Oberhoff, B. (2002): Szenisches Verstehen in der institutionellen Supervision. In: Pühl, H. (Hg.): Supervision. Aspekte organisationeller Beratung. Berlin (Leutner), S. 195–210.
Ortmann, G. (2010): Organisation und Moral. Die dunkle Seite. Weilerswist (Velbrück Wissenschaft).
Petzold, H. G.; Schigl, B.; Fischer, M. & Höfner, C. (2003): Supervision auf dem Prüfstand. Opladen (Leske + Budrich).
Pühl, H. (2003): »Geh in die Ecke und schäm dich!« supervision 3, 23–28.

Verwickelt, verstrickt und dennoch gut beraten

Abstinenz, Containment und Verantwortung im Beratungsprozess

Mathias Lohmer

Thesen

1. Der Berater oder Supervisor ist temporär Teil des Lebens und der Dynamik einer Organisation. Seine spezifische Art der Teilnahme ist integraler Bestandteil einer Beratungsarbeit, die sich nicht als reiner »Experteninput«, sondern als *Prozessberatung* und *Organisationsentwicklung* versteht. Die *temporäre Teilhabe* soll das System dazu stimulieren, besser über die eigene Dynamik zu reflektieren und sinnvolle Veränderungsschritte vorzunehmen.
2. Die Beteiligung des Beraters verläuft im Idealfall auf den *beiden* Ebenen der *Handlung (Erleben)* und der *Beobachtung (Reflexion)* – gemäß der uns aus der psychodynamischen Psychotherapie vertrauten Unterscheidung von *Handlungs-Ich* und *beobachtendem Ich*.
3. Wiewohl sich der Berater immer primär auf die Aussensicht und Meta-Ebene der *Beobachtung* (Wahrnehmen – Reflektieren) und entsprechender *Intervention* (Klären, Konfrontieren, Interpretieren, Vorschläge und Empfehlungen) bezieht, ist es gleichzeitig unvermeidlich, dass er partiell auch ungewollt *Teil des Systems* wird und vor- bis unbewusst *mitagiert*.
4. Die Haltung des Beraters kann so – in Entsprechung zum ethnologischen Forscher im Feld – als *teilnehmende Beobachtung* verstanden und konzeptualisiert werden.
5. Das *Mitagieren* macht den Berater dem System vertraut (Reduktion von Fremdheit) und lässt ihn die Spielregeln (»Dos and Don'ts«) des Kundensystems am eigenen Leib, mit der eigenen Emotionalität, mithilfe seiner Spiegelneuronen erfassen und erleben. Dieses Mitagieren

generiert Informationen nicht nur aus der Beobachtung, sondern aus der *Teilhabe* am System und kann in einem *zweiten* Schritt zum Einsatz der Ebene der Selbst-Beobachtung mit Reflexion und dann einer entsprechenden Intervention gegenüber dem System genutzt werden. Ein mittleres Maß an Mitagieren ist somit unvermeidlich – zu wenig ist Zeichen eines ängstlichen Sich-heraus-Haltens, zu viel Ausdruck von Verwicklung und Verstrickung. Auch dies ist an sich noch nicht problematisch; wichtig ist hier, ob die Verstrickung frühzeitig genug erkannt und für den beraterischen Prozess im Sinne einer *Gegenübertragungsanalyse* genutzt werden kann.

6. *Verwicklung* und *Verstrickung* sind umgangssprachliche und häufig synonym benutzte Begriffe, die das Mitagieren im System beschreiben sollen. Will man eine Unterscheidung einführen, so könnte man sagen, dass *Verwicklung* die minder schwere Form des Mitagierens beschreibt: Man wird zum Teil des Systems – »going native«, wie die Ethnologen dies so schön nennen, wenn einem in der Feldforschung der Abstand zur beobachteten Ethnie verloren geht und man sich so stark mit Strebungen im Feld identifiziert, z. B. parteiisch wird, dass man die Distanz des »objektiven Beobachters« verliert. Diese Verwicklung besteht darin, dass man sich direkt, impulsiv, automatisch verhält und nicht bewusst *merkt*, wie man zum Teil des Systems wird. Oft erst mit Abstand, nachträglich, durch Rückmeldungen von außen oder durch einen eigenen supervisorischen Prozess kann die Verwicklung bewusst werden. *Verstrickung* bezeichnet eine massivere Form des Mitagierens: Man beginnt handelnd, aber der eigenen Verstrickung nicht bewusst, auf das System Einfluss zu nehmen, übernimmt z. B. anstelle einer schwachen Führungsperson ersatzweise »Führungsaufgaben« im Team bis hin zur Einschätzung der Qualifikation von Mitarbeitern; man lässt sich beispielsweise von einem Team »funktionalisieren« um die Problematik einer dysfunktionalen Führungsperson bei der vorgesetzten Ebene direkt vorzubringen, statt z. B. das Team darin zu »coachen«, wie es mit der Situation umgehen kann.

7. *Abstinenz* bezeichnet die Haltung des Beraters, durch eine Konzentration auf die Ebene der *(Selbst-)Beobachtung und Reflexion* sich vor zu viel Mitagieren (Verwickeln und Verstricken) zu schützen. Die Haltung der Abstinenz besteht darin, eine kontinuierliche Kontrollschleife zwischen dem Vorbewusstem und dem Bewussten zu fördern. Dazu gehört ein innerer Dialog mit Fragen wie: »Wozu werde ich

gerade veranlasst, was soll ich gerade tun oder nicht tun, wozu fühle ich mich instinktiv genötigt, was ärgert, langweilt, erregt mich, wo fühle ich mich unwohl, unfrei oder zu wohl?«

8. Abstinenz hilft dem Berater, eine Haltung der »Allparteilichkeit« (Stierlin), der »multiplen Loyalität« und der Äquidistanz zu den unterschiedlichen Beteiligten eines Systems zu halten. *Abstinenz halten* kann aber – im Sinne der obigen Ausführungen – nicht bedeuten, *überhaupt nicht* in die Falle von Verwicklungen und Verstrickungen zu geraten, sondern die Haltung der Abstinenz immer aufs neue *wiederzugewinnen!*

9. *Abstinenz* sollte auch nicht mit affektiver Neutralität oder grundsätzlicher Distanz zum Kundensystem verwechselt werden – wie schon in anderen Beiträgen dieses Bandes ausgeführt, ist es gerade im Feld der Beratung, weniger in dem der »klassischen« Supervision, häufig notwendig, die Beziehung zum Auftraggeber/Kunden zu pflegen, z.B. durch gemeinsame Abendessen, Austausch über den Beratungsprozess, Coachingsequenzen in Workshops.

10. Die Haltung des *Containments* bezeichnet die Fähigkeit des psychodynamisch-systemisch geschulten Beraters, emotional-kognitive Zustände im System aufzunehmen, zu erleben, zu reflektieren und schließlich dem System in geeigneter Weise – z.B. als »Arbeitshypothesen« – zur Verfügung zu stellen.

11. Die *Regelschleife* von: »Beobachtung – Teilhabe (mitagieren, verwickelt und verstrickt werden) – Bemerken und Verarbeitung der Gegenübertragung und der Teilhabe – Rückvermittlung der eigenen Reflexion an das System und dialogisches Verstehen mit diesem« – beruht auf dem Basiskonzept des *Containments* als dem Grundpfeiler einer modernen psychodynamischen Arbeit mit Organisationen. Containment ermöglicht also, die Abstinenz immer wieder herzustellen.

12. Die *Grundthese* dieser Ausführungen lautet: Aufgabe und *Verantwortung* des Beraters ist es, für *Bedingungen* der Supervision/Beratung zu sorgen, die einen solche Haltung des *Containments* und der basalen *Abstinenz* ermöglichen. Diese *Bedingungen* einer guten und verantwortlichen Arbeit beziehen sich sowohl auf Bedingungen des *äußeren Rahmens* wie auf solche der *inneren Haltung*.

13. *Bedingungen des äußeren Rahmens* umfassen Faktoren wie: Erfüllbarkeit des Auftrags; Ablehnung bzw. Klärung widersprüchlicher Aufträge auf der Ebene unterschiedlicher System-Bestandteile; offizieller

und legitimer, vorgesehener Kontakt zu wichtigen System-Repräsentanten; kollegiale Supervision oder Intervision über den Beratungs-/Supervisionsprozess.
14. *Die innere Haltung* beschreibt den *ethischen* Anspruch bezüglich Abstinenz und multipler Loyalität; die *Bereitschaft* und *Kompetenz*, kontinuierlich auf Zeichen der Verwicklung und entsprechende Gegenübertragungsgefühle zu achten; nicht zuletzt *Kritikfähigkeit*. Kontinuierlich muss auch die eigene *Korrumpierbarkeit* durch Geld oder narzisstische Aufwertung, Macht oder Privilegien, geklärt und immer wieder am Anspruch der Integrität gemessen werden.

Fallbeispiel 1 – das Scheitern von Abstinenz und Containment

Im Anschluss an eine klinische Ausbildung wurde ich durch den Oberarzt einer Abteilung stationärer Psychotherapie für eine Teamsupervision engagiert. Ich freute mich über diesen Auftrag, weil die Arbeit in einem neuen und für mich herausfordernden Bereich der Kinder- und Jugendpsychiatrie stattfinden würde und ich eine angenehme Vertrautheit zu dem Oberarzt empfand, der Teilnehmer einer kleinen kontinuierlichen Fall-Supervisionsgruppe im Rahmen der klinischen Ausbildung gewesen war.

Die Supervision fand in einem entfernteren Teil Deutschlands statt, sodass ich regelmäßig von dem Oberarzt vom Flughafen abgeholt und zur Klinik gebracht wurde. Auf dem Weg dorthin gab es angeregte Gespräche, in denen der Oberarzt mich über die Situation des Teams und die Leitungsproblematik der Klinik informierte. Speziell zwei weibliche Mitarbeiterinnen machten ihm Sorge, da sie nicht die notwendige konfrontative Haltung gegenüber den massiv agierenden Patienten aufwiesen, aber auch der Chefarzt, der wenig da sei, die Zügel schleifen ließe und es quasi ihm als »inoffiziellem Führungsauftrag« überließe, sich um die Einhaltung von Regeln in der Klinik zu kümmern. Ich selber schätzte den Oberarzt, mochte seine männlich-beherzte Haltung und seine ausgesprochene Kompetenz im Umgang mit der Klientel sowie seine Rolle als »Kultur- und Wissensträger« der Einrichtung.

Dabei begann ich – im Nachhinein gesehen – im Team Anzeichen für Ängstlichkeit und einschüchterndes Verhalten des OA zu übersehen, bzw. seine »polternde Art« in den Supervisionssitzungen als »nicht so schlimm« und »zumutbar« zu bewerten. Unmerklich übernahm ich seine Perspektive, erlebte die beiden Assistentinnen als unzufrieden und zu zögerlich in ihrer Haltung und empfand die scharf kritisierende Art des Oberarztes bei Regelverstößen als notwendig und klärend. Ich bemühte mich kaum um einen Kontakt mit dem Chefarzt und erlebte ihn rasch – konkordant zum Oberarzt – als schwach. In der Folge wurden die Supervisionssitzungen allmählich steril, ich begann mich zu langweilen, wurde unaufmerksam und hatte das Gefühl, keinen richtigen Kontakt zu den Teams zu finden, wunderte mich zudem über Misstrauen, das mir immer wieder entgegenschlug und schob dies auf einen »kulturellen Wahrnehmungstypus« in dieser Klinik bei den Mitarbeitern und Klienten.

Nach einer Eskalation der Konflikte auf der Leitungsebene mit dem Oberarzt wurde er beurlaubt und was bisher unter der Oberfläche geschwelt hatte, brach nun unvermittelt und heftig hervor. In der nächsten Supervisionssitzung ohne ihn wurden mir vom Team bittere Vorwürfe gemacht, dass ich blind für ihre Signale gewesen sei und allmählich wurde klar, dass viele Teammitglieder sich ihm gegenüber wie in einem Terror-Regime erlebt hatten. Etwa ein halbes Jahr nach dem Weggang des Oberarztes endete die Teamsupervision – es gelang zwar, den Prozess des Misslingens der supervisorischen Zusammenarbeit gemeinsam zu verstehen und zu bearbeiten, aber Enttäuschung und mangelndes Vertrauen der Teilnehmer und meine eigene Befangenheit ließen keinen gelingenden Neustart mehr zu.

Kommentar: Im Nachhinein wurde mir klar, dass ich mich verwickeln und verstricken hatte lassen:
- Die gegenseitige Idealisierung von mir und dem Oberarzt hatte die Grundlage gelegt.
- Hinzu kam meine Unsicherheit in dem neuen Feld, in dem ich ihn als Experten erlebte und eigene Orientierungs- und Anlehnungsbedürfnisse hatte; ich beruhigte mich durch das angenehme Gefühl, einen »Vertrauten« im System zu haben und musste so die Gefühle der Unsicherheit und Fremdheit weniger ertragen.
- Eine leichte Korrumpierung durch die besonders zuvorkommende Haltung mit den Transfers zum Flughafen und die Wahl eines guten Hotels schwächte meine kritische Wahrnehmung.
- All dies resultierte in einer Wahrnehmungseinschränkung gegenüber den Signalen aus dem Feld und einer Spaltung: ich mit dem Oberarzt gegen die anderen Teile der Klinikleitung und Teile des Teams.
- Damit konnte ich meinen eigentlichen supervisorischen Auftrag, die

Gesamtdynamik des Teams zu erkennen und »allparteilich«, abstinent und mit Abstand zum Kundensystem zu wirken, nicht mehr ausreichend erfüllen.

➤ Der Verlust an Vertrauen und die zunehmende – abwehrbedingte – Sterilität der Supervisonssitzungen zeigte, dass das Containment durch mich nicht mehr gegeben war.

Fallbeispiel 2 – das Wiedergewinnen von Abstinenz und Allparteilichkeit

Von der Geschäftsführung eines freien Trägers sozialer Einrichtungen wurde ich mit der Entwicklung einer neuen Organisations- und Leitungsstruktur beauftragt. Im Wesentlichen bestand die Arbeit in der Zusammenarbeit mit den zwei Geschäftsführern, einer Steuer- und Projektgruppe, die den Entwurf der neuen Struktur entwickeln sollte, dem Entwurf der »Beratungsarchitektur« mit definierten Momenten der Einbeziehung der Mitarbeiter und verschiedener Kontrollgremien, sowie einer Mischung aus Moderation von Sitzungen, Prozessberatung bei Interessenkonflikten und Fachberatung bei einzelnen Elementen der neuen Struktur.

Sehr bald wurde für mich spürbar, dass mich die unterschiedlichen Interessengruppen in ein Bündnis zu ziehen versuchten: Der eine Geschäftsführer forcierte den Veränderungsprozess, da er sich dadurch – neben mehr Funktionalität für die Organisation – einen Machtzuwachs durch die Doppelunterstellung einzelner Referate unter beide Geschäftsführer erwartete; der andere Geschäftsführer bremste den Prozess, da er Widerstand durch die ihm zugeordneten Referatsleiter und einen Verlust von Einfluss fürchtete; unterschiedliche Mitarbeitergruppen, die jeweils spezifische Chancen und Bedrohungen für ihre bisherigen Tätigkeiten in einer neuen Struktur vermuteten; Kontrollgremien, die ebenfalls eine Verschiebung von Einfluss und Gestaltungsmacht befördern wollten oder befürchteten.

In meiner Haltung der Allparteilichkeit versuchte ich, den jeweiligen Standpunkt zu verstehen, mich probeweise mit ihm zu identifizieren, und ihn zugleich in Verbindung zu den Interessen der anderen zu setzen. Als Teil des institutionellen Containment-Prozesses versuchte ich so, stellvertretend in mir eine Integration der unterschiedlichen Standpunkte zu erreichen.

Schwieriger wurde die Situation, als bestimmte Strukturentscheidungen gefallen waren, und damit bestimmte »stakeholder« zwangsläufig enttäuscht wurden und mit Verärgerung, auch mir gegenüber, reagierten.

Unmerklich begann ich, mich mehr auf die Seite der »Veränderer« zu schlagen und ein wenig geringschätzig auf die »Bedenkenträger« herabzublicken. Mehrfach geriet ich in Sitzungen mit dem eher »bewahrenden« Geschäftsführer aneinander, überging seine Einwände und ließ mich allmählich in ein Bündnis mit dem anderen Geschäftsführern und den »Veränderern« im Kundensystem ziehen – dies äußerte sich in kleinen vertrauensvollen Gesprächen am Rande von Sitzungen, Ungeduld gegenüber verzögernden Beiträgen und eigenen leicht tendenziösen Bemerkungen in den Diskussionen.

Durch die Diskussion mit meinen Beraterkollegen im Netzwerk und meiner Beratergruppe wurden mir diese Tendenz und meine Gegenübertragungsreaktion aufs System deutlich. Dieser Reflexionsprozess führte dazu, dass ich – systemisch gesehen – die wichtige Funktion von »Bremsern« und »Bedenkenträgern« wieder neu sehen und mich aus der einseitigen Identifikation mit den »Veränderern« lösen konnte.

Kommentar:
- Die komplexe Dynamik des Veränderungsprozesses äußerte sich zwangsläufig systemisch als die Tendenz, mich auf jeweils eine Seite zu ziehen.
- Je nach eigenem Entgegenkommen verführt dies dazu, sich selbst einseitig mit »Verändern« bzw. »Bewahren« und den damit identifizierten Protagonisten zu identifizieren.
- Durch eine rechtzeitige »Kontrollschleife« durch meine Berater-Peer-Group war es mir möglich, diese Dynamik zu bemerken und als Ausdruck der Systemkräfte zu verstehen.
- Damit konnte ich »am eigenen Leibe« erleben, wie sich die Veränderungsdynamik im System anfühlte, und wie erleichternd es – auch für die Beteiligten des Kundensystems – ist, sich einseitig mit einer Seite der Ambivalenz zu identifizieren und die andere Seite an andere Protagonisten im System abzugeben.
- Das Wiedergewinnen von Abstinenz, Neutralität und Allparteilichkeit half mir in der Folge, für alle Beteiligten im Veränderungsprozess glaubwürdig zu bleiben und so meine Beraterrolle ausführen zu können.

Fazit

In beiden Fallbeispielen wird deutlich, wie der Berater durch das Zusammenwirken von Systemdynamik und eigenem Entgegenkommen immer wieder aus der Balance einer gelingenden Abstinenz »gekippt« wird und damit auch die Containment-Funktion für den Beratungs- bzw. Supervisionsprozess zu verlieren droht.

Die Verantwortung des Beraters/Supervisors besteht darin, das eigene »Mitagieren« immer wieder zu bemerken, die eigene Gegenübertragung zu analysieren, offen für kritische Rückmeldungen und Irritationen im Kundensystem zu sein und die Reflexionsschleifen in seiner Berater-Peer-Group bzw. einer eigenen Projektsupervision zu nutzen.

Während im ersten Fall die Verstrickung nicht rechtzeitig genug erkannt und behoben werden konnte, half die Verwicklung im zweiten Fall zu einem vertieften Verstehen der komplexen Dynamik des Veränderungsprozesses.

In diesem Sinne möchte dieses Kapitel den Leser ermutigen, die in den Thesen beschriebenen Prozesse auf einer kognitiven und emotionalen Ebene wahrzunehmen, offensiv damit umzugehen und so auch in schwierigen Situationen dennoch gut beraten zu sein und gut beraten zu können!

Mit Klienten in die Oper

Puccinis *Turandot* als Übergangsraum in der Psychodynamischen Beratung

Beate West-Leuer

Eine Coaching-Kollegin, Inhaberin einer Coaching-Company erzählt eher nebenbei, dass sie mit ihren Klienten gelegentlich in die Oper gehe. Die Bemerkung beschäftigt mich. Ich stelle mir vor, wie es wäre, mit meinen Klienten Opernaufführungen zu besuchen. Und frage mich: Ist ein solcher Opernbesuch – im Rahmen eines psychodynamischen Coachings – ein unzulässiger Tabubruch oder eine geniale Methode der Intervention? Diese Frage soll an zwei Fallgeschichten aus der Praxis und am Fall der Prinzessin aus Puccinis Oper *Turandot* untersucht werden.

Enactments zum Auftakt

Ich erwähne das Thema im Beratungsgespräch mit einer langjährigen Klientin, die mir immer wieder einmal von ihren Opernbesuchen berichtet. Wie viel Aufruhr meine Bemerkung bei der Klientin auslöst, erfahre ich anschließend per Email. Frau Arnold schreibt in Identifikation mit den Klienten meiner Kollegin:

> »Ich kenne solche ›Situational-Teaching‹-Situationen von meinen Crashkursen in England. Sie sollten dazu dienen, dass ich ganz locker Tee bestellen lernte. Ich dachte nicht, dass diese auch Thema beim Coaching von Führungskräften sein könnten, vor allem in Zeiten der Krise! Gibt es nicht ausreichend Lernanlässe in der üblichen Beratungssituation? Wieso muss dem armen Klienten eine solche Situation geboten werden!«

Neben ihrem Ärger werden auch narzisstisch-libidinöse Inhalte des Übergangsraums deutlich. Sie schreibt weiter:

»Ich frage mich, was der Sinn eines gemeinsam Opernbesuchs sein könnte: Dass man sich gut über die Oper unterhält? Dass ich als Klientin merke, mein Coach ist auch nur ein Mensch? Sie unterhält sich ›in echt‹ mit mir und die Unterhaltung stockt gar nicht? Obwohl ich mit dieser attraktiven Frau in der Oper bin, und sie unglaublich gerne durch die Musik verführen würde, behält sie die Fäden in der Hand. Denn sie hält sich an das Abstinenzgebot. Und ich überstehe die Niederlage, die keine ist. Ich bewältige die Situation, ohne im Theater hinzufallen oder den Sekt zu vergießen.«

In der intersubjektiven Psychoanalyse und ihren Anwendungen gibt es keine deutliche Grenze mehr zwischen analytischer Zurückhaltung und Enactment. An den Enactments der Beziehungsgestaltung sind beide, Analytiker und Analysand beteiligt. Dies bedeutet aber nicht, dass der Analytiker willkürlich in die Realität hinein agiert oder mitagiert, sondern dass er sich auf die eigenen Gefühle und Impulse einlässt und diese unter Umständen kontrolliert inszeniert. Doch sollte der Analysand in allem den Vortritt haben. Wenn der Analytiker aufgrund einer Gegenübertragung den ersten Schritt tut, fließt unvermeidlich Eigenes in die Beziehung ein (Hirsch 1997, S. 125). Mit meiner spontanen Bemerkung über die Opernbesuche der Coaching-Kollegin habe ich der Klientin zwischen den Zeilen ein Angebot für einen gemeinsamen Opernbesuch gemacht. Diese Bemerkung hat die Klientin dazu veranlasst, ihre Übertragungsliebe auszuformulieren. Ein gemeinsames Erleben von Opernmusik erinnert die Klientin an Momente früher ambivalenter Objektliebe und »die sie umspinnenden Phantasien«, wie ich anhand der Fallgeschichte unten zeigen werde (s. u.). Die »Zwickmühle«, in der die Beraterin sich befindet, ist daher nicht ausschließlich von ihr selbst verursacht. Ich kann davon ausgehen, dass die Klientin – so wie sie ein gemeinsames Opernprojekt zunächst als unangemessenes Ansinnen, ja Zumutung empfunden hat – einen Rückzug als ebenso heftige Zurückweisung auffassen würde (Freud 1915, S. 227).

Abstinenz in der Beratungsbeziehung

Ich verstehe Beratung dann als psychodynamisch, wenn die Beziehung zum Klienten als zentrale Methode der Beratung genutzt wird, um unbewusste Wirkmechanismen zu erforschen (West-Leuer 2003, 2007, 2009). In der psychodynamischen Beratungsbeziehung sind – ähnlich wie in der therapeutischen Beziehung – kognitive und affektive Anteile sowohl real als auch gleichzeitig irreal, was ihren Als-ob-Charakter ausmacht (Hirsch 1997, S. 126). Setting und Hauptregeln der psychodynamischen Beratung unterscheiden sich jedoch in wesentlichen Punkten von der psychoanalytischen Therapie. Weil sich Berater und Klient im Gespräch konventionell gegenübersitzen, erfolgt eine gegenseitige optische Kontrolle. Bei einer Frequenz von einer oder maximal zwei Stunden pro Monat tritt die Deutung unbewusster Äußerungen in den Hintergrund. Die unbewussten Prozesse sind weniger greifbar als in der Therapie. Die Klienten können aus der spontanen Mimik und Gestik des Beraters leicht ablesen, wie dieser ihre Äußerungen empfindet. Das eröffnet für den Klienten große Anpassungsmöglichkeiten an den Berater. Der Klient assoziiert nicht frei, sondern formuliert ein mehr oder weniger konkretes Beratungsanliegen. Der Berater muss das Unbewusste daher mehr aus den szenischen Aspekten der Beratungssituation ablesen als aus direkt geäußerten Fantasien (Vogt 1996, S. 144f.). Unterschiedliche Beratungsmethoden oder unorthodoxe »Tools«, die im klassischen analytischen Setting »tabuisiert« sind, können sich in der Beratung daher durchaus als hilfreich erweisen.

Dennoch: Um Unbewusstes aus den Szenen abzulesen, benötigen Berater ein gewisses Maß an »Abstinenz«. Die Voraussetzung für Abstinenz ist die Fähigkeit zur Objektunabhängigkeit. Die Unterschiedlichkeit des Klienten wird dann nicht als bedrohlich empfunden und der Berater muss darauf nicht mit Kontrolle oder Trennungsangst reagieren. Andersartige Vorstellungen und Verhaltensweisen können nachempfunden werden, ohne die eigene Identität infrage zu stellen (Franz 2008). Aus der Fähigkeit zur Objektunabhängigkeit ergibt sich auch ein Verständnis für die eigene, zeitweise Objektabhängigkeit. In der Psychoanalyse geht man heute davon aus, dass projektive Identifikationen ein intersubjektives Geschehen zwischen Klient und Berater sind (vgl. Altmeyer/Thomä 2006). Psychodynamische Berater haben die Aufgabe, ihr Erleben zu »spalten« in eine Person, die sich affektiv mit dem Klienten verstrickt und mitagiert, und in eine zweite Person, die beobachtende »objektive« andere. Der *agierende Ich-Anteil* wird von den bewussten und unbewussten Anliegen des Klienten »angesaugt«. Mit seinem *beobachtenden Ich-Anteil* evaluiert der Berater das intersubjektive Agieren in der Beziehung (Kernberg 1999).

Fehlt jedoch die Fähigkeit zur Objektunabhängigkeit, so kann sich der Berater seines Mit-Agierens nicht bewusst werden. Er ist dann entweder mit dem Klienten identifiziert und kann diesen nicht als andersartig erkennen; oder er ist mit den »Gegenspielern« des Klienten identifiziert und der Klient wird als zu andersartig abgelehnt. Die Chance einer Beratung besteht jedoch darin, dass gerade die Andersartigkeit zwischen Berater und Klient kreativ aufgegriffen wird. Sonst besteht die Gefahr, dass der Berater Problemlösungen entwickelt, die zwar der eigenen, nicht aber der Persönlichkeit des Klienten entsprechen. Werden dagegen Dilemmata und Ambivalenzen von Klient und Berater in der Person des Beraters akzeptierend zusammengehalten, so entstehen integrative »Bilder«, die der Klient nutzen kann, um berufliche und private Lebenswelten neu zu gestalten (Bauriedl 1993, S. 52f).

Frau Arnold – Geschichte einer Life-Beratung

Die Klientin war seit vielen Jahren bei der Autorin in Beratung. Sie hat mich als Referentin auf einem Frauenkongress zum Thema »Frauen und Schule« kennengelernt. Einige Zeit später meldete sie sich zur Supervision an. Wir bleiben beim familiären »Du« der Frauenkultur. Sie hat viele Jahre Psychotherapie in einem alternativ-feministischen Verfahren abgeschlossen. Nun möchte sie ihre Tätigkeit als Gymnasiallehrerin im Einzelsetting supervidieren lassen: Im Umgang mit den männlichen Schülern der Mittelstufe gerät sie immer mal wieder in Schwierigkeiten. Während einer persönlichen Krise, die sie durchlief – nach der Trennung von einer Lebensgefährtin –, wechseln wir das Beratungsformat. In Psychoanalytischer Fokaltherapie untersuchen wir die Bedeutung familiärer Strukturen und früher Objektbeziehungen für die aktuelle private Situation von Frau Arnold, aber auch deren Folgen für die Konflikte mit ihren Schülern. Nach etwa zwanzig Sitzungen im wöchentlichen Rhythmus kehren wir zur niedrigeren Sitzungsfrequenz der psychodynamischen Beratung zurück. Zu Beginn mancher Sitzung definiert Frau Arnold, ob sie Klientin ist, weil sie sich stabil fühlt und berufliche Themen reflektieren möchte, oder Patientin, weil sie labil ist und sich als Versagerin sieht, von der Umwelt ausgegrenzt und wertlos. Während der labilen Phasen findet zusätzlich zu den niederfrequenten Sitzungen ein Austausch über Email-Kontakte statt. Die Stimmungsschwankungen pendeln sich allmählich ein, die Ausschläge zwischen Euphorie und Verzweiflung werden weniger extrem. Zunächst drückt die Klientin Emotionalität in ihrer Beziehung zur Beraterin ausschließlich in Email-Kontakten aus, die persönlichen Begegnungen bleiben distanziert und auf berufsbezogene Themen beschränkt. Erst allmählich entwickelt sich eine vertrauensvolle

Beratungsbeziehung, charakterisiert durch emotionale Präsenz, Authentizität und Respekt (Ott/West-Leuer 2003, West-Leuer 2011).

Immer schon gilt Frau Arnolds besondere Liebe der Musik, vor allem der Oper. Sie erzählt begeistert von Aufführungen in ihrer Heimatstadt. Sie empfiehlt mir CDs, die sie besonders beeindrucken und berühren. Frau Arnold ist mit Opernmusik aufgewachsen. Ihre Mutter war Sängerin und sie hat als Kind früh gelernt, die Mutter am Flügel zu begleiten. Ich versuche aufgrund ihrer Schilderungen nachzuempfinden, was genau Frau Arnold beim Hören der Musik anrührt, und warum sie auf die eine Aufführung so viel stärker affektiv reagiert als auf eine x-beliebige andere. Aber es gelingt mir nicht wirklich. Vielleicht war es auch diese Neugier, die mich zu der spontanen Äußerung über den Opernbesuch mit Klienten verführt hat. Ohne die Zwickmühle der Beraterin zwischen Mitagieren und Zurückweisung aufzulösen (s. o.), beschließen wir einen gemeinsamen Opernbesuch. Frau Arnold wählt Puccinis *Turandot* aus.

Musik und Mythos – eine psychoanalytische Betrachtung

Wie beim Erzählen von Geschichten wird in der Musik Spannung aufgebaut und wieder gelöst. Am Spannungsaufbau sind Harmonie, Rhythmus und Paraphrasierung, also das freie Umspielen oder Ausschmücken einer Melodie, maßgeblich beteiligt. Sie erzeugen im Hörer Empfindungen wie Freude, Trauer, Aggression oder auch Bewegungsanregung (Bormann 2002). Obwohl wir dies wissen, wird es nie gelingen, Musik mit Worten vollständig zu erfassen.

> »So bleibt der Versuch, Musik und ihre Wirkung auf den Hörer mit psychoanalytischem Denken zu verbinden, immer ein relativ vergeblicher. […] Eigentlich verhalten sich psychoanalytische Psychologie und Musik wie zwei sehnsüchtig Liebende, die einander anziehen, aber nie ganz zusammen kommen und sich verbinden können« (Hirsch 2008, S. 7).

Im Konzertsaal und in der Oper ist

> »ein großes Publikum zu einer ›Gemeinde‹ zusammen geschmiedet, doch sind die Mitglieder dieser Gemeinde in solchem Maße auf ihr individuelles Erleben verwiesen, daß es geradezu verpönt ist, sich nach einer Aufführung über tiefer gehende Erfahrungen oder Betroffenheit auszutauschen – wenn es sein muss, spricht man lieber über Interpreten oder akustische Besonderheiten

des Saals. Auf geheimnisvolle Weise bewirkt die Musik, dass sich jeder von ihr im tiefsten verstanden fühlt, jedoch nicht sagen kann oder muss, worin dieses symbiotisch Verhältnis zwischen Mensch und Musik besteht« (Geck 2010, S. 127).

Die Musik simuliert im Zuhörer die verlorene pränatale Einheit zwischen Subjekt und Objekt, die ebenso paradiesische wie katastrophische Züge trägt. Das Subjekt ist nicht vom Objekt zu unterscheiden. Es kann sich in seinen Verarbeitungsmechanismen weder der Projektion und Spaltung bedienen, wie sie für die schizoide Position kennzeichnend sind, noch der Introjektion und des Wiedergutmachens, welche die depressive Position kennzeichnen (Leikert 2005, S. 67; vgl. Klein 1957, S. 305). Der Ursprung unserer Liebe zur Musik wird daher in frühen narzisstischen Vergnügungen der Auto-Erotik zu finden sein, jedenfalls vor der Entwicklung einer objektgerichteten Sexualität (Reister 1995, S. 177f.). Die Musik weckt Assoziationen an einen Zustand des ungeteiltes Bei-sich-und-im-anderen-Seins, eine Hingabe an das Liebes-Objekt bei Verlust von Individualität und Identität. Eros und Thanatos liegen »pathetisch«, das heißt leidvoll nah beieinander. Das Drama der Musik betrifft das Pathos; das Leiden ist der Preis für (Selbst-)Erkenntnis und (Selbst-)Bewusstsein (Leikert 2005, S. 70).

In der Oper

Die Oper ist prädestiniert, solche »pathetischen« Erfahrungen der Selbsterkenntnis und der Selbstbewusstwerdung probeweise »auf hohem Niveau« zu ermöglichen. Hierzu trägt der gesamte Auftritt bei: »Gut situiert« in einem architektonisch prominenten Bauwerk im Herzen einer Stadt, außen wie innen aufwendig und ästhetisch anspruchsvoll ausgestattet, inszeniert sich die »Oper« als etwas Besonderes. Die Opernbesucher entwickeln dadurch die Erwartung, ein künstlerisch und emotional außergewöhnliches Erlebnis zu erfahren, das über die Alltagsrealität hinausweist. Nicht zufällig bezeichnet der Begriff »Oper« sowohl das »Musikstück« als auch das »Bauwerk«, in dem das Musikstück aufgeführt wird. Der Besucher geht »in« die Oper. Sprachsymbolisch wird so ausgedrückt, dass es sich hier um eine Erfahrung handelt, die die ganze Person in sich einschließt. Nachdem die Türen zum Foyer geschlossen werden, herrscht im Innenraum eine erwartungsvolle Dunkelheit. Eingeschlossen in einer Art »Höhle«, motorisch still gestellt und audio-visuell stimuliert, gerät der Besucher in eine regressive Haltung, mit der eine Suspendierung der Realitätsprüfung verbunden ist.

In ihren Sesseln in Position gezwungen, verschleifen für die Opernbesucher die Differenzen zwischen Bewusstem und Unbewusstem, zwischen Tagtraum und Schlaf, zwischen Ich und Anderem (Kappelhoff 2002, zit. bei Morsch 2004, S. 21). Dieses Eingeschlossen-Sein »in« der Oper trägt deutlich »intra-uterine« Züge. Das Live-Geschehen auf der Bühne, die Stimmen der Sängerinnen und Sänger, das Orchester entfalten ihre Sogwirkung, ohne dass man in das Geschehen eingreifen kann – so wie ein Kind im Mutterleib von den »Dramen« der Außenwelt »im Guten wie im Bösen« beeinflusst wird. Diese Erfahrung wird in der Regel von den Opernbesuchern nicht als bedrohlich erlebt, sondern bewirkt den besonderen ästhetischen Genuss, wenn man sich – mittels eines funktionierenden Ichs – jederzeit aus der Identifizierung mit dem Bühnengeschehen lösen kann (Segal 1997).

Seit ihrer Entstehung um 1600 bilden mythische Stoffe die Grundlage der Oper. Psychoanalytisch verstanden sind Mythen die projektive Verarbeitung nicht nur individueller, sondern auch kollektiver Erfahrungen des Ausgeliefert-Seins an grausam wirkende Naturgewalten, die vom Menschen nicht kontrolliert werden können. Unberechenbare Schicksalsmächte werden schließlich verdichtet zu Göttern, die es durch (Menschen-)Opfer zu besänftigen gilt. Das italienische Wort *opera* lässt sich auf das lateinische *operari* zurückführen, das sich mit »operieren« wie mit »opfern« übersetzen lässt (Türcke 2009). Mit der Ausbildung von Fantasie können Opfer im Als-ob-Modus oder in der »Vorstellung« erbracht werden, das heißt die Opfer sind heute im Wortsinn symbolisch. Doch bleibt das Opferritual in seinem ursprünglichen Sinne und als mythologisch-sakrale Veranstaltung fest im individuellen und kollektiven Unbewussten verankert (ebd., S. 74). Für Levi-Strauss übernimmt die Musik sogar Struktur und Funktion des Mythos und verschafft dem Menschen so die heilsame Illusion, »dass Widersprüche überwunden und Schwierigkeiten gelöst werden können« (Levi-Strauss 1976, 1980; zit. bei Geck 2010, S. 124).

Herr Berthold – Executive Coaching im persönlichen Beratungsmodus

Ein anderer Klient, Controller mit Führungs- und Managementverantwortung, berichtet, dass er sein Team in die Oper *Turandot* eingeladen habe, damit seine Mitarbeiter sich nicht nur mit Zahlen beschäftigten. Es ist zufällig dieselbe Aufführung, die Frau Arnold und ich besuchen werden. Herr Berthold freut sich, als er dies hört. Sein Führungsstil sowie diverse von ihm veranlasste Stellenumbesetzungen innerhalb seiner Abteilung sind wiederholt Thema im Coaching. Nun möchte er die Gelegenheit nutzen und mir seine engsten Mitarbeiter vorstellen, insbesondere seinen Stellvertreter, den er sehr schätzt, sowie einen problematischen Neuzugang.

In der Sitzung mit Herrn Berthold wird deutlich, dass der von ihm geplante Opernbesuch mehr als eine persönliche Bildungsoffensive ist. Der Bereich Controlling zeichnet sich durch einen klar definierten und funktionalen Tätigkeitsbereich aus, der für den wirtschaftlichen Erfolg des Konzerns, wenn nicht gar für das wirtschaftliche Überleben, von großer Bedeutung ist. Werden zum Beispiel finanzielle Risiken oder Chancen bei Übernahmen anderer Firmen falsch kalkuliert, kann dies für das Unternehmen »vernichtende« Folgen haben. Trotzdem gilt der Bereich Controlling allgemein als mathematisch nüchtern und wenig emotional. Die Reduktion eines Menschen auf eine solch nüchterne Aufgabe kann als Kränkung erlebt werden. Generell gilt, dass es gegen die Bedürfnisse, Gefühle und Sehnsüchte der Mitarbeiter verstößt, wenn sie ausschließlich in ihren beruflichen Funktionen wahrgenommen werden. Um die Kränkung abzumildern oder aufzufangen, bieten Unternehmen ihren Mitarbeitern heute vielfältige »Events«, in denen Abgespaltenes platziert und das Unternehmen als mütterlich-fürsorglich fantasiert werden kann (Heintel 2007). Großkonzerne haben mittlerweile eigene Abteilungen, die ausschließlich Events organisieren, die das Unternehmen auch in der Öffentlichkeit als sozial repräsentieren und sein Ansehen fördern sollen. Diese Eventkultur erfüllt Abwehrfunktionen, vergleichbar hysterischen oder narzisstischen Mechanismen (Schmidbauer 2007). Der Opernbesuch der Controlling-Abteilung ist eine solche Maßnahme mit internem »Beruhigungscharakter«; die Außenrepräsentanz des Unternehmens wird er wenig oder kaum beeinflussen.

Turandot – psychoanalytische Annäherung an eine »Grand Opéra«

Puccini setzt in *Turandot* den Orientalismus aus *Madame Butterfly* mit monumentalen Anforderungen an den Orchesterapparat, die Chormassen und die Sängerin der Titelrolle fort, verstärkt durch eine Tendenz zum Pathetisch-Heroischen. Dabei bündelt er die Tradition der Exotik-Opern mit der Grand Opéra des 19. Jahrhunderts. Zum Zeitpunkt von Puccinis Tod 1924 war die Oper unvollendet und wurde auf der Grundlage von Skizzen von einem seiner Schüler fertiggestellt (Fath 2007).

Jede Oper hat ein Libretto, das eine Geschichte erzählt und zur Musik einen Text liefert. Dieser Text kann den Versuch, die emotionale Wirkung der Musik psychoanalytisch zu interpretieren, in gewisser Weise erleichtern. Denn Texte lassen sich (tiefen-)hermeneutisch interpretieren. Sprache ist Symbolisierung unserer Affekte und hilft in Situationen, in denen wir »sprachlos« unter den ungebremsten Einfluss von Eros und Aggression geraten würden. Jeder Mensch erfährt in der Sprachgemeinschaft, wer er ist, und kann diese Erfahrung modifizieren, wenn er sich – wiederum mithilfe seiner Sprache – auf die häufig leidvolle Reise zu sich selbst begibt (Lorenzer 1995; Leikert 2005).

Handlung

Jeder königliche Bewerber, der um die Hand der unnahbaren Prinzessin Turandot anhält, muss drei von ihr gestellte Rätsel lösen. Wenn die Prüfung misslingt, wird der Bewerber hingerichtet. Das Dekret hat bereits viele Opfer gefordert. Der erfolglose Prinz von Persien wird bei Mondaufgang zum Henker geführt. Gierig und zugleich mitleidig erwartet das Volk die Prinzessin, damit sie das Zeichen zur Hinrichtung gibt. In der Menge erkennt der unbekannte Prinz Kalaf seinen Vater Timur, der wie er aus seinem Reich vertrieben wurde. Timur wird von der Sklavin Liu begleitet. Als Turandot erscheint, entscheidet sich Kalaf, die Prinzessin zu erobern. Weder sein Vater noch Liu noch die drei Minister des alten und kranken Kaisers können ihn von seinem Vorhaben abhalten.

Prinzessin Turandot hat das grausame Ritual eingeführt, weil sie dem Schicksal ihrer Ahnin Lo-u-Lin entgehen möchte, die vergewaltigt und ermordet wurde. Kalaf löst alle drei Rätsel: »Hoffnung«, »Blut« und »Turandot«. Turandot bittet ihren Vater verzweifelt, sie zu retten. Doch der alte Kaiser will den Schwur nicht brechen. Kalaf stellt nun Turandot ein Rätsel: Wenn sie ihm vor Tagesanbruch seinen Namen nennen kann, wird er sterben, wie die anderen Bewerber. Die Prinzessin droht ihren Untertanen mit Vernichtung, wenn sie Kalafs Namen nicht herausfinden. Sie bringen

Timur und Liu zu ihr, die zusammen mit Kalaf gesehen wurden. Liu verrät Kalaf auch unter Foltern nicht und opfert sich durch Selbstmord. Nach Lius Tod gelingt es Kalaf, Turandot zu »erobern«. Nun kann er ihr seinen Namen nennen. Das Brautpaar präsentiert sich dem jubelnden Volk.

Um mich auf den gemeinsamen Opernbesuch mit der Klientin vorzubereiten, nähere ich mich der Musik via CD. Zu meiner Überraschung entdecke ich dort eine Arie des Prinzen Kalaf, die ich – ganz im Sinne der Eventkultur großer Unternehmen (s. o.) – aus der Telekom-Werbung kenne. Paul Potts Darbietung des *Nessun Dorma* hat Gänsehaut-Qualität.

Nessun Dorma

Calaf
Nessun dorma! Nessun dorma!
Tu pure, o Principessa,
nella tua fredda stanza
guardi le stelle che tremano
d'amore e di speranza!
Ma il mio mistero è chiuso in me,
il nome mio nessu saprà!
No, no sulla tua bocca lo dirò,
quando la luce splenderà!
Ed il mio bacio scioglierà
il silenzio che ti fa mia!

Le Donne
Il nome suo nessun sarpà
E noi dovrem, ahimè! Morir! Morir!

Calaf
Dilegua, o notte! Tramontate, stelle!
Tramontate stelle! All'alba vincerò!
Vincerò! Vincerò!

Turandot gibt den Bewerbern Rätsel auf, weil sie sich selbst ein Rätsel ist. Fehlt ein Gefühl für die eigene – in diesem Fall weibliche – Identität, kann auch die Einfühlung in die fremde – hier männliche – Identität nicht gelingen. Als Kalaf sie nach seinem Namen fragt, geht er daher kein Risiko ein. Sein Leben ist nicht in Gefahr. Ihre kalte Kammer – eine anschauliche Metapher für Turandots Frigidität – zeigt: Der Prinzessin fehlt die Fähigkeit zur Hingabe an einen männlichen Eroberer. Zu Zeiten klassischer Psychoanalyse, in der auch diese Oper entstand, ist Hingabe *das* Wesensmerkmal weiblicher Sexualität (Deutsch 1930). In seiner Arie geht Kalaf siegessicher davon aus, dass er Turandot erobern wird. Die Musik ist jedoch so melancholisch, dass im Zuhörer eher Gefühle von Trauer als Euphorie ausgelöst werden (Hirsch 2008).

In questa Reggia

In questa Reggia, or son mill'anni e mille,
un grido disperato risonò.
E quel grido, traverso stirpe e stirpe
qui nell'anima mia si rifugiò!
Principessa Lou-Ling,
ava dolce e serena che regnavi
nel tuo cupo silenzio in gioia pura,
e sfidasti inflessibile e sicura
l'apro dominio
oggi rivivi in me!

Pure nel tempo che ciascun ricorda,
fu sgomento e terrore e rombo d'armi.
Il regno vinto! Il regno vinto!
E Lou-Ling, la mia ava, trascinata
Da un uomo come te, come te
Straniero, là nella notte atroce
Dove si spense la sua fresca voce!

O Principe, che a lunghe carovane
d'ogni parte del mondo
qui venite a gettar la vostra sorte,
io vendico su voi, su voi
quella purezza, quel grido e quella morte!
Quel grido e quella morte!

Mai nessun m'avrà!
Mai nessun, nessun m'avrà!
L'orror di chi l'uccise
Vivo nel cuor mi sta.
No, no! Mai nessun m'avrà!
Ah, rinasce in me l'orgoglio
di tanta purità!
Straniero! Non tentar la fortuna!
Gli enigmi sono tre, la morte una!

In dieser Arie formuliert Turandot ihr persönliches Erklärungsmuster für ihren Hass auf das männliche Geschlecht. Aufgrund über Generationen weitergegebener, tödlicher endender Vergewaltigungserfahrungen verweigert Turandot die intrapsychische Entmischung libidinöser und aggressiver Impulse. Sie lockt männliche Bewerber mithilfe ihres vor sich selbst verleugneten sexuellen Begehrens an, um sie dann zu vernichten. Diese Vernichtung dient der Rache und Wiedergutmachung für das Verbrechen, das der Ahnin Lo-u-Ling angetan wurde – so die vordergründige Legitimation der Protagonistin. Diese Legitimation von Verbrechen scheint einem Libretto geschuldet, das am Ende die Versöhnung weiblichen und männlichen Begehrens vorsieht. Tatsächlich hat Puccini die Oper trotz mehrerer Versuche vor seinem Tod nicht mehr beendet; die Partitur bricht nach dem Selbstmord der Sklavin Liu ab. Traumatische Erfahrungen in seiner Ehe mit der Destruktivität weiblicher Psychopathologie mögen Giacomo Puccini blockiert haben, ein Happy End musikalisch stimmig umzusetzen (Palmer 1984).

Psychoanalytische Interpretation

Als psychoanalytische Fallgeschichte interpretiert, könnten die Tötungsdelikte als Reaktionen auf Extrem-Traumatisierungen durch frühe Bezugspersonen verstanden werden.

Wenn die Interaktionen mit der Mutter von beständiger Aggression oder Misshandlung geprägt und aufreizend und zugleich frustrierend sind, kann der intensive körperliche oder seelische Schmerz des Kindes nicht in eine normale erotische Reaktion oder beschützende und verlässliche Über-Ich-Vorläufer integriert werden, sondern wird statt dessen direkt in Aggression umgewandelt (Kernberg 1998, S. 190).

In der Oper wird Turandots Mutter nicht erwähnt. Ihr Vater, der Kaiser, ist nicht nur alt, sondern auch abhängig und willensschwach. Wenn wir eine von Misshandlungen geprägte prä-ödipale und ödipale Beziehung zur Mutter unterstellen, könnte sich diese als massive Destruktivität und Selbstdestruktivität bei Turandot niedergeschlagen und das Syndrom des malignen Narzissmus erzeugt haben (Kernberg 1998). Dieses Syndrom ist gekennzeichnet von einem pathologischen, mit Aggression durchsetzten Größenselbst, das die Verschmelzung des Selbst mit dem sadistischen Objekt widerspiegelt. Die dazu gehörige Fantasie lässt sich wie folgt beschreiben:

Ich bin allein in meiner Angst, Wut und Qual. Ich kann mich schützen, indem ich eins mit meinem Peiniger werde und mich selbst oder das Bewusstsein meiner selbst auslösche. Ich brauche Schmerz oder Tod nun nicht länger zu fürchten, denn wenn ich sie mir oder anderen zufüge, bin ich damit allen anderen überlegen, die diese Katastrophe herbeiführen oder fürchten (Kernberg 1998, S. 191).

Dieser innere Monolog könnte von der Prinzessin Turandot stammen. Da die Liebesbeziehung zu ihrem frühen (mütterlichen) Objekt traumatisierend gewesen sein mag, verschmelzen die sie umwerbenden Prinzen in ihrer Fantasie mit der frühen Mutterrepräsentanz und werden zu potenziellen Peinigern, sollte sie sich ihnen in Liebe hingeben. Durch das Rätsel, das die Bewerber lösen sollen, werden Freiwilligkeit und Erfolgschance suggeriert. So gelingt es Turandot, die Schuld von sich als Täterin abzulenken und auf die Opfer zu projizieren. Als Kalaf das Rätsel löst, zeigen Turandots Reaktionen, dass sie »nicht im Traum daran gedacht hat«, den Bewerbern eine reale Chance einzuräumen, wie auch ihr in frühkindlicher Abhängigkeit vom frühen Objekt keine Chance eingeräumt wurde. Die zum Überleben notwendige Identifikation mit einer misshandelnden, gleichzeitig ebenso aufreizenden wie eifersüchtigen Mutter (Kernberg 1998) wird mithilfe von zwei Abwehrmechanismen bewältigt, wie wir sie auch aus der Traumarbeit kennen: Verschiebung und Umkehrung. Da sich Turandot eine gute und vorbildliche Mutter wünscht, verschiebt sie ihre kindlichen Gefühle auf die »holde und erhabene« Ahnin Lo-u-Ling. Die mythologische Überlieferung von Lo-u-Lings Vergewaltigung und Tod »vor tausend und abertausend Jahren« ermöglicht der Prinzessin eine Umkehrung des erlebten Traumas: Die Wunschmutter ist nicht Täterin, sondern Opfer wie sie selbst. Durch diese intrapsychischen Mechanismen werden die erlittenen Traumata und die eigenen Verbrechen für die Wahrnehmung unkenntlich gemacht. Entwicklung hin zu einer »reifen« Liebesbeziehung würde voraussetzen, dass Turandot sich ihres Selbstbetrugs bewusst würde. Nur dann könnte sich die tragische Verschmelzung von Realselbst, Idealselbst und Idealobjekt zu Gunsten einer realistischen Sicht des eigenen Selbst und der frühen Objekte auflösen. Eine Liebesbeziehung zu Kalaf wäre dann möglich. Puccini selbst scheint aber Zweifel an den Möglichkeiten eines solchen positiven Ausgangs gehabt zu haben. Der Schlussakt, der die traumatischen Erfahrungen und aktuellen Dilemmata der Prinzessin musikalisch »containen« und akzeptierend zusammenhalten sollte, wurde trotz wiederholter Versuche nicht fertiggestellt (Palmer 1984). Um der Paargeschichte ein glaubhaftes Happy End zu schenken, müssen durch die Musik neue »Bilder« weiblicher und männlicher Identität im Publikum ausgelöst und auf die Protagonistin projiziert werden. So entsteht die Illusion, dass Turandot ihrem Leben eine progressive Wende und ihrem Volk eine konstruktive Zukunft geben wird.

Resonanzen auf die Oper – Herr Berthold

Bei meinem Opernbesuch mit Frau Arnold habe ich vor der Komplexität der Situation kapituliert und die dortige Begegnung mit Herrn Berthold und seinem Team vermieden. In der nachfolgenden Sitzung bedauert Herr Berthold dies sehr. Dann fragt er mich, ob ich »Splatter« liebe, eine Art Horrorfilm, bei der die Darstellung von exzessiver Gewalt und Blut im Vordergrund steht, was ich verneine. Für seine Mitarbeiter sei die brutale Aufführung teilweise schwer zu verkraften gewesen. Einige kannten Kalafs Arie *Nessun Dorma* aus der Telekom-Werbung und hatten sich *Turandot* romantischer vorgestellt. Die Inszenierung der Oper durch Tilman Knabe (Theater und Philharmonie Essen 2007) ist in der Tat recht blutrünstig; nicht zu übersehen sind Anspielungen auf politisch motivierte Verfolgungen und Folter in Nordkorea. Das öffentliche Hinrichtungsritual zu Beginn der Oper ist eine emotionale Herausforderung; der Chor, stellvertretend für die Massen, die öffentlichen Hinrichtungen beiwohnen, scheint zu schwanken zwischen Neugier und Mitleid genau wie die Opernbesucher. Die auf Turandots Geheiß hingerichteten, jungen Prinzen sind über längere Zeiträume auf der Bühne präsent. Sie liegen blutüberströmt in einer Art Schlachthof; und während ihre Leichen von Ping, Pong und Pang »entsorgt« werden sollen, kommt es zu nekrophilen Kontakten. In der letzten Szene dringen die blutigen (Un-)Toten schweigend in das Schlafzimmer von Turandot und Kalaf ein und wohnen dem Geschlechtsakt bei.

Herr Berthold hat sich über seinen problematischen neuen Mitarbeiter geärgert. Nach anfänglicher Zusage sei dieser ohne glaubhafte Entschuldigung nicht zur Aufführung erschienen. Ich denke an die heftigen Reaktionen von Frau Arnold auf meinen Bericht über Opernbesuche mit Klienten. Als »Neuer« hat sich Herr Bertholds Mitarbeiter vielleicht nicht getraut, eine Einladung des Unternehmens auszuschlagen oder sich kritisch über den Vorschlag seines Chefs zu äußern, gemeinsam in die Oper *Turandot* zu gehen. Stattdessen flüchtet er in den passiven Widerstand. Die Teilnahme an einem solchen Abend könnte die schützende Distanz zwischen Vorgesetztem und Mitarbeitern sprengen: Affekte und Impulse, die ansonsten im Arbeitsalltag durch die beruflichen Rollen in Schach gehalten werden, würden unter Umständen sichtbar werden. Herr Berthold geht sehr offensiv damit um, dass er nicht verheiratet ist, sondern in homosexueller Verpartnerung lebt, und hat seinen Arbeitgeber von vornherein darin eingeweiht. Bei der Einstellung wusste er, dass die Verantwortlichen im Unternehmen – insbesondere die Abteilung Human Resources – seine persönliche Orientierung akzeptierten. Ressentiments und Ängste bei Vorgesetzten und Mitarbeitern sind jedoch dennoch nicht auszuschließen, wenn sich diese unbewusst vor einer Reaktivierung eigener homo- oder bisexueller Tendenzen bedroht fühlen (Morgenthaler 2004). Ich biete Herrn Berthold eine psychoanalytische Interpretation des Verhaltens seines Mitarbeiters an: Seine Empfehlung einer Oper, in der eine männermordende Prinzessin die Hauptrolle spielt, könnte der »Neue« unbewusst als Angriff seines Chefs auf die eigene heterosexuelle Orientierung interpretiert haben. Herr Berthold findet diese Erklärung »stark konstruiert«.

Als sein Stellvertreter ihm einige Monate später erzählt, dass der neue Mitarbeiter einen »Key Account« übernehmen möchte, um sich von täglichen Kontakten mit Herrn Berthold unabhängig zu machen, erinnert sich dieser an meine Deutung. Dies gilt es zu nutzen, um die unbewusste Dimension des Beratungsgeschehens greifbarer zu machen. Ich erinnere Herrn Berthold an seinen Kommentar bezüglich meiner Einstellung zu »Splatter« und frage, ob vielleicht eine kleine Provokation intendiert war. Eine Vorliebe für blutrünstige Männermorde, wenn auch verlagert in den symbolischen Raum der Oper, würde auf eine seelische Verwandtschaft zwischen der Prinzessin Turandot und mir schließen lassen, oder? Herr Berthold schaut mich schmunzelnd an, sagt dann aber, er wollte mir durch den Vergleich mit einer starken – die

Beraterin würde sagen »phallischen« – Frau ein Kompliment machen. An dieser Stelle werden unterschiedliche Idealvorstellungen in Bezug auf die Geschlechtsidentität spürbar: Entsprechend den stereotypen Polen homo- und heterosexueller Orientierung sind für Herrn Berthold Autonomie und Objektunabhängigkeit wesentliche Ideale seines Selbstbildes (Morgenthaler 2004, S. 87f.) und er projiziert dieses Selbstideal wie selbstverständlich auch auf die Beraterin. Das Selbstbild der Beraterin basiert jedoch auf Empathie und Beziehungsorientierung als erstrebenswerte Ideale weiblicher Ich-Identität (ebd.). Sie geht automatisch davon aus, dass der Klient dieses Idealbild weiblicher Identität teilt. In vorsichtiger Abgrenzung gelingt die Ausdifferenzierung der unterschiedlichen Selbst- und Fremdbilder. Der Klient versteht, dass eine Vorliebe für »Splatter« nicht zum Selbstbild der Beraterin passt. Die Beraterin versteht, dass der Klient starke Frauen nicht immer als depotenzierend und seine Autonomie bedrohend fürchtet, sondern auch als »potentes« Identifikationsmodell schätzt (Morgenthaler 2004).

Diese Abgrenzung und Ausdifferenzierung kann nun eingesetzt werden, damit Herr Berthold die Irritation seiner Mitarbeiter über Turandots Grausamkeit besser versteht. Die Beraterin schlägt vor, dass diese ein eher mütterliches Idealbild von Weiblichkeit haben und dieses aufgrund ihrer wirtschaftlichen Abhängigkeit auf die Firma übertragen, bei der sie beschäftigt sind (s. o.). Diese Übertragung dient der Selbstberuhigung. Wenn Herr Berthold zu *Turandot* einlädt, so wird nicht nur er selbst, sondern auch das Unternehmen in der Fantasie der Mitarbeiter mit der männermordenden Prinzessin verknüpft. Denn: Wenn das Unternehmen etwas schenkt, wird es im Unbewussten des Beschenkten mit dem Geschenk identifiziert – und ist es ja auch. Im Übertragungsraum der Oper *Turandot* zeigt sich das Unternehmen zum Erschrecken der Mitarbeiter als »Mater castratrix« (Morgenthaler 2004), eine Metapher, die angesichts der jeden Tag in der Presse zu verfolgenden Wirtschaftsnachrichten mindestens ebenso realistisch ist wie die Metapher der »guten Mutter«. Niemand weiß dies besser als Mitarbeiter der Controlling-Abteilung. Genau wie allen anderen Kollegen droht ihnen bei schlechten Bilanzen die berufliche »Vernichtung«, obgleich sie bei der Erstellung der Bilanzen selbst mitwirken. Das Verhalten der Prinzen, die freiwillig alles tun, um es der männermordende Prinzessin recht zu machen, droht bewusst zu machen, was aus Selbstschutz nicht bewusst werden darf: das Ausmaß, in dem männliche Mitarbeiter – hier Mitarbeiter der Controlling-Abteilung – im Beruf mit selbstaufopfernden Verhaltensweisen masochistische Muster an den Tag legen (Kernberg 1998, S. 196).

Zurück zu Herrn Bertholds problematischem neuen Mitarbeiter: Assoziiert er seine Firma nicht zuletzt aufgrund des Opernbesuchs mit einer »Mater castratrix«, wird er sich nicht in das Team integrieren wollen. Dann ist die Controlling-Abteilung – in seiner Fantasie – Handlanger und gleichzeitig Opfer des Mutterkonzerns. Repräsentant dieses kastrierenden Objekts ist Herr Berthold, der die Oper vorgeschlagen hat und zu dem es folglich Abstand zu halten gilt. Ein eigener Key Account wäre da ein Ausweg. Herr Berthold findet auch diese Erklärung sehr konstruiert, zumal der neue Mitarbeiter die Aufführung gar nicht gesehen habe. Trotzdem gelingt es ihm zunehmend besser, zwischen seinem persönlichem Ärger auf diesen Mitarbeiter und fachlichen Überlegungen, ob sich dieser zur Führung eines Key Accounts eignen würde, zu trennen.

Resonanzen auf die Oper – Frau Arnold

In der Pause unterhalten sich Beraterin und Klientin »in echt« über die Architektur des Gebäudes, Dramaturgie, Orchester, Sängerinnen und Sänger der Inszenierung. Frau Arnold lädt mich zum Sekt ein. Sie verschüttet (fast) nichts (s. o.). Ich überlege laut, dass die »Principessa di Gelo« nicht nur frigide ist, sondern auch den Autonomieverlust fürchtet, den Mutterschaft bedeutet. Als Regentin wird jedoch die Geburt eines Erben oder einer Erbin von ihr erwartet. Frau Arnold schaut mich fragend an und mir fällt ein, dass sie keine Kinder hat.

Während des Geschlechtsakts zwischen Turandot und Kalaf am Ende der Oper erscheinen nicht nur die (un-)toten Prinzen, sondern auch Liu in der Rolle einer Jungfrau Maria; sie hält einen Säugling in den Armen, den sie dem Paar schenkt. Kalaf präsentiert dieses Kind dem Volk triumphierend als seinen Nachfolger. Mit dem Schicksal der Sklavin Liu schafft Puccini den Gegenentwurf zum Schicksal der Ahnin Lo-u-Lin, die im Krieg verschleppt, vergewaltigt und ermordet wurde. Liu opfert sich aus Liebe zu Kalaf. Liu ist das Alter Ego der Prinzessin Turandot. Sie repräsentiert Facetten weiblicher Identität, die Turandot möglicherweise aufgrund desaströser frühkindlicher Bindungserfahrungen nicht zulassen kann (s. o.). Die Prinzessin muss unter allen Umständen die Illusion aufrechterhalten, autonom und objektunabhängig entscheiden und handeln zu können, um einen Zusammenbruch des Selbst zu vermeiden. Ist Turandot Repräsentantin der »Mater castratrix« (Morgenthaler 2004), wird Liu hier als »Mater dolorosa« (Deutsch 1930) inszeniert, die mit einem Kastrations- und Vergewaltigungswunsch auch die Fantasie verbindet, vom Vergewaltiger ein Kind zu bekommen (ebd., S. 183). Während Turandot Männer tötet, um selbst zu überleben, nimmt Liu den Revolver entgegen, den Kalaf ihr reicht, und opfert sich für den Geliebten. Postmortal und symbolisch schenkt sie der frigiden Prinzessin und dem Prinzen, der seine Liebe dem Ehrgeiz geopfert hat, das Kind, das sie von Kalaf hätte empfangen wollen.

Während des Opernbesuchs wird – zum Schutz der Klientin – die Beratungsbeziehung mit ihren realen und irrealen Anteilen einer Liebesbeziehung vorübergehend durch eine Small-Talk-Beziehung ersetzt. Als die Beraterin sich nach der Oper im Foyer von der Klientin verabschiedet, stellt sie in den Raum – hier den Übergangsraum der Oper –, dass es doch gut sei, von beiden Frauentypen Charaktereigenschaften zu besitzen und zu leben. In der ersten Sitzung nach dem gemeinsamen Opernbesuch kommentiert Frau Arnold, dass sie die Beraterin während des Opernbesuchs wesentlich distanzierter erlebt habe als in den Sitzungen. Als sie dies sagt, fällt mir ein und erwähne ich assoziativ, dass ich eine potenzielle Dreieckskonstellation bisher übersehen habe: Turandot verliebt sich in Liu und idealisiert sie, weil sich diese aus Liebe zu Kalaf opfert. So eine Liebe hat die Prinzessin nie erfahren. In diesem Sinne lässt sich Turandot nach dem Tod Lius auf die Beziehung zu Kalaf ein, um Liu psychisch nah zu kommen. In dieser Interpretation findet auch die Übertragungsliebe der Klientin zur Beraterin im Übergangsraum der Oper ihren Platz, ohne dass die ambivalenten Verführungsfantasien in den E-Mail-Äußerungen der Klientin (s. o.) thematisiert werden müssten. Das distanzierte Verhalten der Beraterin wird von Frau Arnold nicht länger als Zurückweisung erlebt, sondern kann dem unorthodoxen Beratungstool zugeordnet werden. Später kann Frau Arnold ihre Idealisierung der Beraterin allmählich abbauen und sich anderen realeren Liebesobjekten zuwenden. So berichtete sie im weiteren Verlauf des Coachings, dass sie sonntags in dem Seniorenheim, in dem ihre Mutter kürzlich verstorben ist, kleine Klavierkonzerte zum Mitsingen veranstaltet – ein Highlight für die Senioren. Und mit ihrer ehemaligen Lebensgefährtin geht sie gelegentlich wieder in die Oper.

Schlussakkord – Integration eines Events

Die beiden Fallvignetten zeigen, wie die Beraterin zwischen Mitagieren und Beobachten hin und her wechselt. Im Übergangsraum der Oper wird die Beratungsbeziehung vom Bühnengeschehen beeinflusst. Die *Turandot*-Inszenierung von Tilman Knabe (Theater und Philharmonie Essen 2007) erscheint wie eine Dokumentation früher psychoanalytischer Theoriebildung über die Identitätsentwicklung der Frau. Dokumentiert und illustriert werden Facetten von weiblichem Masochismus, Penisneid, Frigidität und Penetrationsangst (Deutsch 1930; Bernstein 1993). Die Aufführung kulminiert in der Inszenierung jungfräulicher Mutterschaft. In diesem Sinne repräsentiert die Prinzessin Turandot vielleicht den homosexuellen Pol, für den Autonomie als Gewissheit, objektunabhängig entscheiden und handeln zu können, von entscheidender Bedeutung ist. Und Liu steht für den heterosexuellen Pol, für den Identität in der Verschmelzung mit dem anderen errungen wird (Morgenthaler 2004, S. 87). Das Thema »Identität« spielt im Führungskräfte-Coaching und Life-Coaching nicht selten eine Rolle. Aber in der Regel wird der Einfluss der homo- oder heterosexuellen Orientierung nicht in den Blick genommen.

Obwohl weder Frau Arnold noch Herr Berthold dies »gewusst« haben, wählten sie mit *Turandot* eine Inszenierung, in der die gegensätzliche psychosexuelle Primärorientierung von Beraterin und Klientin sowie Klient für das Beratungsgeschehen nutzbar gemacht werden konnten: Frau Arnolds Übertragungsliebe konnte ein Stück weit zur Freundin und damit ins reale Leben zurückgeführt werden. Ihre Konzerte für die Senioren weisen auf ein Verzeihen gegenüber der Mutter und die stellvertretende Wiedergutmachung der Tochter in einer schwierigen Mutter-Tochter-Beziehung. Diese Entwicklung kommt auch den Schülerinnen und Schülern der Klientin zugute, wenn sie die Institution Schule nicht nur als eine korrigierende Instanz, sondern auch als ein fürsorgliches Mutterobjekt zu repräsentieren vermag. Herr Berthold versteht zunehmend Dilemmata und Ambivalenzen der eigenen wie der fremden sexuellen Orientierung, sodass im Umgang mit seinen Mitarbeitern integrierte »Selbst- und Fremdbilder« entstehen können, die ohne gegenseitige Entwertungen nebeneinander bestehen können.

Und wie es weiter ging ...

Zusammenfassend kann man sagen, dass die tiefenhermeneutische Analyse der *Turandot*-Inszenierung Tiefendimensionen der Beratung ermöglicht hat, die über das übliche Maß hinausgehen. Unbewusste Mechanismen, die im Kontext des Beratungsanliegens wirksam waren, konnten auf der Folie des Bühnengeschehens intersubjektiv erarbeitet und zur Herausbildung individueller Lösungen herangezogen werden. Dazu mussten Beraterin und Klienten die gleiche Inszenierung sehen, aber ein gemeinsamer Opernbesuch war nicht unbedingt erforderlich.

Ob ein solcher als hilfreiche Interventionsmethode dienen kann, wird von vielen Faktoren beeinflusst. Wie oben dargelegt, sind die Fähigkeiten des Beraters zur Objektunabhängigkeit und zur Ich-Spaltung Voraussetzung für eine gelingende psychodynamische Beratung. Der gemeinsame Opernbesuch setzt diese Fähigkeiten, zumindest in Ansätzen, auch beim Klienten voraus. Andernfalls wird dieser es kaum ertragen, dass sich der Berater in der Oper von ihm distanziert, um die Beratungsbeziehung nicht mit »Resonanzen« des eigenen Musikerlebens unnötig zu belasten. Je weniger Autonomie dem Klienten oder der Klientin zur Verfügung steht, desto wichtiger ist ein stabiler struktureller Rahmen, der Zeit und Ort der Beratung definiert und für den Klienten überschaubare Möglichkeiten des Agierens und Mitagierens bietet. Ebenso entscheidend ist dann die gleichmäßige Zugewandtheit des Beraters, der weniger mit sich selbst als mit den Belangen des Klienten beschäftigt ist, auch wenn Neutralität und Zurückhaltung inzwischen nicht mehr oberstes Gebot in der psychoanalytischer Beziehung sind. Lege artis wird ein Berater – anders als im vorgestellten Fallbeispiel – den Klienten den ersten Schritt tun lassen und sich dann entscheiden, ob er einen gemeinsamen Opernbesuch in den Beratungsprozess einfließen lassen will oder nicht.

Bei diesen Überlegungen darf das Ausmaß des »Containing«, das einem Berater außerhalb des standardisierten Settings abverlangt wird, nicht unberücksichtigt bleiben. Die psychoanalytischen Betrachtungen zu »Musik und Mythos« haben zum einen gezeigt, mit welch affektiver Wucht das kollektive Gedächtnis der Opernbesucher bestürmt wird, wenn es – wie zum Beispiel bei *Turandot* – in der Oper um Themen geht, die an ritualisierte Opfertötungen erinnern. Normalerweise hält das archaische Unbewusste solche Themen wegen unseres fortgesetzten Impulses zum Töten (aus Selbstschutz) unter Verschluss. Zum anderen ist der verbale Austausch über das Musikerlebnis bei den Zuhörern nicht nur »verpönt« (s. o.), sondern viele Zuhörern nehmen noch nicht einmal wahr, dass und wie (sehr) sie im Innersten durch Opernmusik berührt werden (Sacks 2008). Das heißt, anders als in *Totem und Tabu* von Freud (1913) dargestellt, ist in diesem Fall nicht nur die Trieblust weitgehend unbewusst, sondern auch das die Trieblust regulierende Verbot. Aufgrund dieses fast perfekten Verdrängungsmusters liegt die Vermutung nahe, dass es sich bei der tabuisierten Lust um die symbolische Wiederholung früher autoerotisch-narzisstischer »Berührungen« handelt, die in der Musik ästhetisch verdichtet zum Ausdruck kommen.

All dies, das Eigene wie das Fremde, muss der Berater »containen«. Im Übergangsraum der Oper wird die Beratung mit Inhalten überschwemmt, die sich nicht »organisch« aus dem Beratungsanliegen und der dyadischen Beratungsbeziehung ergeben. Das heißt, ein gemeinsamer Opernbesuch verändert den Beratungsraum somit nicht nur strukturell, sondern auch qualitativ. Die tiefenhermeneutische Analyse der Inszenierung bietet einen Ausweg. Sie ist in gewissem Sinne Vermeidung und lenkt ab von dem »verpönten« Austausch über tiefste – ästhetisch verdichtete – innerseelische Berührungen. Ein Tabubruch wird so umgangen, ohne auf eine Tiefenanalyse verzichten zu müssen, die nützliche zusätzliche Erkenntnisse für die Beratungsbeziehung erbringen kann.

Im Fachausschuss erzähle ich der Kollegin, deren Aussage mich so nachhaltig beschäftigt hat, von meinem Opernbesuch mit Frau Arnold, bei dem auch mein zweiter Klient Herr Berthold anwesend war. Sie findet das Unterfangen sehr mutig. Sie gehe gelegentlich mit den Kunden, die ihre Firma mit Coaching-Projekten beauftragten, in die Oper. Ihre Mitarbeiter würden solche Opernbesuche aber nicht direkt mit den Klienten unternehmen. Kurz darauf erzählt mir der Personalchef eines Großunternehmens von der »besten« *Carmen*-Aufführung, die er je gesehen habe. Seine Ausführungen sind verführerisch. Ich entscheide mich gegen den Opernbesuch, aber dafür, mehr von ihm über die Oper zu erfahren. Der Personalchef erzählt auf mein Nachfragen hin, warum Bizets *Carmen* für ihn eine solche Bedeutung hat. Seine Ausführungen verweisen auf zentrale Konfliktbereiche seiner beruflichen wie persönlichen Identität. Da er interessiert ist, mehr über seine unbewussten Fantasien und Strategien zu erfahren, entwickelt sich eine intensive, langfristige und persönliche psychodynamische Beratung. Die Intensität der Erkenntnisse, die sich aus den ästhetischen Resonanzen gemeinsamen Musikerlebens ergibt, stellt sich jedoch nicht ein.

Literatur

Altmeyer, Martin & Thomä, Helmut (Hg.) (2006): Die vernetzte Seele. Die intersubjektive Wende in der Psychoanalyse. Stuttgart (Klett-Cotta).

Bauriedl, Thea (1993): Beziehungsanalyse. Das dialektisch-emanzipatorische Prinzip der Psychoanalyse und seine Konsequenzen für die psychoanalytische Familientherapie. Frankfurt/Main (Suhrkamp).

Bernstein, Doris (1993): Weibliche genitale Ängste und Konflikte. Psyche 47(6), 530–559.

Bormann, Hans Joachim (2002): Ein Beitrag zur Wechselwirkung zwischen Musik und Psyche. Vortrag im Seminar »Psychoanalyse und Gesellschaft«, Heinrich-Heine-Universität, WS 2002/2003. Unveröffentlichtes Manuskript.

Deutsch, Helene (1930): Der feminine Masochismus und seine Beziehung zur Frigidität. Internationale Zeitschrift für Psychoanalyse XVI(2), 172–184.

Fath, Rolf (2007): Reclams Opernführer. Stuttgart (Reclam).

Franz, Matthias (2008): Vom Affekt zum Gefühl und Mitgefühl. In: Franz, Matthias & West-Leuer; Beate (Hg.): Bindung – Trauma – Prävention. Entwicklungschancen von Kindern und Jugendlichen als Folge ihrer Beziehungserfahrungen. Gießen (Psychosozial-Verlag), S. 15–38.

Freud, Sigmund (1913): Totem und Tabu. Einige Übereinstimmungen im Seelenleben der Wilden und der Neurotiker. Frankfurt/Main (Fischer) 2002.

Freud, Sigmund (1915): Bemerkungen über die Übertragungsliebe. In: Freud, Sigmund (1980): Schriften zur Behandlungstechnik. Studienausgabe. Ergänzungsband. Frankfurt/Main (Fischer), S. 217–230.

Geck, Martin (2010): Eine andere Schöpfung. Unsere Kunstreligion – Beethoven, Hölderlin und Caspar David Friedrich. Lettre International 90, Herbst 2010, 124–131.

Heintel, Peter (2007): Event als Angebot einer »Großgruppenkultur« in der Übergangsgesellschaft. In: Pühl, Harald & Schmidbauer, Wolfgang (Hg.): Eventkultur. Berlin (Leutner), S. 40–82.

Hirsch, Mathias (1997): Über Gegenübertragungsliebe. In: Höhfeld, Kurt; Schlösser, Anne-Marie (Hg.): Psychoanalyse der Liebe. Gießen (Psychosozial-Verlag), S. 119–132.

Hirsch, Mathias (2008): Die Matthäus-Passion Johann Sebastian Bachs. Ein psychoanalytischer Musikführer. Gießen (Psychosozial-Verlag).

Kernberg, Otto F. (1999): Plädoyer für eine »Drei-Personen-Psychologie«. Psyche 53(9/10), 878–893.

Kernberg, Otto F. (1998): Liebesbeziehungen. Normalität und Pathologie. Stuttgart (Klett-Cotta).

Klein, Melanie (1957): Neid und Dankbarkeit. Eine Untersuchung unbewusster Quellen. In: Klein, Melanie (2000): Gesammelte Schriften. Bd. III. Schriften 1946–1963. Stuttgart (Frommann-Holzboog), S. 279–368.

Leikert, Sebastian (2005): Der Ursprung des musikalischen Symbols – Der Orpheusmythos als Grundparadigma der Oper. In: Oberhoff, Bernd (Hg.): Die seelischen Wurzeln der Musik. Psychoanalytische Erkundungen. Gießen (Psychosozial-Verlag), S. 65–86.

Lorenzer, Alfred (1995): Sprachzerstörung und Rekonstruktion. Vorarbeiten zu einer Metatheorie der Psychoanalyse. Frankfurt/Main (Suhrkamp).

Morgenthaler, Fritz (2004): Homosexualität, Heterosexualität, Perversion. Gießen (Psychosozial-Verlag).

Morsch, Thomas (2004): Lust und Schrecken. Der Filmzuschauer in der Perspektive der psychoanalytischen Filmtheorie. In: Sisyphus – Jahrbuch Colloquium Psychoanalyse. Bd. 1, S. 11–30.
Ott, Jürgen & West-Leuer, Beate (2003): Präsenz, Respekt, emotionale Akzeptanz und Authentizität: Interaktionelle Prinzipien nicht nur für das Coaching im Krisenfall. In: West-Leuer, Beate & Sies, Claudia: Coaching – Ein Kursbuch für die Psychodynamische Beratung. Stuttgart (Pfeiffer bei Klett-Cotta), S. 125–147.
Reister, Gerhard (1995): Musikerleben. Ein Beitrag zur Psychoanalyse der Musik. In: Tress, Wolfgang & Sies, Claudia (Hg.): Subjektivität in der Psychoanalyse. Göttingen (Vandenhoeck & Ruprecht), S. 172–192.
Sacks, Oliver (2008): Der einarmige Pianist. Über Musik und das Gehirn. Reinbek bei Hamburg (Rowohlt).
Schmidbauer, Wolfgang (2007): Annäherung an den Event. In: Pühl, Harald & Schmidbauer, Wolfgang (Hg.): Eventkultur. Berlin (Leutner), S. 13–39.
Segal, Hanna (1997): Wahnvorstellung und künstlerische Kreativität. Stuttgart (Klett-Cotta).
Türcke, Christoph (2009): Philosophie des Traums. München (C. H. Beck).
Vogt, Rolf (1996): Die Beziehung in der psychoanalytischen Beratung. In: Ermann, Michael (Hg.): Die hilfreiche Beziehung in der Psychoanalyse. Göttingen (Vandenhoeck & Ruprecht), S. 141–162.
West-Leuer, Beate (2011): Affekt Coaching. Business-Coaching zur Verbesserung von Selbstmanagement und Selbststeuerung. In: Schnoor, Heike (Hg.): Psychodynamische Beratung. Göttingen (Vandenhoeck & Ruprecht), S. 165–178.
West-Leuer, Beate (2009): Psychodynamisches Coaching – mehr Chancengerechtigkeit für Fach- und Führungskräfte? In: Heinz, Rudolf; Tress, Wolfgang & West-Leuer, Beate (Hg.): Gerechtigkeit – Psychoanalytische Perspektiven eines strittigen Begriffs. Psychosozial 32(116), 65–78.
West-Leuer, Beate (2007): Wir sehen immer nur die Spitze des Eisbergs ... Führungskräftecoaching und Psychodynamische Beratung. In: Lang, Franziska & Sidler, Andreas (Hg.): Psychodynamische Organisationsanalyse und Beratung. Einblicke in eine neue Disziplin. Gießen (Psychosozial-Verlag). S. 51–80.
West-Leuer, Beate (2003): Von Ist-Zustand zu Ist-Zustand: Coaching als spiraler Prozess. In: West-Leuer, Beate & Sies, Claudia: Coaching – Ein Kursbuch für die Psychodynamische Beratung. Stuttgart (Pfeiffer bei Klett-Cotta), S. 95–124.

Sonstige Quellen

Tony Palmer's Film about Puccini (DVD-Booklet). Isolde Films 1984, digital remastering 2008.
Giacomo Puccini: Turandot. Libretto: Giuseppe Adami; Renato Simoni. Übersetzung Gery Bramall (CD-Booklet). The Decca Record Company. London 1984 (1972).
Giacomo Puccini: Turandot. Lyrisches Drama in drei Akten. Programmheft. Hg.: Theater und Philharmonie Essen GmbH, Essen 2007.

Scheitern einer Supervision

Mathias Hirsch

Die beiden Begriffe meines Themas, Supervision und Scheitern möchte ich einleitend einzugrenzen versuchen. Wenn es auch andere Ursprünge der Supervision gibt, etwa aus dem Bereich der Wirtschaft oder dem der Sozialarbeit, folge ich gemäß meiner psychoanalytischen Sozialisation einer Auffassung von Supervision, die sich auf die institutionalisierte »Kontrollanalyse« in der psychoanalytischen Ausbildung zurückführen lässt. Sie bildete neben der analytischen Selbsterfahrung (auf der Couch) und den theoretischen Seminaren eine der drei Säulen der psychoanalytischen Ausbildung und hatte zum Ziel, die unbewussten Bereiche des Anteils des Ausbildungskandidaten an der therapeutischen Beziehung zu erhellen, das, was man Gegenübertragung nennt, bewusst zu machen. Dazu musste man gar nicht weiter in die Psyche und die Lebensgeschichte des Kandidaten eindringen, andererseits flossen sicher auch didaktische Hinweise ein, wie bestimmte Probleme besser zu handhaben wären. »Kontrollanalyse« klingt natürlich sehr nach autoritärer Überwachung innerhalb eines geschlossenen Systems, und so wurde der Begriff nach und nach durch den netteren der Supervision ersetzt. Man kann sagen, dass »analytische Supervision« ihr Interesse auf die unbewussten Bereiche innerhalb einer wie immer gearteten sozialen Interaktion richtet, besonders auch auf die Klärung der Beziehung der Beteiligten zueinander. Im Falle der Supervision in Gruppen, meist Teams, wird die mehr oder weniger unbewusste Gruppendynamik mitberücksichtigt werden, insbesondere was in den Beziehungen zum Leiter geschieht, natürlich auch, wie der Leiter seine Funktion mehr oder weniger konstruktiv erfüllt, die Beziehungen der Kollegen untereinander werden zu verstehen versucht, insbesondere was Rivalität, Neid, Eifersucht, Angst und ihre Abwehr sowie Sündenbockmechanismen bis hin zum sogenannten

Mobbing betrifft. Das alles in der – oft berechtigten – Hoffnung, dass nach der Aufklärung unter kollegial fühlenden und handelnden Erwachsenen auch eine Veränderung der Dynamik zum Konstruktiven hin erfolgt.

Scheitern kann man nur in Bezug zu einer Intention, einem Ziel, das man sich in relativer Freiheit der Entscheidung gesetzt hatte – ein instinktgesteuertes Tier kann nicht scheitern – und das man nicht erreicht oder verfehlt hat. Ein völlig determinierter Mensch könnte eigentlich auch nicht scheitern, ausgeliefert seinen Trieben, denen er, machtlos, nichts entgegensetzen könnte. Aber die »individuelle Gestaltung und Entfaltung« (Elgeti 2001, S. 57) des Individuums ist in ihrem Wesen ja gerade die Entwicklung der biologisch (genetisch) mitgebrachten Anlagen im sozialen Kontext, modifiziert durch die vielfältigsten Beziehungserfahrungen von Anfang an, ab ovo, intrauterin bereits. Diese Entwicklung »geschieht im Spannungsfeld von Intentionaltät, Körperlichkeit und Sozialität« (ebd.). Scheitern bedeutet so nicht nur das Verfehlen einer gesetzten Intention, »Scheitern bezeichnet das Misslingen der Gestaltung der kommunikativen Situation« (ebd.). Freud (1916d) hatte das Verfehlen eines an sich gewünschten und ersehnten Zieles mit einem unbewussten (ödipalen) Schuldgefühl begründet: Der Erfolg bedeutete das Übertreffen des ödipalen Rivalen, einen ödipalen Sieg, der aus Schuldgefühl nicht errungen werden kann: Freud nannte das »Scheitern am Erfolg«. Die andere, heute nach dem allgemeinen Zurücktreten der sexuell-ödipalen Konflikte vorherrschende Quelle des Scheiterns ist ein Trennungsschuldgefühl (vgl. Hirsch 1997, S. 248); Erfolg würde die Trennung von einem Liebesobjekt bedeuten, die man sich nicht gestatten kann.

Beide Schuldgefühl-Qualitäten werden beim relativen Scheitern, über das im Folgenden berichtet werden soll, kaum eine Rolle spielen. Ich nehme vielmehr einen dritten Hintergrund des Scheiterns an: eine Angst, überrundet zu werden, gerade auch von Untergebenen, in der Autorität des Leiters gründlich herabgesetzt zu werden. Eine solche Angst führt gerade zu autoritärer Machtausübung, die niemanden neben sich, nicht einmal unter sich duldet, auch wenn es destruktive Folgen hat oder gar den Untergang einer Institution bedeutete. Das wäre keine ödipale Hemmung, sondern eine eines Laios würdige Behinderung oder Vernichtung der eigene »Kinder«, deren Rivalität man fürchtete.

Der Gegenstand des folgenden Fallbeispiels ist vielleicht mit *Scheitern der Kommunikation* treffend bezeichnet. Mit dem Supervisor als spiegelndem, distanziertem »Fremden« eine Entwicklung der Gruppenkultur zu erreichen, wäre eine der Supervision inhärente Intention, verbunden mit einer Entwicklung der Kommunikation in der Gruppe durch Kommunikation mit dem Supervisor. Und zwar implizit so, dass die Gruppe erhalten bleibt (und wenn sie sich verändert, konstruktiv durch neue Mitglieder oder durch ein einvernehmliches Ausscheiden von Mitarbeitern aus nicht-konfliktuösen Gründen) und ihr Zusammenleben und -arbeiten optimiert wird.

Der Auftrag

Im August 1995 erreichte mich eine Anfrage des Chefarztes einer größeren psychiatrischen Abteilung innerhab eines bedeutenden Klinikums, ob ich eine Leitungssupervision übernehmen könne. Der Chefarzt hatte seine Position gerade erst vor drei Monaten angetreten mit dem deutlichen Anspruch, ein eher psychotherapeutisch-psychodynamisches Konzept einzuführen, und wünschte sich für das Leitungsteam eine supervisorische Begleitung des vor ihm liegenden Umstrukturierungsprozesses, wie er schrieb, zunächst für ein Jahr. Nachdem die äußeren Bedingungen wie Häufigkeit (ca. einmal im Monat, aber nicht mehr als sieben Sitzungen pro Jahr) und Honorar bestimmt worden waren, wurde eine Probe-Supervision vereinbart.

Erste Sitzung: Probe-Supervision

September 1995

Zu dieser ersten Sitzung waren alle Mitglieder der Leitungsebene erschienen:
    Herr Dr. A., Chefarzt;
    Herr Dr. B., leitender Oberarzt (schon zwei Jahre in der Abteilung);
    Herr Dr. C., Oberarzt Abteilung 1;
    Herr Dr. D., Oberarzt, Abteilung 2;
    Frau Dr. E., Leitende Psychologin, Tagesklinik (Dres. C., D. und E. sind schon längere Jahre dabei);
    Frau F., Leitende Psychologin, Psychotherapie-Abteilung;
    Frau G., Pflegedienstleiterin, schon 30 Jahre in der Klinik.

Nach der Begrüßung und einer kurzen Vorstellung der Teammitglieder erkundige ich mich nach der Fragestellung, ob damit die Umstrukturierung gemeint sei (der einzige Begriff, den ich aus der Anfrage kannte).

Dr. B. beginnt, Frau F. sei offiziell Leiterin der Psychotherapie-Abteilung, aber nicht tatsächlich, denn die Abteilung sei aus der Inneren Klinik, der Abteilung für Essgestörte, hervorgegangen. Frau F. habe keine Weisungsbefugnis; die Leitung hätte Dr. A., die Organisation, z. B. des Dienstplans, auch die ärztliche Versorgung läge aber in den Händen der Inneren Klinik. Es habe sich dort eine Art »Edelpsychiatrie« entwickelt, die schwierigen Patienten kämen auf die anderen Stationen. Trotzdem fühle sich die Psychotherapeutische Abteilung als Team, wenn sie sich auch aus Mitgliedern der Psychiatrie und denen der Inneren Medizin zusammensetzte. Von der Inneren Medizin werde die Abteilung als Fremdkörper empfunden – wie auch sonst die Psychiatrie in der Gesamtgesellschaft, werfe ich ein.

Ich bemerke, dass die Strukturen mir so verhärtet erschienen, dass Gespräche zur Umstrukturierung (das sollte ja das Hauptthema sein) mit allen Beteiligten sehr schwierig seien. Dr. A. fährt fort: Ja, sein »Start« sei unglücklich gewesen, er habe den Sonderstatus der Psychotherapie auflösen wollen, habe aber versäumt, die unteren Ebenen einzubeziehen, sodass sich massiver Widerstand entwickelt habe. An den Schluss der Sitzung stelle ich meine Vermutung, dass durch den Wechsel der Leitung der psychiatrischen Abteilung nicht nur dieser Konflikt, sondern noch viele andere entstanden sein dürften.

Erste Phase: Umstrukturierung

21.10.95

Frau Dr. E. hat Urlaub, sonst sind alle anwesend.

Dr. D. fängt wieder von der Psychotherapie-Abteilung an, diese befinde sich auf dem absteigenden Ast. Dr. C. hat keine Lust, wieder über die Psychotherapie-Abteilung zu sprechen, er möchte lieber die Zusammenarbeit der Assistenzärzte und der Therapeuten (Gestaltungs-, Körper-, Musiktherapeuten) klären. Dr. A.: Die Psychotherapie sei sein Kind, aber eher ein imaginäres Kind; er müsse sich überlegen, was im gegebenen Rahmen realisierbar sei. Dr. D. macht einen Vorschlag: Die Therapeuten sollen an der Organisation teilnehmen, sie seien isoliert, deshalb habe man das Ganze

nicht im Blick. Ich frage nach einem Gruppen- oder Teamkonzept – es gibt eigentlich kein richtiges Team, von den Therapeuten bis zum Chefarzt sind die Ebenen hierarchisch gegliedert. Man erinnert sich an eine Gründerzeit, lange vor dem Neubeginn durch Dr. A.: Da seien alle dabei gewesen, auch die Therapeuten. Ich stelle die Frage nach einem Integrationsort für die Probleme bzw. das Verhalten der Patienten, es gäbe die Visite und die Übergabe, bei der einzelne Patienten besprochen werden könnten. Dr. A. fasst zusammen, es gebe zwei Baustellen: die Integration der Psychotherapie und die Integration der Therapeuten.
Ich denke, spreche es aber nicht an, dass es im Leitungsteam keinerlei Konflikte zu geben scheint.

18.11.95

Alle sind anwesend. Gestern fand eine Leitungssitzung zusammen mit dem obersten Pflegedienstleiter der Gesamtklinik statt. Es gab Missverständnisse, ganz verschiedene Gesprächskulturen seien aufeinandergeprallt, die Sprache der psychodynamisch orientierten Psychiater wurde nicht verstanden, gegenseitige »moralische Entrüstung«. Für den Pflegedienstleiter scheint nur Dr. A. wichtig zu sein, mit dem er verhandeln wolle. Dr. C. meint, der Pflegedienstleiter kenne Dr. A. noch nicht, außerdem sei er seit 30 Jahren da und könne nicht umdenken. Es entwickelt sich die Forderung nach einer besseren Struktur und Vorbereitung dieser Leitungsbesprechung. Dr. D. meint: »Wir wollen mal sehen, wer sich an wen gewöhnt« (Chef-Pflegedienstleiter und Dr. A.). Er ergänzt: »Eine heiße Herdplatte wird nicht dadurch kälter, dass man immer wieder drauffasst.« Jemand stellt die Befürchtung in den Raum, der Chef-Pflegeleiter könnte Stellen der Therapeuten streichen. Ich bemerke, dass die Forderung nach Integration jetzt die Psychotherapie, die Therapeuten, und den Chef-Pflegedienstleiter umfasse.
Wieder keine Konflikte innerhalb des Leitungsteams sichtbar, der Feind sitzt außen.

27.1.96

Frau F. hat einen freien Tag, sonst sind alle anwesend. Es wird über Strukturen, mangelnde Kommunikation und die Verunsicherung durch die neue Leitung gesprochen. Bisher gab es ein Team der Assistenzärzte mit den Therapeuten. Jetzt sind die Therapeuten isoliert, »es gibt eine schlechte Stimmung Dr. A.

gegenüber«. Die Kommunikation zwischen Leitungsebene und Stationsebene funktioniere nicht. Dr. A. meint, die Therapeuten verließen sich darauf, dass die Arbeit gemacht werde, ergriffen keine Initiative. Es gebe auch eine Spaltung zwischen Assistenzärzten und Therapeuten, die integriert werden müssten – aber wie? Die Übergabe und die Visiten reichten nicht. Dr. A. kritisiert, die Therapeuten wollten sich einfach nicht fachlich weiterbilden.

Es stellt sich folgende Struktur heraus: Die Leitung kommuniziert mit den Assistenzärzten, nicht aber mit den Therapeuten. Ich konstruiere ein Familienmodell: Das ärztliche Team sei die Mutter, der Chefarzt der Vater, die Therapeuten entsprächen den ungeliebten Kindern, die noch dazu pubertierten.

Wieder denke ich: keine Konflikte innerhalb des Leitungsteams. Diesmal kristallisieren sich als eine Art »Feind« die Therapeuten heraus, von denen Dr. A. anscheinend nicht viel hält, kritisiert er sie doch ziemlich ausgrenzend und schuldzuweisend.

10.3.96

Alle sind anwesend. Dr. A. beginnt, er wolle gleich an den »heißen Brei«: Die Zusammenarbeit zwischen allen Berufsgruppen ist mangelhaft, die Integration der Therapeuten sei doch nur ein Nebenschauplatz. Aber das Team beschäftigt sich doch wieder mit den Therapeuten; es gibt eine Befürchtung, sie könnten zu viel Macht beanspruchen, in den therapeutischen Alltag eingreifen, aus dem Gesamtkonzept herausfallen. Das Ergebnis: Es fehle ein integratives Konzept, das die Leitung vermitteln müsse. Dr. D.: »Es liegt am Moderator, dass es auseinanderläuft.«

Also ein deutlicher Apell an Dr. A.

Es kommt heraus, dass die Gruppe der Therapeuten einen Sprecher hat, sie sich als Gruppe neuerdings treffen. Ich frage, ob es eine Verbindung zwischen Leitung und Therapeutengruppe gibt? – Nein, keine Besprechung, »zurzeit« auch keine Fortbildung für sie. Es wird diskutiert, ob der Sprecher der Therapeuten in das Leitungsteam aufgenommen werden könnte.

7.4.96

Bis auf Frau Dr. E. alle anwesend. Dr. A. beginnt: Offene Stellen könnten nicht besetzt werden, zum Teil fänden sich keine geeigneten Bewerber, zum Teil aber würden die Stellen gar nicht ausgeschrieben, dabei sei die

Abteilung überbelegt. Anfangs habe man den Mangel kompensiert, jetzt sage die Verwaltung: Es geht doch! Die Assistenzärzte drohen mit einer »Überlastungsanzeige«, zu viel Überstunden, Betriebsrat ...
Ich denke, da habe ich den langen Weg für dieses Stammtischgeplänkel gemacht. Die Verwaltung erscheint hier als neuer Außenfeind. Ich versuche, das Problem in die Gruppe zu holen:
Dr. A. habe neben der Aufgabe, das Gesamtpersonal anzuleiten, neue Konzepte zu vermitteln und Randgruppen zu integrieren, noch eine Aufgabe: die Verwaltung zu überzeugen. Die Gruppe bleibt aber bei der Außenfeinddynamik, sie entwickelt Fantasien, man sollte ein Go-In machen, ein Sit-In in der Verwaltung, auch die Patienten mitnehmen, man müsse an die Presse gehen ... Zum Schluss wird ein Teufelskreis skizziert: Eine Mitarbeiterin der Psychotherapie-Abteilung sollte eigentlich in einer anderen Klinik hospitieren, musste aber wegen des Personalmangels hierbleiben, dadurch gebe es keinen neuen Input, die Attraktivität der Abteilung sinke und deshalb kämen keine neuen Mitarbeiter.

19.5.96

Alle sind anwesend. Es wird über eine aggressive Stimmung zwischen den Untergruppen Oberärzte – Assistenzärzte – Therapeuten gesprochen. Dr. D. fühlt sich als Oberarzt von den Assistenten missbraucht, er müsse Unterlassungen und Fehler in der Arbeit mit Patienten ausbügeln. Ich sage, wenn die verschiedenen Berufsgruppen additiv nebeneinander her arbeiteten, würde die Aggression der Patienten auf diese Weise durch Agieren die Leitungsebene erreichen. Wieder wird daran gedacht, den Sprecher der Therapeuten in das Leitungsteam aufzunehmen.

23.6.96

Aus verschiedenen Gründen fehlen Dr. D., Dr. E. und Frau F. Dr. A. gibt bekannt, dass eine neue Stelle geschaffen wurde, die Leitung der Ambulanz, die bisher vom Chefarzt wahrgenommen wurde, könne nun besetzt werden. Es geht wieder um die Integration der Psychotherapie-Abteilung, es ist ein Umzug der Klinik geplant, evtl. wird die Psychotherapie räumlich getrennt – Unsicherheit. Was die Innenstruktur betrifft, entsteht eine Idee: Könnte nicht eine Psychologin oder auch ein Oberarzt die Leitung einer zu bildenden Abteilung der Therapeuten übernehmen?

Zweite Phase: Konsolidierung der Macht und misslingende Integration

11.8.96

Alle sind anwesend. Erst geht es um die Organisation des Sommerfestes, dann Dr. A.: Er bemühe sich um die Integration der therapeutischen Konzepte, die auf den einzelnen Stationen verschieden seien. Dr. D. fordert »klare Eckpfeiler«, die Dr. A. vorgeben müsse.
Wie schon einmal vertritt Dr. D. eine leicht oppositionelle Haltung Dr. A. gegenüber.
Ich frage nach den Konzepten; sie seien zum Teil gegensätzlich, die Tagesklinik sei z. B. streng verhaltenstherapeutisch orientiert, dort herrsche inzwischen ein ganz anderes Klima. Dr. A. bemängelt jetzt die mangelhafte Zusammenarbeit zwischen den Oberärzten und ihren Stellvertretern auf den verschiedenen Abteilungen (er scheint den Konflikt mit Dr. D. aufzunehmen). Dr. D. will mit den vorhandenen Mitarbeitern weiter auskommen; Dr. A. habe angeblich gesagt: Wer nicht kooperiert, kann ja gehen ...
Erstmalig wird ein Konflikt innerhalb des Leitungsteams deutlich, auch ein autoritärer Machtanspruch Dr. A.s, mit dem er notfalls die Ausgrenzung eines Mitarbeiters einer Integration vorzieht.

15.9.96

Dr. D. und Dr. E. fehlen. Zuerst Außenkonflikt: Ein neuer Verwaltungsdirektor will Millionen einsparen, die Psychotherapie-Abteilung soll ausgelagert werden, dort sollen Stellen gestrichen werden. Allerdings ist die Psychiatrie nicht in Gefahr, denn sie schafft Geld herein. Dann Innenkonflikt: Die Rotation der Assistenten und Therapeuten zwischen den Abteilungen ist von Dr. A. gefordert, ruft aber Widerstände bei den betroffenen, konservativen Mitarbeitern hervor. Dr. A. schwenkt aber wieder zum Außenkonflikt: Es wird in ca. zwei Jahren einen Umzug geben; ich sage, dann wird man damit so beschäftigt sein, dass die inneren Konflikte erst einmal zurücktreten müssten.
Erstmals sagt Dr. A. den nächsten vereinbarten Supervisionstermin ab, da einige Kollegen abwesend seien. Im Dezember wolle man sehen, ob und wie die Supervision weitergehen könne.

8.12.96

Dr. B., Frau F. und Frau G. fehlen. Eine neue Struktur wird angekündigt, die von der Gesamtklinikverwaltung vorgeschlagen und durchgesetzt worden war: Dr. A. sei in Zukunft der Ärztliche Direktor der Psychiatrie, Dr. B. würde als Chefarzt jetzt die Abteilungen 1 und 2 leiten. Die Psychotherapie-Abteilung müsse umziehen, dadurch sei die Integration noch schwerer. Dr. A. spricht kleinere innere Probleme an, aber Dr. E. kommt auf das brisante Thema der Strukturveränderung zurück: Sie habe die Tagesklinik aufgebaut und vier Jahre geleitet, jetzt sei ihr Dr. B. vorgesetzt?! Dr. D. ist darüber auch empört – »Dann geh' ich halt«, obwohl er das gar nicht wolle. Dr. A. entgegnet, er sei davon ausgegangen, dass eine qualitative Verbesserung eintreten werde. Der Verwaltungsleiter habe erst Widerstand gezeigt, dann zugestimmt mit dem Unterton, sie sollten selbst sehen, wie sie das Problem lösten. Dr. A. hat Vorstellungen, was der neue Chefarzt machen soll: Integration der Stationen, Rotation der Mitarbeiter. Die Gruppe ist verwirrt, die Alternative von »Mord und Totschlag oder Solidarität« wird ausgesprochen. Eine Degradierung der Oberarztebene ist unvermeidlich, weil die neue Stelle dazwischenkommt.

Ich habe den Verdacht, dass die Oktobersitzung nicht ohne Grund abgesagt worden war, denn dort hätte die Strukturveränderung diskutiert werden können, bevor sie realisiert worden ist. Aber das Leitungsteam ist nicht so, dass ich das hätte interpretieren können.

26.1.97

Alle sind anwesend, nur Dr. A. fehlt, niemand weiß Bescheid, er wird angerufen, er sei noch in einem Gespräch, wir sollten schon mal anfangen ... Natürlich ist der Umbruch Thema. Dr. E., Dr. C. und Dr. D. äußern ihre Verunsicherung, fragen sich nach der eigenen Motivation, ob sie sich fügen sollten oder gehen. Man könne es nicht rückgängig machen; es ist auch nicht klar, ob der Verwaltungsleiter oder Dr. A. diese Veränderung initiiert hatte. Ich deute das gruppendynamische Moment: Als hätte jemand eine Machtstruktur zerstört im Sinne von: »teile und herrsche«. Die drei Genannten fühlen sich untereinander solidarisch, aber ohne Unterstützung von oben. Dr. A. erscheint und erläutert, dass die Strukturänderung ursprünglich sein Wunsch war, er möchte mehr Koordination unter der kompetenten Leitung von Dr. B.

23.2.97

Dr. A. hat Urlaub, Dr. C. ist krank, Frau F. fehlt ohne bekannten Grund. Frau H., die Psychologin, die in Zukunft die Ambulanz leiten wird, ist zum ersten Mal im Team. Dr. E. spricht den »Umbruch« an, man ist gedrückter Stimmung, im Umgang miteinander vorsichtig, dann wird die Integration der Ambulanz angesprochen, Neuaufnahmen sollen jetzt über die Ambulanz gehen, vorher oft Erstgespräche auf den Stationen, die neue Leiterin stellt sich vor.
Meine Gedanken schweifen ab, kein besonderer Konflikt, Dr. A. fehlt ja auch. Trotzdem ist das Team nicht in der Lage, die depressive Lähmung aufzugeben.

30.3.97

Alle sind anwesend. Der Umzug: Chaos. Andererseits Stillstand (innen). Die neue Chefarztposition sei über die »Bedürfnisse der Klinik« hinweg bestimmt worden. Dann wieder Umzug: Psychotherapie-Abteilung zuerst, dann die gesamte Psychiatrie nach zwei bis drei Jahren. Es habe einen Vorwurf »von oben« gegeben, die Psychiatrie rechne sich finanziell nicht. Also wieder Außenkonflikt. Dann innerer Konflikt: Konzeptionelle Änderung durch Einrichtung der Chefarztstelle: Abteilung 1 und 2 sollen nicht mehr so viel, Tagesklinik, Psychotherapie und Ambulanz dagegen mehr bringen (finanziell). Dr. D. übernimmt wieder die Opposition, er wehrt sich gegen die vielen Veränderungen: »Am Abend werden die Toten gezählt ...«, und ob Dr. A. die Bedürfnisse der Basis richtig verstehe.

27.4.97

Dr. A., die Pflegedienstleiterin und Frau H. fehlen. Es geht um äußere Probleme, Möbel nach dem Umzug, die Psychotherapie bekommt einen Bus zum Pendeln, das Personal ist knapp, Aufnahmedruck, Stellenplan unbekannt ... Dr. B. (offenbar mit der neuen Leitungsposition identifiziert) meint aber, die Bezahlung sei leistungsgerecht.
Das Team scheint aggressionsgehemmt, Konflikte in Abwesenheit von Dr. A. nicht aussprechen zu können. Dr. B. übernimmt schon einmal formale Leitungsposition. Die Gruppendynamik scheint bestimmt von einem

starken oder stark empfundenen Leiter und einem schwachen mittleren Management.

15.6.97

Außer Frau H. sind alle Oberärzte im Urlaub, nur noch Dr. B. und Dr. A. sind anwesend. Dr. B. ergreift die Initiative: Ob Ärzte für eine neue Stelle vorgesehen seien oder leitende Psychologen, und: Wer die oberärztliche Tätigkeit für die Psychotherapie-Abteilung übernehmen solle, da Dr. A. bisher beide Funktionen erfüllt habe. Wenn Dr. A. alles selber machen müsse, sei er überlastet und stehe nicht mehr für Fragen zur Verfügung. Dr. A. wollte dasselbe Thema aufgreifen, allerdings anders gestellt: Sollen Erfahrene etwa nicht mehr die Unerfahrenen leiten dürfen, sei das Gängelei? Er müsse schließlich die Klinik nach außen vertreten, den Ärzten und der Öffentlichkeit gegenüber, die alten Mitarbeiter würden den alten Stiefel vertreten, das könne man nicht vorzeigen. Die eine Assistenzärztin sei gut, sehr selbstständig, die andere nicht, vielleicht gehe sie bald wieder ...

Dr. A. verteidigt sein autoritäres Denken und Verhalten und droht zwischen den Zeilen mit Trennung von denen, die ihm nicht folgen ...

Ich frage, ob es so etwas wie Fallsupervision gibt: Nein, außer Übergabegesprächen und Visiten gebe es nichts. Nun wirft die neue Mitarbeiterin Frau H. unvoreingenommen und etwas naiv ein: Dr. A. würde zu schnell selber handeln, er solle besser im Hintergrund bleiben, lenken, integrieren ... Dr. A. verteidigt sich auch hier sehr schnell: Er müsse eben die Außenwirkung verantworten, da müsse er auch intern schnell handeln. Er habe hier Standards vorgefunden, die er ändern wolle; andererseits würde er Fragen der Mitarbeiter durchaus begrüßen ... Dr. B. wirft ein, die Sicherheit darüber, was man selbst entscheiden könne, sei sehr zurückgegangen. Dr. B. nennt ein Beispiel für die fehlende Attraktivität einer leitenden Stelle: Eine Assistenzärztin, kurz vor der Facharztprüfung, wolle auf keinen Fall die Oberarztstelle übernehmen. Dr. A.: Diese Kollegin sei vom Oberarztstandard weit entfernt, sie könne auch Fachärztin ohne Oberarztstelle hier sein. Dr. B.: Die Assistenzärzte müssten »gepflegt« werden, damit sie erhalten blieben, aber auch Frau H. müsste Unterstützung bekommen. Ich frage, ob sie unterstützt werden müsse, weil sie Psychologin sei. Ja, ihre Position sei schwierig, sie sei keine Ärztin, die Definition der leitenden Psychologin sei unklar, sie sei nicht weisungsbefugt.

Interessant, dass in dieser sehr reduzierten Zusammensetzung, sozusagen ohne »Publikum«, der zentrale Konflikt mit dem Chefarzt offen ausgesprochen und die Gefahr angesprochen werden kann – nicht zuletzt von mir –, dass mangelnde Führungsfähigkeit und Unfähigkeit zur Delegation die Gefahr berge, dass dringend benötigte Mitarbeiter gehen könnten.

10.8.97

Alle Mitarbeiter sind anwesend. Frau E., die leitende Psychologin der Tagesklinik, ergreift die Initiative, sie habe doch nur ihre Kompetenz wahrgenommen, Dr. A. wollte Rücksprache – wolle er denn alles allein entscheiden?! Wolle er allein denken? Dr. A. beschwichtigt: Anfangs war er der Neue, hat erst einmal den Status quo erkennen müssen, hat dann Ideen angeboten ... Aber Frau E. insistiert: Warum solle sie bei allem mitmachen? Es geht darum, sage ich, die Grenze zu bestimmen – Dr. A. nennt ein Beispiel, in dem er etwas *verbieten* musste; ich sage: Wäre *hinweisen* nicht besser als verbieten? Dr. A. kann nicht verstehen, dass manche Bereiche durchaus außerhalb seiner Verantwortung bleiben können. Von mehreren Teammitgliedern wird das Gefühl der fehlenden Anerkennung durch Dr. A. benannt, obwohl sie sich »weiß Gott« doch Mühe gäben. Ich sage, die Vermittlung bestimmter Vorstellungen oder Entscheidungen durch die nächste hierarchische Ebene nach unten sei vielleicht besser als »Verbote« oder Anordnungen direkt von Dr. A. Jetzt wirft Dr. A. ein, dass die Verantwortungsbereiche des ärztlichen Direktors (Dr. A.) und des Chefarztes (Dr. B.) von der Verwaltung abgegrenzt werden sollen, aber da komme nichts, der eine verstecke sich hinter dem anderen ...

Es wird also wieder auf einen Außenfeind abgelenkt, anstatt wenigstens die Berechtigung der Gefühle der Mitarbeiter, unter einem autoritären Führungsstil zu leiden, anzuerkennen und auch nur über den eigenen Anteil nachzudenken.

September 97

Frau G. ist in Urlaub, sonst sind alle anwesend. Die neue Oberärztin, Frau Dr. I., ist auch dabei. Dr. A.: Alles sei bestens, eine neue Oberärztin, ein neuer junger Assistenzarzt, und ab nächsten Monat ist Dr. B. dann offiziell Chefarzt. Es wird diskutiert, welche Funktion er haben wird – noch kann es niemand genau sagen. Dr. D. ist inzwischen zufrieden, er wird sich mehr der Bedürfnisse der Patienten annehmen. Dr. B. macht auf die Schwierigkeit aufmerksam, die Kompetenzen der leitenden Psychologen im Gegensatz zu den Oberärzten zu definieren. Obwohl Frau H. als Psychologin eingestellt ist, leitet sie die Ambulanz, das sei eine gewisse Diskrepanz.

12.10.97

Frau F. und Dr. D. sind in Urlaub. – Der Umzug in einen Neubau wird in ca. zwei Jahren stattfinden – viel zu planen, viel weniger Platz ... Dr. A.: Eigentlich nur ein halbes Jahr Ruhe mit der neuen Struktur ... Ich sage, dann kommen schon wieder neue Aufgaben und Konflikte *von außen* auf sie zu. Es geht um die Autonomie der Stationen mit ihren Leitern und die Integration in das Ganze. Die neue Oberärztin, Dr. I., übernimmt die Psychotherapie-Abteilung. Dr. A. findet die Psychotherapie integrierter als Abteilung 2 (Leitung Dr. D.), auch Dr. B. stimmt zu. Wie ein Stiefkind. Dr. I. ist sehr präsent, spricht sehr gut von Abteilung 2, hat also einen anderen Eindruck. Ich bemerke einen gewissen Rückzug von Dr. B. im Gegensatz zur Lebendigkeit von Dr. I. und frage, ob es auf der Oberarztebene auch eine Diskrepanz zwischen neu und alt gebe – das wird negiert. Die neue Struktur wird eher negativ empfunden, als dass man ihre Vorzüge hervorhebt.

9.11.97

Dr. C., Dr. D. und Frau G. fehlen. Dr. A. überlegt, die Leitung neu zu strukturieren: Ärztlicher Direktor, Chefarzt, Leiterin der Ambulanz, Leitende Psychologin der Tagesklinik, Leitender Oberarzt für die drei weiteren Abteilungen. Dann das Problem, ob die Psychotherapie-Abteilung Teil der Psychiatrie bleiben wird ... Dr. B. interveniert: Die äußeren Baustellen drohen schon wieder die inneren Konflikte beiseitezuschieben. Das greift Dr. E. auf: Kompetenzen sind immer noch nicht klar, es wird zu wenig delegiert, die Ideen von Dr. A. werden durchgesetzt, sonst gibt es keine, Dr. A. arbeitet viel zu viel in der Ambulanz ... Dr. A. widerlegt diese Kritik konkretistisch mit Einzelbeispielen. Dr. E. fragt sich andererseits, ob Dr. A. sich vielleicht missverstanden fühlt. Ich verwende die Kind-Metapher: Die Mutter sagt, die Kinder sollen kochen, wie sie es für richtig halten, dann aber haben sie das Falsche gekocht, und die Mutter übernimmt es unwillig selbst. Dr. I. fühlt sich verstanden: Man liefere Gedanken, die zwar erst einmal gehört würden, dann aber in der Schublade verschwänden. Schön wäre ein gemeinsamer Weg, gefolgt von der letztlichen Entscheidung des Chefarztes, die dann von allen nachvollzogen werden könnte.

25.1.98

Aus verschiedenen Gründen fehlen vier Mitglieder des Leitungsteams. Dr. A. möchte wieder umstrukturieren, die Leitungssupervisionsgruppe reduzieren. Dr. E. fehlt die Auseinandersetzung auf den mittleren und den Stationsebenen. Es kommt heraus, dass Dr. E. von Dr. A. mit besonderen Aufgaben betraut wurde (die neue Klinik für die Zeit nach dem Umzug planen), deshalb sei sie bereits in einer Außenseiterposition und werde missachtet. Es kann geklärt werden, dass es sich um eine Verschiebung von dem neuen Chefarzt Dr. B. und auch von Dr. A. handelt, nach dem Sündenbockmechanismus. Dr. A., Dr. B. und Dr. E. sind für die Reduzierung der Leitungsgruppe; umso eher könnten präsente Konflikte besprochen werden.

Nachdem Dr. A. mich zwischen den Terminen angefragt hatte, ob ich eine Reduzierung der Leitersupervisionsgruppe sinnvoll fände, ich diese Entscheidung aber an ihn zurückgegeben hatte, wurde die Reduzierung beschlossen. Die Zusammensetzung ist jetzt: Dr. A., Dr. B., Dr. E., Frau H. und Dr. I.

22.2.98

Dr. A. eröffnet: Es gebe jetzt massive Konflikte. Dr. B. greift das sofort auf: Dr. A. versuche, alle gegeneinander auszuspielen, nämlich sie selbst gegen Frau H., die angeblich ihn, Dr. B., für eigene Zwecke missbrauche. Er habe sich beim Betriebsrat beschwert und ein Gespräch mit der Geschäftsführung verlangt, deshalb kann er hier nicht weiter sprechen! Dr. A. verlangt von Dr. B. Solidarität, Dr. B. sei aber Frau H. gegenüber loyal. Frau H. beklagt sich über die schlechte Stimmung, nur Kritik, wenig Lob! Sie habe auch durchaus mit Dr. B. Konflikte. Dr. I. äußert die massive Befürchtung, die Leitergruppe könne auseinanderbrechen.

Mein Eindruck: Dr. A. herrscht nach dem Prinzip divide et impera, das kann ich aber hier nicht sagen.

Dr. A. versucht, Sachzwänge anzuführen, es gebe viele neue Mitarbeiter, Dr. B. sei in der neuen Position. Ich versuche, zwischen einer sachlichen Arbeitsebene und der Ebene der persönlichen Beziehungen und Emotionen zu unterscheiden. Nun heftige Auseinandersetzung: Dr. B. will nicht gegen Frau H. ausgespielt werden. Dr. A. habe ihm gesagt, Frau H. habe er (Dr. A.) gesagt, Dr. B. stachele sie gegen ihn auf. Dr. A. kann sich nicht erinnern. Heftig reagiert Frau H.: »Das bringt das Fass zum Überlaufen!« – Dr. A. kennt kein Fass. Ich frage, ob es gut ist, dass Dr. A. bei dieser Auseinandersetzung anwesend ist, was aber bejaht wird. Dr. A.: Dr. B. missachte Anweisungen. Frau H.: Dr. A. traue den Mitarbeitern nichts zu, nur Vorwürfe und Entwertungen. Es werden auch Beispiele dazu gebracht. Dr. B. meint, er sei anfangs mit Wertschätzungen überhäuft worden, inzwischen werde er öffentlich entwertet, dafür werde Frau Dr. I. vorgezogen. Dr. A. weicht immer wieder aus auf eine sachlich-fachliche Ebene, schließlich kommt von ihm eine Art Gegenangriff: Die Chefvisite mit Dr. B. sei ein Horror gewesen, er müsse seine fachliche Qualifikation infrage stellen. Dr. B. weigere sich dezidiert, Assistenzärzte anzuleiten ...

Ich komme mir vor wie in einem Paargespräch, in dem eine Verständigung nicht mehr möglich ist, und sage das auch.

14.3.98

Dr. E. ist in Urlaub, sonst alle anwesend. Nach dem gemeinsamen Gespräch mit dem Betriebsrat und der Geschäftsführung meint Dr. A., es sei viel passiert! Alle anderen dagegen äußern: Es hätte nichts gebracht. Nun schweigt das Team fast eine Viertelstunde lang. Ich habe das Gefühl, Dr. A. steht einem monolithischen, sich verweigernden Block gegenüber. Es herrscht eine bedrückte Stimmung; in der Gegenübertragung fühle ich mich wieder wie in einer Paartherapie, in der sich absolut nichts bewegt. Ich sage, es ist wie die Konfrontation eines Mannes (Dr. A.), der denkt, er könne alles verlieren, und einer Frau (dem Team), die nur gewinnen könne. In der Gruppe wird weiter geschwiegen.

Mein Gegenübertragungsgefühl: Vor drei Wochen war ich auf der Seite der »Frau«, heute dagegen auf der Seite des »Mannes« (Dr. A.). Ich denke jetzt über Dr. B., ob er erst lange scheinkooperiert hat, zwei Jahre lang loyal war und sich in der Leitungssupervision übrigens kaum geäußert hat und jetzt einen Leitersturz inszeniert; oder ist es umgekehrt, Dr. B. wurde von Dr. A. in der Umstrukturierungsphase gebraucht, wird jetzt aber fallengelassen?

Dr. I. hält das Schweigen nicht mehr aus: Sie habe das Gefühl, dass es von Anfang an auf Trennung angelegt sei. Ich sage, Dr. A. müsste sein Schweigen beenden, um sich als Leiter zu behaupten. Darauf Dr. A.: Er habe mit Frau H. detailliert über das Vorgehen in der Ambulanz gesprochen. Frau I.: Dr. A. solle klarer formulieren, was er von den Oberärzten wolle; eigentlich könne es doch weitergehen ... Dr. A. sagt, er jedenfalls wisse, wie es weitergehen könne, aber es gebe keine Entspannung, im Gegenteil, nur Verweigerung ...

Dr. B. findet meine Fantasie von der Paartherapie hilfreich, aber er fühle sich, als ob Dr. A. ihn am ausgestreckten Arm verhungern ließe, und zwar egal, was er tue. Dr. A. habe ihm seit Wochen ein Zwischenzeugnis verweigert und (das finde ich besonders ungeschickt) habe ihn in der Beurteilung für die »leistungsgerechte Besoldung« nur mit einem einzigen positiven Punkt bewertet! Dr. A. jetzt wieder: Dr. B. reagiere nicht auf seine Wünsche, die inhaltliche Arbeit betreffend. Frau H. berichtet, sie habe es nicht mehr ausgehalten, wie Dr. A. mit ihr umgegangen sei, und habe sich an den Betriebsrat gewandt. Jetzt äußert Dr. A. den (paranoiden) Gedanken, die Erwartung sei wohl gewesen, »Mutter« oder »Vater« erschlagen zu können, als das nicht gelungen sei, habe die Enttäuschung darüber zur Verweigerung geführt.

Das ist das aus Leitersturzangst entstandene paranoide Szenario.

Dr. A. sei auch sehr enttäuscht, dass es keinerlei Änderung gebe, auch dass Dr. B. um das Zwischenzeugnis gebeten habe, was als latente Kündigungsdrohung verstanden werden könne. – Die Fronten bewegen sich nicht, deshalb schlage ich eine Einzelsitzung mit Dr. A. vor und frage das Team auch, ob es eine Sitzung ohne Dr. A. für sinnvoll halte.

Es wird ein Einzelgespräch mit Dr. A. vereinbart.

1.4.98

Einzelsitzung mit Dr. A. – Es habe ein Gespräch mit der Geschäftsleitung gegeben, es sei um die mangelnde Mitarbeiterführung durch Dr. B. gegangen, Dr. A. selbst würde viel eher eingreifen. Der Vorwurf war, Dr. A. lobe nicht genug. Es ging in diesem Gespräch weniger um Loyalität Dr. A. gegenüber. Der Auftrag war, Dr. A. solle die Aufgaben der Mitarbeiter klarer definieren und nach drei Wochen wieder berichten. – In der Pionierzeit sei Dr. B. neugierig gewesen, was Dr. A. einbrachte: Wo mischt man sich ein, wo lässt man es laufen, wo ist auch mal ein Machtwort angebracht.

Dr. B. habe wenig davon übernommen, trotz mehrerer Gespräche; er solle sich aktiver um die Mitarbeiter kümmern. Im letzten Jahr habe er Dr. B. zweimal gebeten, den Konflikt zwischen Frau H. und Dr. A. zu moderieren; der habe das einfach nicht getan! – Kaum habe Frau H. die Leitung der Ambulanz übernommen, sei schon die Zahl der Scheine gesunken; Frau H. habe ihn nicht benachrichtigt und als es herausgekommen war, darum gebeten, dass es nicht öffentlich benannt werden solle. Er habe gespürt, dass Dr. B. Frau H. verteidige, das habe zu der Idee geführt, Dr. B. lasse sich benutzen.

Ich sage, Dr. A. habe die Macht, sich durchzusetzen, verloren. Der Machtverlust ließe sich vielleicht durch die Vermischung der harten und der weichen Bereiche erklären. Die harten Fakten (z. B. Scheinzahl) würden mit Gefühlen von mangelnder Loyalität, Parteinahme, Verweigerung vermischt, also mit Beziehungsqualitäten. Wenn sich Dr. B. und Frau H. verbünden würden, würde Dr. A. in beiden Bereichen zurückstecken müssen.

Ich denke, wir reden mehr über die Mitarbeiter als über Dr. A. selbst, finde aber keine Möglichkeit, es anzusprechen.

Dr. A. klagt wieder über Frau H., keine Kommunikation, auch nicht von gravierenden Problemen ... – Ich frage, warum denn keine Verständigung über konkrete Probleme, nachdem sie aufgedeckt sind, entstehe. Vielleicht weil harte und weiche Bereiche vermischt bleiben?

Ich denke, es gibt einen Chefarztstil in der Psychiatrie: Machen-Lassen, lediglich grobe Fehler unterbinden. Der Leitungsstil von Dr. A. ist dem diametral entgegengesetzt. Ich denke auch, die Macht des Leiters kann nur durch die Trennung vom Gegenleiter (Dr. B.) wiederhergestellt werden, dann würde Frau H. auch wieder mitarbeiten. Das kann ich aber hier nicht sagen, das würde ins Team gehören.

Ich sage, das *Gefühl* der Mitarbeiter, nicht gewürdigt zu werden, erstrecke sich auf die harten Bereiche, sodass auch dort verweigert werde. Gegen Ende spreche ich aber doch einen möglichen Anteil Dr. A.s an: Ob er den Spielraum der Mitarbeiter zu sehr einschränke? Zu wenig Freiheit lasse und Eigeninitiative der Mitarbeiter zu wenig anerkenne?

9.4.98

Die Teamsitzung findet ohne Dr. A. statt. Am Anfang herrscht die fröhlichste Stimmung – ganz ungewohnt. Dr. B. findet die Situation verändert, Dr. A. habe sogar »Frohe Ostern« gewünscht, auch Dr. I. findet die Leitungssitzungen angenehmer. Frau H. dagegen findet Dr. A. unverändert, besonders wenn sie mit ihm allein ist. Die Scheinzahlen der Ambulanz seien gestiegen, es kam aber kein Lob. Frau H. meint, Dr. A. sei ein Meister der Spaltung. – Dr. I. erinnert daran, dass alle Mitarbeiter Vorstellungen formulieren sollten, welche Aufgaben die Oberärzte und die Chefärzte hätten, das sei ja der Auftrag vonseiten der Geschäftsführung gewesen. – Frau Dr. E. sagt nun unvermittelt: Dr. A. arbeite nach dem Prinzip »teile und herrsche«. Dann würden sich eben die Gruppen untereinander abstimmen, das würde aber bei Dr. A. als Komplottbildung ankommen. – Jetzt auch Dr. I.: Sie wisse nicht, was Dr. A. wolle, *nichts* sei recht … Sie wolle aber keine »Meuterei auf der Bounty«, das sei nicht ihre Art. Aber Dr. A. formuliere Kritik sehr persönlich, ganz direkt: »Was Sie machen, ist schlecht!« Dabei sei sie, Dr. I., gar nicht in der Schusslinie.

Die Gruppe schweigt, was ich zum Anlass nehme, nach der Bedeutung des hartnäckigen Schweigens in der letzten Sitzung zu fragen. Dr. B. meint, er habe sich anfangs exponiert, nach seinem Eindruck sei jetzt Dr. A. dran gewesen zu sprechen. Er habe vier Wochen vorher körperlich reagiert, weil der »Schlagabtausch« mit Dr. A. keinen Sinn ergebe. Dr. I. sagt jetzt, sie habe einmal eine Chefin gehabt, die immer Kritik geübt hatte, aber immer konkret und nie persönlich. – Also die Beziehung achtend?, frage ich – Ja, und sie hat nie die Kompetenz infrage gestellt, hat nie die Mitarbeiter ausgespielt, nie jemanden benutzt. Als sie hier angefangen habe, sei es ein super Team gewesen, gute Arbeit. Den Eindruck teilt auch Frau E. Das ursprünglich einmal vorgeschlagene gemeinsame wöchentliche Mittagessen klappt wegen allgemeiner Terminschwierigkeiten nicht, dafür aber essen jeden Mittwoch Dr. A. und Frau E. zusammen, das klappt. Dr. A. habe auch die Idee gehabt, einmal in der Woche in der Ambulanz gemeinsam zu essen, aber im Dezember sei sie nicht gekommen, seitdem findet nichts mehr statt. Die Stimmung sei zurzeit schrecklich, man bekomme keinen Bissen herunter, es hagele Kritik. Frau H. sagt nun bedrückt, dass sie keine Hoffnung habe, dass es sich ändere. Dr. B.: Es hat sich schon etwas verändert, aber Frau H. sei jetzt ausgeschlossen.

Frau H. wäre also der Sündenbock zurzeit.
Es entsteht die Fantasie, am Montag zur Leitungskonferenz einen Kuchen mitzubringen. Ich sage, der »Kuchen« passe nicht zur Stimmung, aber könnte nicht ein »Kuchen«, den die Gruppe mitbringt, die Stimmung bessern, im Sinne einer Art Einladung zur Gemeinsamkeit an Dr. A.?

Dritte Phase: Niedergang

28.5.98

Es sind Dr. A., Dr. B., Frau E. und Frau Dr. I. anwesend, Frau H. fehlt. Dr. A. verkündet mit einem geradezu zufriedenen, wenn nicht sogar triumphierenden Lächeln: Frau H. gehe, sie leite die Ambulanz nicht mehr, er selbst habe das übernommen. Dr. B. äußert bedrückt: Schade, er habe gehofft, durch die Supervision einen Neustart der Zusammenarbeit zu erreichen, zumal die Atmosphäre sich seiner Meinung nach gebessert habe. – Frau Dr. I. äußert die Sorge, dass alles auseinanderbricht. Ich frage, ob diese Entscheidung konstruktiv oder destruktiv sei? Habe Dr. A. durch die Kündigung endlich Leiterfunktion wahrgenommen oder stecke die Paranoia des Leiters dahinter? Frau E.: »Wann kommen wir denn endlich zur Gemeinsamkeit …?« Ich insistiere: Wie denn die Identifikationen mit dem »Opfer« seien? Oder auch mit dem Leiter, Dr. A. Wie denn die Fantasien der Anwesenden seien; wenn man sie nicht äußere, gebe es sicher ein nächstes Opfer.

Mit Verwunderung stellen Dr. A. und Dr. B. fest, dass sie die Visite heute morgen völlig gegensätzlich erlebt haben, Dr. A. fand die Zusammenarbeit katastrophal, Dr. B. ganz passabel …

Ich sage, Dr. A. wolle möglichst viel allein machen. Aus Sorge, auch noch Dr. B. zu verlieren, könnte er doch Großzügigkeit und Wohlwollen entwickeln – das Gegenteil sei der Fall. *Mir reicht es irgendwie, und ich schildere meinen Eindruck der Szene*: Dr. A. sei dominant, er fühle sich im Recht, Dr. B. kriege keine Schnitte. Nun sagt Dr. A., Dr. B. habe schon lange durchblicken lassen, dass er vielleicht kurzfristig kündigt, daher auch das verlangte Zwischenzeugnis. Jetzt schildert er den Kontakt zu einer Assistenzärztin in den höchsten Tönen, gerade als wäre es ihm recht, wenn Dr. B. ginge. Frau Dr. I. äußert zum Schluss, sie sei ja nicht so in der Kritik, aber das, was Dr. B. abkriege, könnte sie nicht aushalten; es sei ausweglos.

20.6.98

Die gleiche Zusammensetzung des Teams wie in der Vorsitzung. – Dr. B. beginnt: Er habe gekündigt, gehe spätestens zum 30.9., wenn er könne, schon früher. Dr. A. meint, er wolle, dass Dr. B. so lange bleibe, er wünsche sich nicht *noch mehr* Probleme … Dann folgt ein Hickhack, wer es wem wann gesagt haben soll.

Frau Dr. I.: Schade, es sei doch eine gute Zusammenarbeit, eine gute Beziehung zu Dr. B. gewesen. Auch Dr. B. findet es schade, aber es sei nicht mehr aushaltbar gewesen. Mit vielen habe er sehr gut zusammengearbeitet. Ich finde es schade, dass die Zusammenarbeit der Pionierzeit nicht übertragen werden konnte. Dr. A.: Es sei nicht gelungen, Dr. B. den nötigen Entwicklungsraum zu geben, es sei keine Kommunikation über die verschiedenen Leitungsstile erfolgt. *(Hier scheint Dr. A. vorübergehend die Leitung der Supervisionsgruppe zu übernehmen, während ich mein Bedauern zusammen mit den Mitgliedern ausdrücke.)*

Dr. B. sieht das anders, er habe zweieinhalb Jahre lang den Entwicklungsraum gehabt, aber dann seien die Konzepte zu divergent gewesen, ihm sei der Entwicklungsraum genommen worden. Dr. A. entgegnet, Dr. B. habe seinen Stil entwickelt, aber dann sei ein Gespräch nicht mehr möglich gewesen. Dr. B. unversöhnlich: Seine Bemühungen seien nicht gesehen, kein gutes Haar sei an ihm gelassen worden.

Meine Gedanken aufgrund meiner Gegenübertragung: In Gruppen, die ich leite, hätte ich eine große Angst, dass die Gruppe sich auflösen könnte. Hier fühle ich mich jedoch wie ein kompetenter Chirurg, der eine riskante Operation gewagt hat (»alles versucht ...«), wobei dann aber doch die Krankheit gesiegt hat. Später werde ich wohl Zweifel haben, ob ich nicht doch anders, direktiver, aktiver, autoritärer hätte agieren müssen.

Nun auch Dr. A. unversöhnlich: Er fühle sich grundlegend infragegestellt »bei allem, was doch entstanden ist«, Gefühl auch, von Dr. B. nicht akzeptiert zu werden, obwohl er, Dr. A., sich doch so engagiert hat. Das beiderseitige Gefühl ist völlig identisch: Beide fühlen sich »grundlegend« vom jeweils anderen nicht gewürdigt, wieder wie ein unversöhnliches Ehepaar. Ich bringe noch einmal den Spielraum ins Spiel, der gegenseitig gewährt werden müsse; wenn auch der »Kanzler« die Richtung bestimme, müsse der Minister doch seinen Entscheidungsraum bekommen. Anscheinend sei eine »große Koalition« hier auseinandergefallen.

Ich spreche Frau E. an, die ganz verstummt ist, sie antwortet: »Was soll ich hier«, sie könne ebenfalls gehen ... – Noch jemand?, frage ich. – Frau E. resigniert, sie traue sich keine Meinung zu. *Schon damals hat Dr. D. denselben Satz gesagt.*

Frau Dr. I. verstummt vor Hoffnungslosigkeit. Sie habe es jedenfalls *nicht* erlebt, dass der Leitungsstil von Dr. A. grundlegend kritisiert worden wäre ...

Dr. A. meint, es hätte ja Gespräche mit dem Betriebsrat und der Geschäftsführung gegeben.
Dr. B. wirft ein, er habe sich aus Sorge an die Geschäftsführung gewandt. Nachdem Dr. A. die Leitung übernommen hatte, habe er beobachtet, wie der neue Stil sein werde, zuerst habe es keine große Diskrepanz zu den eigenen Vorstellungen gegeben, das habe sich aber geändert ...

Der nächste vereinbarte Termin wurde von Dr. A. ja schon vorher wegen Terminschwierigkeiten abgesagt. Meine von ihm gewünschten neuen Terminvorschläge konnten sämtlich wegen Urlaubs- und Fortbildungsterminen nicht angenommen werden. Einen dieser Termine aber wollte Dr. A. für ein Einzelgespräch wahrnehmen.

22.8.98 Einzelsupervision Dr. A.

(Die Aufzeichnungen sind sehr verkürzt, da ich anders als sonst nicht während der Sitzung stichwortartig mitgeschrieben, sondern nachträglich Notizen gemacht habe.)
Es entsteht ein Bild von der zu kurzen Leine: eingeengter Spielraum für die Mitarbeiter. Und eine neue Idee: Vielleicht hat Dr. A. anfangs die Leine viel zu lang gelassen, keine Vorgaben gemacht, zu sehr abgewartet und zu wenig kontrolliert. Daher der fatale Ablauf, als er »die Zügel angezogen hat«. Nach dem Eindruck von Dr. A. habe er »mit Engelszungen« Rückmeldungen auf die Aktivitäten der Mitarbeiter gegeben. Auf der anderen Seite steht die Persönlichkeit von Dr. B., die leider in sehr negativem Sinne dazu passt: lange kooperieren und gar nichts sagen, dann aber gleich zur Geschäftsführung oder zum Betriebsrat gehen. Immerhin erfolgt eine Einsicht durch Dr. A.: Er habe wohl wenig Spielraum gelassen, weil Dr. B. als Mit-Leiter zu dicht dran war, bei Mitarbeitern der unteren Ebenen könne Dr. A. viel gelassener sein.
Die vorgeschlagenen Termine konnten ja nicht wahrgenommen werden. Dr. A. wollte sich melden, um weitere Termine zu planen. Ich habe jedoch nichts mehr von ihm gehört.

Diskussion

Ein analytisches Vorgehen in der Supervision bedeutet: Aufdecken von unbewussten Fantasien und Motiven, die das Verhalten zwischen Beteiligten beeinflussen oder gar bestimmen, das Integrieren dieser Kräfte, um die Hindernisse, die einer konstruktiven Zusammenarbeit entgegenstehen, zu beseitigen. Das bedeutet auch, auf die Beziehungen zu achten in ihren konstruktiven und destruktiven Anteilen, gerade auch in den unbewussten Wünschen und Erwartungen, die aneinander gerichtet werden. Ratschläge oder Anweisungen sind nicht vorgesehen und werden in der Regel auch nicht erwartet; es geht, wie im vorliegenden Fall, bei einer so beziehungsintensiven Arbeit mit psychisch Kranken auch nicht um Handlungsanweisungen oder Problemlösungen. Der Auftrag lautete dementsprechend auch: »analytische Supervision«. Meine »Methode« also war, selektiv zum geeigneten Zeitpunkt auszusprechen, was ich aus der Distanz des Beobachters, jedenfalls des nicht direkt Beteiligten heraus sah oder zu sehen meinte, um zu beobachten und gegebenenfalls wieder für eine Intervention zu verwenden, was positive, negative oder gar keine Veränderungen bewirkt hatte.

Im Prozess der beschriebenen Supervision, die sich über drei Jahre erstreckte und leider ein unangenehmes und für mich peinliches Ende nahm, lassen sich deutlich drei Phasen unterscheiden: In einer ersten Phase des Aufbaus, der Umstrukturierung, wurde die Integration und Positionierung des neuen Leiters der Abteilung begleitet. Eine zweite Phase kann man Konsolidierung der Macht und misslingende Integration nennen. Eine dritte Phase war die des Niedergangs. In der ersten Phase ging es um die Übernahme, Überprüfung und teilweise Modifikation der vorgefundenen Strukturen, auch um die Positionierung im und Umstrukturierung des Umfeldes der Gesamtinstitution. Konflikte innerhalb des Leiterteams, besonders zu erwartende Differenzen mit dem neuen Leiter, kamen erst einmal nicht an die Oberfläche. In der zweiten Phase dann wurden die Konflikte offen ausgetragen, besonders nachdem die Leitungssupervisionsgruppe verkleinert worden war; es gab sozusagen nicht mehr so viel hemmendes »Publikum«. Zwei Hauptkonflikte kamen ans Licht: Einmal das sozusagen kindliche, aber doch in diesem Zusammenhang realistische Bedürfnis nach Anerkennung und Lob für die geleistete kooperative Arbeit, zum anderen ging es um Macht, nämlich wer in welchem Bereich einen Spielraum für individuelle Gestaltung und Entscheidungen beanspruchen könne. Das waren berechtigte Ansprüche, handelte es sich doch um erfahrene Fachkräfte, die wiederum den in der Hierarchie untergeordneten Ebenen gegenüber Führungsaufgaben zu erfüllen hatten.

Die Auseinandersetzung um diese naturgemäß zu erwartenden Konflikte mit dem Leiter hatte aber auch im weiteren Verlauf keinen positiven

Ausgang. Die Hauptursache dürfte im Aufeinandertreffen zweier Persönlichkeiten liegen: Dr. B. war schon längere Zeit in der Klinik als Oberarzt tätig, als ihm Dr. A. von außen kommend vorgesetzt wurde. Für eine lange Zeit der »Umstrukturierung« gingen beide eine produktive Symbiose ein: Dr. B. profitierte von der größeren Erfahrung und den neuen konzeptuellen Vorstellungen des Älteren. Dr. A. profitierte von Dr. B.s besserer Kenntnis der vorgefundenen Verhältnisse. Als dann die Umstrukturierung und die Auseinandersetzung mit der institutionellen Umgebung ausgestanden war, auch neue Mitarbeiterinnen hinzugekommen waren, kam es unvermeidlich zu Konflikten zwischen Selbstbehauptung bzw. Selbstdefinition und Loyalität auf der Oberarztebene, sowie Weisungsbefugnis, letztlicher Verantwortung und Macht und Spielraum-Gewähren auf der Seite des Chefs. Während sich anfangs Dr. B. eher zurückhaltend kooperativ und nehmend verhielt, übermäßig loyal und auf eigene Meinung und Konzepte verzichtend (was sich auch in seinem zurückhaltenden Verhalten in der ersten Phase der Supervision spiegelte), schlug sein Empfinden und Verhalten angesichts größeren Selbstbewusstseins und wachsenden Konkurrenzdrucks durch die neuen Mitarbeiter in eine ambivalente, latent aggressive Haltung dem Vorgesetzten gegenüber um. Sollte sich Dr. A. durch die ziemlich autoritär durchgesetzte Installation der Chefarztposition für Dr. B. eine größere Unterordnung versprochen haben, musste er enttäuscht werden, da er gerade das Gegenteil erreichte. Dr. B. fühlte sich mit Recht aufgewertet und beanspruchte größere Gestaltungsmacht.

Die Hauptverantwortung für den unglücklichen Ausgang trägt aber zweifelsohne Dr. A. Seine Führungsschwäche ist klar in seiner narzisstisch-paranoid zu nennenden Persönlichkeit zu sehen, mit der er neue Mitarbeiter (anfangs besonders auch Dr. B.) aufbaute und narzisstisch bestätigte, auf deren wachsende Selbstständigkeit und Emanzipationsbedürfnisse er aber aufgrund eigener Selbstunsicherheit autoritär-restriktiv antwortete. Um nur ja niemanden neben sich zu haben, der ihm gefährlich werden könnte, entwertete er die doch eigentlich benötigten Mitarbeiter und fühlte sich am sichersten, wenn er alles allein machte und so unter Kontrolle behielt. Die Dynamik ähnelt einer spezifischen in Familienunternehmen, in denen der patriarchalische Senior-Chef zwar seinen von langer Hand als Kronprinz aufgebauten Sohn als neuen Firmenchef installiert, sich aber weitgehende Befugnisse und überkommene Seilschaften sichert, mit deren Hilfe er jede eigenständige Aktivität des Sohnes sabotiert, auch wenn es zum Schaden des Unternehmens oder gar zu seinem Untergang führt.

Die Phase des Niedergangs begann, als ein erstes Opfer zu beklagen war: Dr. A. kündigte einer Mitarbeiterin, und sein geradezu triumphierendes, wenigstes aber erleichtertes Lächeln zeigte an, dass er eher glaubte, eine Feindin besiegt, als eine Mitarbeiterin verloren zu haben. Ihr Ausscheiden lag sicher auch daran, dass sie eine Sündenbock-Position bekommen hatte, also dass die in der Gemeinschaft enthaltene Aggression auf sie gelenkt wurde, die eigentlich gegen die Leitung gerichtet war. Leider konnte diese Dynamik in der Supervision nicht so bearbeitet und bewusst gemacht werden, dass sie aufgehalten werden konnte. Ein weiterer Schritt war die Kündigung durch Dr. B., sicher motiviert durch die Starrheit des Vorgesetzten, aber auch als Enttäuschungsreaktion und als Ausdruck einer unbewussten ambivalenten Übertragung auf eine Vaterfigur zu sehen.

Ein struktureller Anteil am vorläufigen Scheitern der Umstrukturierung liegt sicher in den unentwirrbaren Macht- und Rivalitätsverhältnissen des Gesamtklinikums, durch die Integration, Selbstfindung und Selbstbehauptung der psychiatrischen Abteilung behindert wurden, zumal diese einerseits zwar Geld einbrachte, andererseits aber nicht als richtig zum medizinischen System zugehörig empfunden wurde.

Betrachtet man das Schicksal des Supervisors, kommt man nicht umhin, Parallelen zum Prozessverlauf zu erkennen. Wie Dr. B. von Dr. A. wurde ich zunächst gebraucht und meine Begleitung und aufdeckende Arbeit geschätzt, wurde dann aber in der zweiten Phase zunehmend als illoyaler Gegenleiter gefürchtet, was sich besonders in der ersten Einzelsupervision zeigte: Durch die Klagen auch hier über die Mitarbeiter wollte sich Dr. A. sicher unbewusst *meiner* Loyalität versichern, und erlebte mich wohl in dem Moment als feindlich, in dem ich auf seinen Anteil an der Dynamik zu sprechen kommen wollte. Wie es in der leider unaufhaltsamen Dynamik mit zwei Mitarbeitern geschah, die in gewissem Sinne geopfert wurden, nahm auch mein Schicksal seinen Lauf, und ich wurde wortlos, kalt abserviert, sozusagen getötet.

Misst man den Verlauf und das unglückliche Ende an den eingangs definierten Zielen einer analytischen Supervision, dann handelt es sich sicher um ein Scheitern. Andererseits hat die Gruppe und der eine oder andere Einzelne in ihr sicher eine Entwicklung durchlaufen; der Prozess wurde in der Supervision ständig reflektiert, und dadurch wird manch einer der Mitarbeiter auch profitiert haben. Dr. D. zum Beispiel, der anfängliche Rebell, hat schließlich den Machtkampf aufgeben und sich auf seine eigentliche Aufgabe der Patientenbetreuung besinnen können. Zum großen

Teil sind ja die Vorstellungen des neuen Chefarztes auch angenommen worden. Immer wieder haben die Mitglieder des Teams in der Supervision Hilfe und Unterstützung in der Realitätsprüfung bekommen, wie nämlich das Verhalten des Chefarztes zu bewerten sei, und dass es auch erlaubt sei, es nicht unbedingt zu akzeptieren, Gegenmeinungen zu äußern, notfalls auch Konsequenzen zu ziehen.

Hätte ich etwas (anderes) *tun* können? Beraten, Ratschläge geben, regulieren, anordnen, strukturieren, intervenieren? Ich wollte doch nur *sein*, ein interessierter Beobachter, Begleiter sein, wohlwollend-neutraler Aufdecker und Interpret der (unbewussten) Dynamik. All das hat aber nicht ausgereicht, den unaufhaltsamen, einer antiken Tragödie gleichenden Ablauf wirksam zu beeinflussen. Besonders mein unrühmliches Ende, gegen das ich auch nichts *tun* konnte, erfüllte mich mit Scham. Denn das ist nicht meine Art, ohne jede Trennungsbearbeitung eine Gruppe zu verlassen, die entstandenen Beziehungen missachtend mich aus dem Staub zu machen, aber es war natürlich nicht möglich, eine Trennungsarbeit zu erzwingen. Die »Macht der Analyse« war also letztlich nicht groß genug, um gegen die Macht einer narzisstischen Leiterpersönlichkeit ein genügendes Gegengewicht zu bilden.

Literatur

Elgeti, R. (2001): Kreativität und Scheitern als Dimensionen der Freiheit. In: Schlösser, A.-M. & Gerlach, A. (Hg.): Kreativität und Scheitern. Gießen (Psychosozial-Verlag), S. 53–67.
Freud, S. (1916): Einige Charaktertypen aus der psychoanalytischen Arbeit. GW X, S. 363–391.
Hirsch, M. (1997): Schuld und Schuldgefühl. Zur Psychoanalyse von Trauma und Introjekt. Göttingen (Vandenhoeck & Ruprecht).

Teil II
Aus dem Blick geraten

Körperlichkeit und Supervision

Die Arbeit mit Menschen aus »Fleisch und Blut« –
»versehrt« und »unversehrt«

Marga Löwer-Hirsch

Einführende Gedanken

Wir haben ein Körpergedächtnis, ein leibliches Gedächtnis, das die Basis unserer Persönlichkeit bildet. Unsere persönliche Identität, Persönlichkeit und das, was wir Charakter nennen, beruht, wie es Fuchs (2000) ausdrückt, auf einer leiblichen Selbstvertrautheit, einem leiblichen Gedächtnis. Obwohl, wie Norbert Elias (1977) hat zeigen können, im Prozess der Zivilisation der Körper mehr und mehr in Haltung und Bewegung einer Formung unterworfen wurde, um die Trieb- und Affektkontrolle des Individuums zu erhöhen, drückt er in weiten Teilen unser So-Sein aus, was sich unserer bewussten Kontrolle entzieht. Kontrolliert wird aber nicht nur, was anderen von mir gezeigt werden soll oder nicht, sondern auch vor mir selber finden Versteckspiele statt, d. h. mein Körper kann etwas ausdrücken, was mir selbst nicht bewusst ist und nur durch Spiegelung von außen bewusst werden kann. Er zeigt etwas, was dem Bewusstsein nicht freigegeben ist. Der Körper kann krank werden, Symptome zeigen und auch diese können als leib-seelisches Kontinuum verstanden werden, ohne dass ein einfacher Ursache-Wirkungsmechanismus zugrunde gelegt werden müsste.

Körperhaltung, Mimik, Ausdruck, Sprechen, etc. zeigen oder verraten etwas von uns und über uns. Da nimmt es doch wunder, dass in der Supervisionsliteratur so selten über den Körper und seinen Ausdruck gesprochen wird, vielleicht sogar in den Supervisionen selbst wenig, fast so als gäbe es da ein Tabu, als sei da etwas schambesetzt. Der Körper und die Körperlichkeit lassen sich nur teilweise »verstecken«, schon kaum unsere Regungen und der Ausdruck unserer Gefühle. Der Körper drückt manchmal mehr aus, als uns lieb ist. Wenn in der Supervision ein Teammitglied z. B. beteuert, dass es sich gar nicht gekränkt fühlt, aber der Körper etwas anderes ausdrückt oder sich ein anderes Teammitglied freut, dass eine Kollegin schwanger geworden ist und in Erziehungsurlaub gehen wird, aber der Gesichtsausdruck keine Freude ausstrahlt, dann hat der Körper gesprochen. Dies gilt auch für die Supervisorin in ihrer Leiblichkeit und Supervisanden werden manches Mal im Ausdruck der Supervisorin etwas spüren, was dieser selbst nicht bewusst ist.

Die Individualität des Menschen ist bei allen Wünschen nach Trieb- und Affektkontrolle auch in seiner körperlichen Eigenart verankert, was wir nicht missen möchten, solange unser Körper »unversehrt« ist. Wie kann nun Körperlichkeit im Supervisionskontakt zur Sprache kommen und dabei sowohl die Sprachlosigkeit über den »intakten« als auch den »beschädigten« Körper gelockert werden?

Einführung

Mit einigen grundsätzlichen Überlegungen zur Verquickung von Körper, Seele und Kultur möchte ich beginnen und dabei auf die narzisstische Thematik, die mit unserer Körperlichkeit unweigerlich verbunden ist, eingehen. Dann werde ich das Wertethema und altruistische Haltungen in der Rehabilitationsarbeit streifen, um abschließend an einer Fallvignette aus der Gerontopsychiatrie auszuführen, wie Soma und Psyche in ihrer dialektischen Verquickung in den Blick genommen werden können.

Ein weites Feld: unser beseelter Körper, lebendig und verletzlich im Kulturraum, ausgestattet mit geistigen Anlagen und Fähigkeiten, erworben in den langen Jahren der Menschwerdung.

Thomas Mann hat die Geschichte der Menschwerdung in seinem Roman *Joseph und seine Brüder* eingeleitet mit den wunderbaren Worten: »Tief ist der Brunnen der Vergangenheit. Sollte man ihn nicht unergründlich nennen?« (Mann 1948, S. 7).

Er nennt das Menschenwesen ein Rätselwesen, dessen Geheimnis das A und O all unseres Redens und Fragens sei. Ich zitiere weiter:

> »Da denn nun gerade geschieht es, dass, je tiefer man schürft, je weiter hinab in die Unterwelt des Vergangenen man dringt und tastet, die Anfangsgründe des Menschlichen, seiner Geschichte, seiner Gesittung, sich als gänzlich unerlotbar erweisen und vor unserem Senkblei, zu welcher abenteuerlichen Zeitenlänge wir seine Schnur auch abspulen, immer wieder und weiter ins Bodenlose zurückweichen« (ebd., S. 7).

Und während Thomas Mann das Senkblei in die Entstehungsgeschichte der Menschheit mit ihren Mythen senkt, trifft er auf die Verquickung von Körper und Seele, um dem Seelischen im Körperlichen seinen gebührenden Raum zu geben:

> »[…] dass die Verquickung von Körper und Seele weit inniger, die Seele etwas viel Körperlicheres, die Bestimmbarkeit des Körperlichen durch das Seelische viel weitgehender ist, als man zeitweise zu glauben gewusst hat« (ebd., S. 196).

Diese Erkenntnis Thomas Manns führt zur Überlegung, dass alle Menschen, versehrt und unversehrt, zwangsläufig ein zwiespältiges Verhältnis zu ihrem Körper haben. Es bedingt sich durch die Tatsache, dass wir alle *kulturelle* Wesen sind.

Kultur

Unser Leben spielt sich in einem Kulturraum ab mit all seinen zivilisatorischen Fortschritten. Kultur, ursprünglich die Pflege des Ackerbodens, kann definiert werden als die Pflege und Verbesserung der leiblich-seelisch-geistigen Anlagen des Menschen. Aber wie der Boden pfleglich und fruchtbar genutzt oder brutal ausgebeutet werden kann, so kann wohl auch der Kulturraum als Gesamtheit der Lebensbekundungen, Leistungen und Werke eines Volkes, einer Familie, einer Gruppe, sich mehr oder weniger bekömmlich gestalten und entwickeln. Nun können wir im kulturellen Kontext die Frage stellen, was die Menschen durch ihr Verhalten als Zweck und Absicht ihres Lebens erkennen lassen, wie Freud (1930) es in *Das Unbehagen in der Kultur* formuliert hat. Seine Antwort war, genau wie es auch der Dalai Lama formuliert hat, das Glück. Freud sagt: »Sie streben nach dem Glück, sie wollen glücklich werden und so bleiben« (1930a, S. 433). Aber dies sei eine zweischneidige Angelegenheit. Die Zweiteilung der Ziele, einerseits Abwesenheit von Schmerz und Unlust und andererseits das Erleben starker Lustgefühle berge eine Schwierigkeit. Wenn Glück, wie Freud es definiert, vor allem im Dienste des Lustprinzips steht, dann können wir nur den Kontrast intensiv genießen, denn »jede Fortdauer einer vom Lustprinzip ersehnten Situation ergibt nur ein Gefühl von lauem Behagen« (ebd.). Hier passt dann auch ein Ausspruch Goethes hinein, den Freud zitiert, dass nichts schwerer zu ertragen sei, als eine Reihe von schönen Tagen (ebd., S. 434).

Unsere Glücksmöglichkeiten sind also schon konstitutionell beschränkt, und hier kommt auch der Körper mit ins Spiel. Freud führt aus, dass das Leiden von drei Seiten droht, »vom eigenen Körper her, der, zu Verfall und Auflösung bestimmt, sogar Schmerz und Angst als Warnsignale nicht entbehren kann, von der Außenwelt, die mit übermächtigen, unerbittlichen, zerstörenden Kräften gegen uns wüten kann, und endlich aus den Beziehungen zu anderen Menschen« (ebd., S. 434). Denken wir nur an die Ubiquität von Kriegen mit ihren zerstörerischen Kräften. In seinem Briefwechsel mit Einstein zur Frage »Warum Krieg?« hat Freud 1932 ausgeführt, dass wohl keine Aussicht besteht, die aggressiven Neigungen der Menschen abschaffen zu können, sondern es vielleicht gelingen könnte, die Aggressionsneigung so weit abzulenken, dass sie nicht ihren Ausdruck im Krieg finden muss. Ein Ausweg könne sein, dem Eros, dem Lebenstrieb, mehr Raum zu verschaffen. Er führt aus: »Alles, was Gefühlsbindungen unter den Menschen herstellt, muss dem Krieg entgegenwirken« (Freud 1932, S. 23). Das deckt sich deutlich mit den empirischen Ergebnissen der modernen Bindungs- und Säuglingsforschung, dass destruktive Aggression erst dort entsteht, wo die ursprünglichen Bedürfnisse der Kinder nach Bindung, Beziehung, danach, etwas zu entdecken (Neugier) und Bewirken-Wollen, ein konstruktives Bemächtigen-Wollen von Welt, missachtet werden.

Verleugnete narzisstische Kränkungen in der Arbeit mit Behinderten

Ich möchte noch einmal zurückkommen auf den weiter oben verfolgten Gedankengang, dass wir Menschen auch ohne Körperbehinderung ein zwiespältiges Verhältnis zu unserem Körper haben, weil wir mit Beschränkungen und Begrenzungen unserer Wünsche und unserer Endlichkeit leben müssen. Ob sich die Begrenzungen jedoch konstruktiv oder destruktiv auswirken, hängt stark von zwischenmenschlichen Erfahrungen ab. Dabei müssen wir eine Balance zwischen widersprüchlichen Polen finden. Nietzsche drückt es im *Zarathustra* mit den poetischen Worten aus: »Der Leib ist eine große Vernunft, eine Vielheit mit *einem* Sinne, ein Krieg und ein Frieden, eine Herde und ein Hirt« (Nietzsche 1891). Dass der behinderte Körper aber eine ganz besondere narzisstische Kränkung bedeuten kann, leitet sich aus unserem Kulturationsprozess ab, denn zu einer der kulturellen Anforderungen gehört nach Freud (1930a) die Schönheit, die normiert beurteilt wird. Die MitarbeiterInnen in Rehabilitations- und Behinderteneinrichtungen könnten angesichts der Arbeit mit körperbehinderten Menschen besondere Mühe haben, ihren gesunden Narzissmus zu leben. Der eigene »gesunde« Körper, von der körperbehinderten Klientel vielleicht der Elite zugerechnet, darf eigentlich nicht sein, um die Kränkung der Behinderten zu mindern. Andererseits kann es ein besonderes Befriedigungsgefühl oder elitäres Bewusstsein erzeugen, sich Hilfsbedürftigen, häufig den von der »Normalbevölkerung«, den »Gesunden«, Ausgestoßenen zu widmen. Dabei ist es aber wiederum ambivalent besetzt, mit einer Klientel zu arbeiten, die um gesellschaftliche Anerkennung ringen muss. Was läge nicht näher, als sich mit der Klientel zu verbünden, um diesem Spannungsfeld zu entkommen. Die bewusst altruistische Haltung »Edel sei der Mensch, hilfreich und gut«, würde die unbewusste narzisstische Kränkungsthematik verdecken, denn soziale Arbeit evoziert immer eine Mischung aus Dankbarkeit und Wut. Die so »Behandelten« müssten sich auf ein Podest gehoben fühlen, das an ihrer Wirklichkeit vorbeigeht. Andererseits wäre es ein fataler elitärer Gedanke, auf nicht mehr als die Wiederherstellung eines funktionierenden Körpers abzuzielen. Das entspräche dann genau dem Klischee, dass nur in einem gesunden Körper ein gesunder Geist hausen könne. Das Diktum aus der Römerzeit »mens sana in corpore sano« ist längst widerlegt, nicht nur durch so spektakuläre Beispiele wie das des Astrophysikers Stephen Hawking. Dennoch ist unser Körper ein »Fenster zur Welt«. Mit diesem Widerspruch müssen wir uns auseinandersetzen.

Das Wertethema, altruistische Haltungen, Scham und Schuld

Freud führte aus, dass das Moralische sich ja von selbst verstehe, wohingegen die heutige Psychoanalyse den Stellenwert von moralischen Haltungen und Werten als integralen Bestandteil von Erfahrungen problematisiert (vgl. Lichtenberg et al. 1992).

In der psychoanalytischen Theorie gibt es die Unterscheidung, dass Scham aufgrund des Versagens den eigenen Wertvorstellungen gegenüber (Ich-Ideal), Schuld dagegen eher durch eine innere Verurteilung, den eigenen moralischen Normen nicht zu entsprechen (Über-Ich Problematik), entsteht (vgl. Lichtenberg et al. 1996, S. 429). Die Säuglings- und Bindungsforschung hat jedoch versucht nachzuweisen, dass Entmutigung, Scheu, Scham und Schuld identische Affekte sind, die unterschiedlich erlebt werden, aber dem gleichen angeborenen Programm entstammen und mit vorübergehenden Niederlagen assoziiert sind. Im Folgenden spreche ich von Scham- und Schuldgefühlen, die sowohl Professionelle, wie die Klientel mehr unbewusst als bewusst bewegen könnten. Anlässe für Scham- und Schuldgefühle könnten dabei ein *Versagen physiologischer Anforderungen* sein (z. B. Abweichen von einem Trainingsprogramm, Nichterreichen von Zielen), ein *Versagen in der Bindung* (Termine werden nicht eingehalten, Zusagen und Verabredungen platzen, ein Kuraufenthalt bringt nicht den erwünschten Rehabilitationsfortschritt), ein *Versagen des Explorations- und Selbstbehauptungswunsches* (man verliert z. B. den Krieg) oder ein Versagen in der *Suche nach sinnlicher oder sexueller Befriedigung* (ein ganz heikles Thema in der Rehabilitationsarbeit).

In der Arbeit mit körperbehinderten Menschen verbindet das Scham- und Schuldthema die Professionellen mit ihrer Klientel. Der nicht funktionierende Körper kann bei den behinderten Menschen große Scham- und Schuldkonflikte auslösen in dem Sinne, dass nicht nur der Körper, sondern man selbst als ganzer Mensch »falsch« sei. Bei den Professionellen können Scham- und Schuldgefühle ausgelöst werden: Dass man immer noch nicht genug getan hat, um zu helfen. In diesem Spannungszustand gegenseitiger Kränkbarkeit entstehen Aggressionen. Der häufig schuldhafte Umgang mit den eigenen Aggressionen oder Aversionen kann dann im Kontakt mit den Klienten autoritär ausgelebt oder aber – mit einem permanenten Versagensgefühl – gegen sich selbst gekehrt werden. Lewis (1991; s. bei Lichtenberg et al. 1996, S. 431) hat beschrieben, wie wiederholte Schamerfahrungen sehr wahrscheinlich entweder durch Wut oder durch Depression ersetzt werden. Auf Patientenseite ist das Dasein als Patient oder Klient an sich häufig schon Auslöser für Schamgefühle, die aber selten bewusst sind oder benannt werden. Scham ist ein zentrales Element in der Erfahrung von niedrigem Selbstwert und wird somit zwangsläufig Auslöser depressiver Zustände. Hier verbinden sich das Wertethema und moralisch-altruistische Haltungen mit dem narzisstischen Thema. Ein zu hoher Anspruch wirkt sich dann sozusagen demoralisierend aus.

Gerontopsychiatrie – ein Fallbeispiel

Das Spannungsfeld Soma, Seele, Geist und die Gefahr des dinghaften Behandelns des Körpers soll folgend am Fall erläutert werden.

Die Entfremdung von uns selbst kann an und mit unserem Körper geschehen. Er kann wie ein fremdes Objekt behandelt oder gar misshandelt werden und steht dann für einen seelisch abgespaltenen Teil (vgl. Hirsch 1989). Der zeitgenössische Medizinbetrieb macht es uns dabei nicht leichter. Die Medizin mit ihrer Spaltung in eine somatische Medizin und in eine Seelenmedizin, wobei die Randständigkeit der psychosomatischen Medizin nicht zu übersehen ist, spiegelt natürlich auch den Wunsch vieler Patienten wider, im wörtlichen Sinn *behandelt* zu werden. Es soll etwas gemacht werden, die Symptome sollen wegtherapiert werden, am liebsten mit Rezept und klaren Verhaltensregeln. Das Verstehen-Wollen der leib-seelischen Ganzheit eines Patienten oder Klienten muss mühsam eingefordert werden. Es ist nicht mein Anliegen, die naturwissenschaftliche Medizin zu verteufeln. Sie kann sehr wohl erst einmal eine Entlastung bieten. Hat sie doch in ihrer Entstehungsgeschichte den Zusammenhang zwischen Krankheit und Schuld als eine von Gott auferlegte Bestrafung durchtrennt. Sowohl für somatisch Erkrankte und behinderte Menschen, wie auch für die Insassen von Irrenanstalten kam es einer Befreiung gleich, nicht mehr Büßer und Schuldige sein zu müssen. Hier hat die klassische Medizin in den letzten hundert bis zweihundert Jahren eine Funktion der Aufklärung und Emanzipation in unserer Gesellschaft übernommen. An die Stelle des verkürzt-trivialen psychosomatischen Erklärungsversuchs im Mittelalter, in dem Krankheit im religiös interpretierten Gesamtzusammenhang menschlichen Lebens gesehen wurde und die Kausalkette *Ursächliche Schuld bewirkt Krankheit und Tod* (Buchinger 1998, S. 592) aufgestellt wurde, bietet die naturwissenschaftliche Medizin eine ungleich mehr entlastende Trivialisierung an, indem sie »Krankheit auf ein erfassbares und ebenso behandelbares Organgeschehen reduziert« (ebd.). Wie kommen wir nun mit dem Dilemma zurecht, dass einerseits die klassische Medizin mit ihrem Ursache-Wirkungs-Modell eine hohe Entlastungsfunktion hat und die Erfolge und Fortschritte kaum zu übersehen sind, andererseits aber eine vollständig auf das Funktionieren des Körpers beschränkte Behandlung zu kurz greift? Dieses Dilemma, das seinen Niederschlag in der Spaltung der Systeme Organ- und Seelenmedizin hat, scheint mir nicht unähnlich dem Dilemma, in dem wir als Personen, als Menschen stehen. Wir haben einen Körper und wir sind ein Körper. Wir erleben sowohl die Spaltung als auch die Einheit. Wünschenswert wäre, dass die Spannung in der Spaltung ausgehalten werden könnte mit dem Wissen, dass der lebendige Körper nicht wie eine Maschine funktioniert, obwohl es Funktionszusammenhänge gibt.

Wir können uns dem Rätselwesen Mensch, wie Thomas Mann es beschrieben hat, nur mit dem Senkblei annähern. Es geht nicht um kausales und oft auch autoritäres Denken mit den Kategorien richtig und falsch; statt einer Handlungskompetenz ist das Denken in Prozessen gefordert, an die Stelle von Wissen und Beurteilen rücken dabei das Sich-einlassen-Können und Verstehen (vgl. ebd., S. 576)

Das reibt sich manchmal mit dem Anspruch von PatientInnen, aber auch dem mancher Behandelnden und Pflegenden, dass schnell und effektiv geholfen werden soll. Krankheitseinsicht und Verstehen-Wollen sind dann lästige Übel. Patienten erscheinen fordernd, Ansprüche stellend und Behandler verlangen in solchen Situationen häufig, dass die Patienten/Klienten jetzt aber mal schnell Krankheitseinsicht zeigen und an sich arbeiten sollen. Sind wir aber an einer prozessorientierten Behandlung interessiert, so dürfen wir unsere Aufgabe wohl so formulieren: Wie können wir anschlussfähige Behandlungen, Betreuungen und Interventionen für unsere Klienten setzen? Wir Helfer sind dabei weder mächtig noch ohnmächtig, sondern Begleiter. Sinnvoll ist es, in der seelischen Begleitung selten Rezepte und Ratschläge zu erteilen, sondern eine fortlaufende »Klärung des Ist-Zustandes« (vgl. Sies/West-Leuer 2001) zu ermöglichen, um daraus resultierend Probehandeln und Vorschläge zum Experimentieren zu entwickeln.

»Ich bin nicht zerstört«

Es ist schon sehr eindrücklich, wie deutlich bei Krankheit im Erwachsenenalter die Körperlichkeit dergestalt in den Vordergrund rückt, dass starke Konflikte zwischen Autonomiewünschen bei gleichzeitiger Abhängigkeit und Angewiesenheit in den Vordergrund rücken, aber anders als in der Kindheit. In der Kindheit geht es um Förderung und Unterstützung im Hinblick auf Selbstentwicklung hin zu einem eigenständigen Leben, im Fall der Erkrankung im Erwachsenenalter und Alter hingegen um die Akzeptanz wachsender Abhängigkeit und der Hinnahme, dass der Körper nicht so kann, wie der Geist gern möchte. Vergessene, verdrängte oder gar abgelagerte Erfahrungen im impliziten Leibgedächtnis werden empor gespült oder schlagen sich in Symptomen nieder. Besonders gut verdrängte traumatische Erfahrungen können nicht mehr durch den Schutzwall eines aktiven und tätigen Lebens eingedämmt werden.

Es sollte deutlich werden, wie wichtig es für Patienten und Helfer ist, eine Narration, eine gelebte Geschichte eines körperlich kranken und behinderten Menschen entstehen zu lassen, um seinen möglicherweise schwierigen Umgang mit seiner Krankheit verstehen zu können. Ich möchte zeigen, wie es möglich sein kann, mit auch nur wenigen Informationen über die Lebensgeschichte einer Patientin deren Reaktion auf die körperliche Erkrankung als Regression in den Bereich des »Unerinnerbaren und zugleich Unvergessenen« (Kinston/Cohen 1986, zit. bei Volz-Boers 2001) zu verstehen.

Die leitende Schwester einer gerontopsychiatrischen Station bringt einen Fall ein. Ich habe die kompetente Schwester, die eine gerontopsychiatrische Zusatzausbildung hat, in der Supervision selten so wütend und verzweifelt erlebt. Der Ärger richtet sich gegen eine 68-jährige Patientin, die seit fünf Wochen auf der Station ist und seelisch nicht damit fertig wird, dass sie durch einen Schlaganfall recht hilfsbedürftig ist. Somatisch ausgerichtete Stationen fühlen sich in der Regel schnell überfordert, wenn ein behinderter oder kranker Mensch Gefühlsausbrüche hat, in welche Richtung auch immer. Schnell muss das Valium herbei, und wenn das nicht hilft, dann die Verlegung in eine andere Einrichtung. So war es auch in diesem Fall. Die Patientin konnte sich bisher zwar allein zu Hause versorgen, kam aber durch einen Sturz mit Oberschenkelhalsbruch in eine nochmals verschlechterte körperliche Lage. Der Oberschenkelhalsbruch ist auskuriert, aber die Patientin kann viele Dinge nun nicht mehr allein tun, was sie aggressiv und verwirrt macht. Die Schwester hat in fünf Wochen sehr rührend versucht, ihr beim Waschen und anderen Tätigkeiten zu helfen und ihr rational verstehend klarzumachen, dass sie sich umstellen und Hilfe annehmen *muss* und vieles nicht mehr alleine kann. Die Patientin ist jedoch nicht dazu in der Lage, versucht immer wieder allein zu duschen und andere Tätigkeiten zu erledigen, ohne um Hilfe zu bitten. Da ihr dies nicht gelingt, richtet sie viele kleine und größere Unglücke an wie z.B. Überschwemmungen, sie kippt aus dem Rollstuhl etc. Die Schwestern haben dadurch enorm viel zusätzliche Arbeit mit ihr. Bis zur Supervisionssitzung kam es so weit, dass die Schwester der Patientin bewusst böse Absichten unterstellte, dass sie einzig darauf aus sei, sie zu ärgern. Sie respektiere die Hilfsangebote nicht, sie treibe es bis hin zu völliger Missachtung der Schwester. Oft wurde in der Supervision schon darüber geklagt, wie anspruchsvoll viele Patienten seien und über deren dauerndes Zuwendungsbedürfnis. Diesmal wird jedoch darunter gelitten, dass die originär pflegerische Aufgabe, die Versorgung der körperlichen Bedürfnisse, von der Patientin nicht angenommen wird.

Jeder Mensch reagiert aufgrund seiner je eigenen Lebensgeschichte unterschiedlich darauf, wenn der Körper krank, behindert oder alt wird, wenn er nicht mehr »funktioniert«. Ist ein Krankenhaus- oder Wohnheimaufenthalt nötig, werden oft frühkindliche Abhängigkeitsängste, vielleicht manchmal auch -wünsche reaktiviert, es findet häufig eine Regression statt. Ohne wenigstens ein kleines Bild dieser alten Erfahrungen aufbauen oder die Geschichte einer Patientin entwerfen zu können, ist es häufig nicht möglich, ein Verständnis der aktuellen Situation zu entwickeln, sowohl was die körperlichen Beschwerden angeht als auch den Umgang damit betreffend. Die wenigen lebensgeschichtlichen Daten, die im Team über die Patientin, die sich nicht helfen lassen wollte, bekannt waren – und es ist leider häufig der Fall, dass viel zu wenig Informationen vorhanden sind –, haben aber ausgereicht, um in der Supervision ein Bild und entsprechend verstehende Gefühle entstehen zu lassen. Es war bekannt, dass die Patientin in ihrer Kindheit vom Vater missbraucht worden war und er Selbstmord beging, als die Patientin adoleszent war. Es war weiter bekannt, dass sie selbst einen pflegerisch-sozialen Beruf ausgeübt hatte, was ihr wegen ihrer mangelnden Kooperationsbereitschaft auf der Station sogar besonders übel genommen wurde. Sie müsse doch wissen, wie wichtig Kooperationswilligkeit vonseiten der Patienten sei. Sie war ihr erwachsenes Leben lang berufstätig und aktiv gewesen. Es wurde zunehmend deutlich, dass sie mit den traumatischen Erfahrungen in Kindheit und Jugend auf ihre ganz eigene Weise fertiggeworden war. Sie hatte diesen wohl durch Aktivität und Selbstständigkeit etwas entgegensetzen können und bis zum Schlaganfall mit dieser Haltung ein vielleicht nicht erfülltes, aber zufriedenes und selbstbestimmtes Leben führen können. Es wurde dem Team in einer dichten Atmosphäre klar, wie schmerzhaft es für die Patientin sein musste, diese Lebensgrundlage verloren zu haben. Die vorstellende Schwester war sehr betroffen, und es wurde deutlich, dass die Schwester, die eine äußerst arbeitsame, eingewanderte Türkin ist, wahrscheinlich einen ihr bis dahin verborgenen Teil, nämlich der eigenen Angst vor Abhängigkeit in Berührung gekommen war und abwehren musste. Die Körpersprache der Supervisandin veränderte sich während der Besprechung auffällig. Anfänglich wirkte sie wie ein kleiner Zinnsoldat, dem es nicht gelingt, Ordnung zu schaffen, gegen Ende der Supervision strahlte ihr Körper etwas Weiches und Verletzliches aus.

Die aktuelle Neuro-Psychoanalyse, bekannt vor allem in Deutschland durch Mark Solms, die sich der Erforschung und Behandlung hirngeschädigter Patienten widmet, hat meiner Meinung nach bahnbrechende Entdeckungen gemacht, die auch auf andere Formen von Versehrtheit übertragen werden können. Unter anderem hat er festgestellt, dass hirngeschädigte Patienten ein seelisches Innenleben haben, das psychotherapeutisch behandelbar ist. Je nach Schädigung der Hirnregion überwiegen unterschiedliche seelische und funktionelle Störungsbilder. Aber gemeinsam ist, dass die Patienten bei augenscheinlichem Widerstand oder Unvermögen ihre Verletzung zu akzeptieren, ein unbewusstes Wissen über die Schädigung ihres Körpers haben (vgl. Kaplan-Solms/Solms 2003). Die schmerzvolle Tatsache einer vulnerablen Lage kann nur durch einfühlsame, therapeutisch-pädagogische Begleitung akzeptiert werden. Erst dann ist Rehabilitierung möglich.

So kann es immer wieder vorkommen, dass Patienten, die trotz traumatischer Erfahrungen ein erfülltes und aktives Lebens führen konnten, eine Krankheit als einen gewaltsamen Einbruch erleben. Das bisherige Diktum: »Ich bin nicht zerstört« (vgl. Grefe 2002, S. 434) ist außer Kraft gesetzt und so kann die Krankheit die gleiche Bedeutung annehmen wie die vorangehende Erfahrung von Gewalt.

Schluss

In vielen, vom logischen Bewusstsein wohldurchdachten, Betriebsabläufen oder institutionellen Arbeitsgängen können sich Menschen aus Fleisch und Blut – seien es Mitarbeiter, Kunden, Klienten oder Patienten – als Störfaktoren erweisen und man fragt sich unwillkürlich, wer denn für wen da sein soll. Oft erhellen gerade Träume unserer Supervisanden das Spannungsfeld und bebildern es in kreativer Weise. Deshalb möchte ich mit dem Traum einer Supervisandin schließen.

»Ich betrete zum ersten Mal ein Gebäude mit großer Eingangshalle, viel Glas, mehrere Stockwerke hoch, oben verlaufen Galerien. Es wirkt auf mich wie ein großes Hotel. Links steht so etwas wie eine Rezeption, dahinter eine Empfangsdame. Ich fühle mich fremd und unsicher, komme mir total klein vor.

Wen kann ich ansprechen?

Von meiner Vorgesetzten bekomme ich als Arbeitsauftrag Tonscherben zugeteilt – was soll ich damit? Ich bin unzufrieden mit diesem Auftrag, fühle mich nicht für voll genommen: ›Restarbeit!‹

Ich gehe nach draußen, es ist noch früh im Jahr und ziemlich kalt.

Ich habe keine Schuhe an. Trotzdem fühle ich mich wohl und befreit, spüre den Boden wohltuend unter meinen Fußsohlen. Ich fühle mich hier draußen sicher.«

Es wird in diesem Traum bildhaft deutlich, wie groß das Bedürfnis sein kann, sich in Freiheit körperlich zu spüren, wenn die Organisation droht, uns in unserer Individualität und Leiblichkeit zu »verschlucken«. Unser Körper ist eine lebendige Behausung, Symbol der Seele, und wir drücken unsere emotionalen Erfahrungen in der Sprache körperlicher Erlebnisse, d. h. symbolisch aus. (vgl. Fromm 1951; Hirsch 2006) Auch unsere Häuser und Organisationen sind Symbole, in Stein und Glas geronnene Bollwerke gegen die Angst vor dem Tod; sowohl Ausdruck unseres Wunsches nach Sicherheit und Schutz, als auch einengend und verschluckend. Wir SupervisorInnen, Therapeutinnen und Coachs leisten eine Art Übersetzungsarbeit an der Schnittstelle zwischen Körper, Seele und Kultur als einer gefühlten Begegnung. Unsere Körper können störrisch sein und in bestimmten Räderwerken nicht mehr mitspielen. Unsere Körper können aus der Norm fallen und verstörend wirken. Die Kommunikation unter den Menschen kann blutleer oder gewaltsam sein. Supervision kann das Verstehen des Spannungsfeldes zwischen Denken, Fühlen und Handeln in seinem leiblichen Ausdruck aufgreifen, kann dadurch selbst verstörend wirken. Bestenfalls aber entspannen sich die Körper aller Beteiligten durch das lebendige, eben auch leibliche Verstehen von Kommunikations- und Ablaufprozessen und es stellt sich ein neues Gleichgewicht ein.

Literatur

Buchinger, Kurt (1998): Warum die Psychosomatik kein Renner wird. Systemzwänge in der Medizin. Psyche 52(6), 572–396.
Elias, Norbert (1977): Über den Prozess der Zivilisation. Soziogenetische und psychogenetische Untersuchungen. Frankfurt/M. (Suhrkamp).
Freud, Sigmund (1930a): Das Unbehagen in der Kultur. GW XIV.
Freud, Sigmund (1932): Warum Krieg? GW XVI.
Fromm, Erich (1951): The Forgotten Language. An Introduction to the Understanding of Dreams, Fairy Tales and Myths. New York (Rinehart and Co.).
Fuchs, Thomas (2000): Das Gedächtnis des Leibes. Phänomenologische Forschungen, 5, 71–89.
Gildemeister, Regine (1998): Halbierte Arbeitswelten? Gefühlsarbeit und Geschlechterkonstrukte am Beispiel professionalisierter Berufe. Supervision 33, 48–59.

Grefe, Joachim (2002): Krankheit – (verleugnete) alltägliche Gewalterfahrung. In: Schlösser, Anne-Marie & Gerlach, Alf (Hg.): Gewalt und Zivilisation. Gießen (Psychosozial-Verlag), S. 429–444.
Hirsch, Mathias (1989): Der eigene Körper als Objekt. Berlin/Heidelberg (Springer) (Neuauflage: Gießen: Psychosozial Verlag).
Hirsch, Mathias (2006): Das Haus. Symbol für Leben und Tod, Freiheit und Abhängigkeit. Gießen (Psychosozial-Verlag).
Hirsch, Mathias (2010): Mein Körper gehört mir und ich kann mit ihm machen was ich will. Gießen (Psychosozial-Verlag).
Kaplan-Solms, Karen & Solms, Mark (2003): Neuro-Psychoanalyse. Stuttgart (Klett-Cotta).
Lichtenberg; Lachmann & Fosshage (1996): Werte und moralische Haltungen. Psyche 5, 407–443.
Löwer-Hirsch, Marga (2003): Das Unbewusste in Organisationen und der intersubjektive Ansatz. In: West-Leuer, Beate & Sies, Claudia (Hg.): Coaching. Ein Kursbuch für die Psychodynamische Beratung. München (Pfeiffer bei Klett-Cotta).
Löwer-Hirsch, Marga (2008): Schnittstelle Körper, Seele und Kultur. Agora 15(18), 24–30.
Mann, Thomas (1948): Joseph und seine Brüder. Ges. Werke. Frankfurt a. M. (Fischer).
Nietzsche, Friedrich (1891): Also sprach Zarathustra. München (Goldmann) 1989.
Sies, Claudia & West-Leuer, Beate (2001): Konstruktivistische Ansätze in der psychoanalytischen Supervision. In: Oberhoff, Bernd & Beumer, Ullrich (Hg.): Theorie und Praxis psychoanalytischer Supervision. Münster (Votum-Verlag).
Volz-Boers, Ursula (2001): Mit Leib und Seele: Körpererfahrungen und subsymbolische Kommunikation in der Gegenübertragung. In: Schlösser, Anne-Marie & Gerlach, Alf (Hg.): Kreativität und Scheitern. Gießen (Psychosozial-Verlag).
Wurmser, Léon & Gidion, Heidi (1999): Die eigenen verborgensten Dunkelgänge. Göttingen (Vandenhoek & Ruprecht).

Supervision als Sprachspiel

Über Sprache und Verstehen der Sprache

Winfried Münch

Seit die psychologische Beratung, wozu der Form nach auch die Supervision gezählt werden muss, zum Gegenstand empirischer Forschung seitens der Verhaltenswissenschaften gemacht wird, besteht verbreitet die Erwartung, dass sich supervisorische Beratung hinsichtlich ihrer Zwecke, Wertideen, Maßstäbe und Ziele objektiv legitimieren lässt. Man sucht herauszufinden, wie sie idealtypisch sein oder werden sollte, damit sie bestimmbare Qualitätsanforderungen erfüllen, insgesamt zum Nachweis bringen kann, dass ihre Praxis auf Grundlagen verhaltenswissenschaftlicher Erkenntnisse beruht. Aber wie gesichert sind derartige Erkenntnisse, die aus der Seinsverfassung des Menschen und aus seinem Verhalten hergeleitet werden? Tatsache ist jedenfalls, dass Theorien, egal ob sie aus den Verhaltenswissenschaften, den Geisteswissenschaften oder der Psychoanalyse stammen, also nicht zu den Naturwissenschaften gehören, keine formelhaften Abschriften einer außer ihnen befindlichen Wirklichkeit sind. Deren Erkenntnisse stellen lediglich Versuche dar, menschliche Wirklichkeiten nachfühlend, nachkonstruierend und abstrakt zusammenhängend zu erfassen sowie in einen Nexus von Begriffen zu stellen. Daraus folgt: Auf der einen Seite stehen die theoretischen Begrifflichkeiten und die zur Verfügung stehenden Mittel, mit denen man sich dem denkenden Erfassen der Gegenstände nähern kann, auf der anderen Seite jedoch finden die Tatsächlichkeiten des Lebens statt, die uns immer wieder überraschen. Entscheidend bleibt also, wie diese Tatsachen denkend erfasst werden und nach welchen Regeln sie ihre bestimmende Erhellung erfahren können (vgl. Dilthey 1992, S. 3ff.).

Trotz aller Versuche, die Supervision zu verwissenschaftlichen, objektivistische Konzepte und Verfahren zu entwickeln, lässt sich nicht leugnen, dass ihre gelingende Anwendung zuvorderst auf einer personenbezogenen

Kunst beruht. Das will heißen, das angeeignete Handlungswissen muss man sich so zu eigen machen, dass dieses von außen als ein persönliches Darum-Wissen und als ein persönliches Können wahrgenommen und erfahren werden kann. Nur in dieser Habitualisierung erscheint die supervisorische Rolle glaubhaft im Handeln. Im Grunde geht es um die personengebundene Befähigung, das jeweils in der Supervision sprachlich Vorgestellte, welches anschaulich zwischen der ratsuchenden und der beratenden Person als das empfindungs- und wahrnehmungsmäßig Begegnende sich darzeigt, in einen Prozess des Erkennens und Verstehens hineinzuführen und denselben kompetent zu begleiten. Supervision basiert also weitgehend auf Pragmatik. Im Sinne dieses Denkens orientiert sie sich am Nützlichen, interessiert sich für sachbezogene Tatsächlichkeiten in den Kommunikations- und Organisationsverhältnissen der Arbeitswelt. Ebenso befasst sie sich mit den sozio- und psychodynamischen Auswirkungen sprachlichen und nicht-sprachlichen Handelns zwischen Rollenträgern in beruflichen Organisationen, etwa damit, welche Interessen oder Absichten beim Zeichenaustausch verfolgt und welche Wirkungen dadurch erzeugt werden. Wie bereits angedeutet, werden solche oder ähnliche problematisierenden Situationsbeschreibungen in der Supervision vorgestellt und in einen supervisorischen Dialog überführt, und zwar mit dem Ziel, ein noch nicht erreichtes Sinnverstehen herbeizuführen, nämlich bezüglich einer Sache, der daran beteiligten Personen und nicht zuletzt der oder des Ratsuchenden selbst.

Anlass, sich auf ein Supervisionsverfahren einzulassen, ist in der Regel ein Bewusstseinsgrund, der in einem bestimmten ursächlichen Umstand liegt, welcher bereits etwas bewirkt hat. Dieses Bewirkende liefert das Motiv, Beratungshilfe in Anspruch zu nehmen. Supervision stellt dafür Zeit und Ort des Sprechens zur Verfügung, damit zwischen zwei Personen, einer ratsuchenden und einer beratenden Person, aber auch in einem Team oder in einer Gruppe eine zweckgebundene, kontextbezogene Sprechsituation hergestellt werden kann. Die Realisierung dieser Form des Zeichenaustauschs kann, bezogen auf den Philosophen Ludwig Wittgenstein (1889–1951), der sich in seinen philosophischen Schriften mit dem Regelbrauch der Wegweiser bei der Verwendung der Sprache befasste, als »Sprachspiel« bezeichnet werden. Er spricht von der Mannigfaltigkeit der Sprachspiele, nämlich von solchen, die stets in einer Verbindung von Sprechen und Handeln (Tätigkeitsweisen) stehen, zum Beispiel Befehlen und nach Befehlen handeln oder Berichten eines Hergangs und über den Hergang Vermutungen anstellen (in: Macho 2001, S. 48ff., 240ff.) – und wir fügen hinzu: Supervision praktizieren.

Die Analogie der Sprache mit dem Spiel erläuternd, greift Wittgenstein auf das Schachspiel zurück. Er stellt zunächst fest, wer die Regeln dieses Spiels und die Bedeutung der Figuren kennt, ferner weiß, wie dieselben auf dem Schachbrett zueinander und gegeneinander in Beziehung stehen und in Bewegung gebracht werden können, der kennt die Logik des Spiels und kann auch Schach spielen. Eine solche Person würde vermutlich nicht über Sinn und Unsinn der Schachregeln diskutieren, also nicht die Metaebene aufsuchen, sondern sich auf das Spiel einlassen. Das trifft in ähnlicher Weise auf die Sprache zu, denn – so Wittgenstein – Schachfiguren wie Wörter haben Bedeutungen und wer die Bedeutungen der Wörter sowie die Regeln der Grammatik kennt, der kann auch mit der Sprache spielen und an Sprachspielen teilnehmen (Wittgenstein 1960, S. 307ff.).

Sprachspiele richten sich gewöhnlich nach bestimmten Regeln, werden jedoch nicht in jeder Hinsicht von Regeln bestimmt, beispielsweise wenn plötzlich alle durcheinanderreden. Ohne darüber nachzudenken, gehen wir allerdings meistens davon aus, dass unsere Alltagssprachspiele nach bestimmten Gepflogenheiten vonstatten gehen, wenngleich wir des Öfteren die Erfahrung machen, dass plötzlich neue Regeln eingeführt werden oder sich während eines Sprachspiels eine Dynamik entfaltet, welche nicht vorausgesehen werden konnte. Wenn ich zum Beispiel einen Unbekannten in einer fremden Stadt Auskunft suchend nach einer Straße frage, die ich aufsuchen möchte, erhalte ich in der Regel eine vernünftige Antwort. Dabei ist es ziemlich egal, ob der Befragte mir Auskunft geben kann oder nicht, weil er die Straße eventuell selbst nicht kennt. Jedenfalls endet ein solch kurzes Sprachspiel normalerweise mit einem Dankeschön. Werde ich aber von jenem Unbekannten zu einer Tasse Kaffee im nächsten Eckcafé eingeladen, dann verändern sich die Regeln, und ich muss entscheiden, ob ich mich darauf einlassen will oder nicht. Es wäre aber nicht nur die Regel, sondern zugleich die Gepflogenheit, welche gewissermaßen auf einer gesellschaftlichen oder kulturellen Übereinkunft beruht, wenn man dieses einfache Alltagssprachspiel nach der Auskunftserteilung mit einem Dank beenden und jeder danach wieder seiner Wege gehen würde. Nebenbei angemerkt, man wird sich auf die erteilte Auskunft insoweit verlassen können, als man davon ausgehen darf, nicht absichtlich in die falsche Richtung geschickt zu werden. Folglich verlässt man sich auf eine Norm, die Geltung in den Gepflogenheiten einer kulturellen Gemeinschaft besitzt und in deren Rahmen als »Lebensform« praktiziert wird (ebd. S. 380f.; Macho 2001, S. 236ff.).

Dass Supervision als Sprachspiel bezeichnet werden kann, muss nicht bewiesen werden. Dass sie zugleich als eine bestimmte Lebensform praktiziert wird, lässt sich ebenso wenig von der Hand weisen. Diese Wesenheiten basieren auf Evidenz und können nicht bestritten werden (Haller 1999, S. 61ff.). Das supervisorische Sprachspiel gehört freilich einer eigenen Sprachspielfamilie an, die im Folgenden näher in Augenschein genommen werden wird. Was nun dessen Regeln angeht, so werden diese weitgehend aus psychologischen, soziologischen und hermeneutischen Erkenntnistheorien abgeleitet. Im weitesten Sinne geht es um die Frage, unter welchen theoretischen wie pragmatischen Voraussetzungen und Bedingungen Supervision eine ideale Sprachspielgestalt annimmt, sodass Individuen punktuell ihre Berufsrolle und ihr berufliches Handeln in ein von Reflexion begleitetes Interaktionsgeschehen einbringen können? Auf jeden Fall muss von einem elaborierten und professionalisierten Sprachspiel gesprochen werden, das bei seiner Ausführung seitens der Anwender konzeptionell begründeten Regeln und Methoden folgt, die in Ausbildungen gelehrt und eingeübt werden. Gerade durch die Schule des Einübens, namentlich die Lehrsupervision, welche mit einem persönlichen Formprozess in einem dialektischen Spannungsverhältnis einhergeht, erhält die Art und Weise, wie jemand Supervision praktiziert, eine subjektive Einfärbung. Nicht nur dadurch, sondern aus weiteren Gründen nehmen die eingrenzenden und umgrenzenden Regeln, die dem supervisorischen Sprachspiel seine eigentümliche Gestalt verleihen sollen, jene personengebundene Ausgestaltung an, und zwar schon deshalb, weil man die Supervisionsrolle nur mit seinem persönlichen Inventar und seinem Ich-Selbst spielen kann (Münch 2007, S. 23ff.). Infolge dessen kann Supervision als ein wanderndes Differenzial mit Annäherungswerten an bestimmte Formen und Regeln gesehen werden. Das führt genau dazu, dass in den Anwendungsbereichen der Supervision die Mannigfaltigkeit der dort gespielten Sprachspiele fast grenzenlos erscheint. Sie alle beanspruchen ihre Kausalität hinsichtlich ihres Wirkens und Bewirkens. Hierzu gleich zwei Beispiele:

Ich rief einen Supervisionskollegen an, der kürzlich bei einem Fahrradunfall etliche Zähne verloren und sich die rechte Hand gebrochen hatte, um mich nach seinem Befinden zu erkundigen. Ich erreichte ihn über sein Handy. Als ich ihn fragte, wie es ihm gehe, erzählte er mir zu meiner Verblüffung, dass er gerade im Begriff sei, eine Supervision zu geben. Er merkte gleich meine Irritation und meinte, er müsse ja in der Supervision nicht viel sprechen, das täten schon die anderen.

Im Verlauf einer Kontraktverhandlung um eine Teamsupervision mit einem Arbeitsteam fragte ich, ob sie denn bereits Supervision gehabt hätten. Ja, sagten sie, die letzte sei vor ein paar Monaten plötzlich beendet worden. Leicht amüsiert und verärgert berichteten sie, der Supervisor habe immer schnell gewusst, bevor sie selbst richtig zu Wort gekommen seien, was sie zu besprechen gehabt hätten und habe das Thema gleich auf der Flip-Chart-Tafel skizziert und ausgiebig erläutert. Nachdem sie ihn bei der Sitzung wegen seines Vorauseilens kritisiert hätten, sei er zum nächsten Termin nicht mehr erschienen und habe seither nichts mehr von sich hören lassen.

Wir erfahren mittels dieser beiden Beispiele einiges über angewandte Regeln und Gepflogenheiten beim Sprachspiel Supervision, sozusagen diesseits von Lehrbüchern. Der eine Kollege geht offenbar von der Regel aus, dass er weniger Worte zu gebrauchen habe, als seine Supervisanden zu gebrauchen pflegen. Er praktiziert die Gepflogenheit, als ein sich Zurücknehmender in Erscheinung zu treten, der aufmerksam den gesprochenen Sätzen seiner Supervisanden folgt. Jener andere Kollege hingegen weiß relativ schnell, welches Thema besprochen werden muss. Er macht einen großzügigen Gebrauch von den Wörtern der Sprache, zieht seine Supervisanden in ein Sprachspiel hinein, bei dem sie ihm folgen sollen. Seine sonderbare Gepflogenheit, dieses Spiel zu spielen, tritt sichtbar in den Vordergrund. Aber wie würde er uns antworten, wenn wir ihn nach seinen Regeln befragten?

Man darf ohne Weiteres festhalten, dass beide Supervisoren in der Überzeugung leben, bei ihren beruflichen Sprachspielen das Richtige zu tun. Sie haben sich das so zurechtgelegt oder es hat sich so eingespielt. Und sie sind von der Richtigkeit ihres Rollenspiels überzeugt. Gleichwohl wäre damit die Richtigkeit noch nicht bewiesen. Es könnte auch ein Irrtum sein, obwohl es ihre »Glaubensartikel« (Nietzsche 2008a, S. 477) sind, die sie quasi zur Regel erhoben haben. Mit anderen Worten: In der Supervision werden mannigfaltige Sprachspiele gespielt, die, was ihre jeweiligen sprachlich formulierten Verfahrensweisen und deren konzeptionelle Begründungen angeht, sich in einer teilweise wuchernden Terminologie bewegen und sich gegenseitig metatheoretisch überbieten. Zweifellos, ein Verfahren wie die Supervision lässt sich hinsichtlich seiner Pragmatik relativ leicht axiomatisch widerspruchsfrei erklären, auf jeden Fall mit den Begrifflichkeiten der Sprache und logisch ineinandergreifenden Sätzen. Dennoch, die Begriffe, auch die metatheoretisch vorbereiteten, bestehen nur aus Schrifttexten, die unterschiedlich gelesen werden und mit der subjektiven Ausführung in der Praxis oft recht wenig zu tun haben. Denn die Möglichkeit des Satzes beruht auf dem Prinzip der Vertretung von Gegenständen (oder Verfahren; W. M.) durch die Zeichen, sagt Wittgenstein (2001, S. 111).

Werfen wir noch einmal einen Blick auf jenen Supervisor, von dem etwas überheblich Anmaßendes oder Betrügerisches ausging. Er wusste ja bereits nach kurzer Zeit, was es zu besprechen gab und hob sozusagen zum Vortrag an. Derartiges verknüpft Nietzsche (2008b, S. 219) mit einer dreifachen Unannehmlichkeit: Man zürnt ihm, weil er betrügen will, zürnt ihm, weil er sich überheblich zeigt, und man lacht über ihn, weil ihm beides misslingt. Milder betrachtet: Dieser Supervisor hatte sein eigenes Sprachspiel erfunden, das sich, was dessen Regeln und Konventionen betraf, von den sonst in der Supervision üblichen Sprachspielen auffallend abhob. Er ging in der Praxis von seinen eigenen Gewohnheiten aus, ohne sich um die Ansichten der anderen viel zu kümmern. Ihm fehlte die Fähigkeit, die dialektische Differenz des Widersprüchlichen herzustellen und auszuhalten. Die Teammitglieder merkten bald, dass er ein fremdes Sprachspiel spielt – insofern, als sie wussten, worin das reguläre und somit geläufige besteht. Dieses Erfahrungswissen legten sie als Maßstab ihres Messens an, eben die ihnen bekannte Gepflogenheit, mit der Supervision üblicherweise praktiziert oder als Form gelebt wird (vgl. Wittgenstein in Macho 2001, S. 236ff.).

Im Unterschied dazu wird nach dem hier bevorzugten formalisierten Sprachspielkonzept die ratsuchende Person, welche ein ratbedürftiges Anliegen zur Untersuchung stellen will, zum Sprechen herausgefordert, ausgelöst durch das aufmerksam zurückhaltende Verhalten der Supervisorin oder des Supervisors. Hieraus entfaltet sich in dem begrenzenden Raum des Sprechens, verstanden als Spielraum für interpretative Tätigkeiten, ein dynamisches, prozesshaftes Interaktionsspiel, bei dem kontextbezogene Erkenntnisperspektiven eröffnet werden. Durch jenen interpassiven Modus, etwa in der Psychoanalyse als gleichschwebende oder absichtslose Aufmerksamkeit bezeichnet, wird der ratsuchenden Person die Möglichkeit eingeräumt, sich selbst mit ihrem Anliegen sprachlich zu entfalten. Die Supervisorin oder der Supervisor folgt deren Rede, rückt sie sozusagen in den Blick und nimmt sie ins Gehör. Bei allem gilt es zu bedenken, dass wir als Beratende weder über ein unschuldiges Auge noch über ein neutrales Ohr verfügen. Was wir mit den Sinnen wahrnehmen, fällt auf unsere Vorerfahrungen, Gefühle und Affekte. Es wird verworfen, klassifiziert oder konstruiert, auf jeden Fall interpretiert. Allein deshalb müssen wir uns beim Hören und Sehen selbstkritisch begleiten, um nicht die eigene subjektive Wirklichkeit mit der des Ratanfragenden zu verwechseln oder kapriziöse

Wirklichkeiten zu behaupten. Wer aber in der Supervisionsrolle die Distanz zu sich selbst herstellen, genauer gesagt, seine eigenen Selbstanteile aus dem Spiel lassen kann, der kann ein zirkuläres Interpretationsspiel einleiten, in dessen Mittelpunkt die ratsuchende Person und deren Anliegen stehen, in das dieselbe körperlich und psychisch involviert ist.

Bei diesem fortlaufenden – will auch heißen: prozessartigen – Spiel, verstanden als kreisförmiges Ineinanderlaufen von reflexiver Rede und Gegenrede, geht es darum herauszufinden, was die Aussagen dessen, der sich selbst und ein Seiendes verstehen will, noch aussagen wollen. Denn eine Aussage ist nicht primär enthüllend, sondern setzt ihre Enthülltheit bereits voraus. Das zeigt sich am Beispiel einer Supervisandin, in ihrer Berufsrolle als Chefin tätig. Sie beklagte sich in einer Supervisionssitzung über das Verhalten eines Untergebenen. Denn der habe zu ihr gesagt: »Sie ordnen immer nur an, was ich zu tun habe, aber mich mal loben, das können sie nicht.« Diese klare Aussage hatte sich bereits vor der Supervision in lebendiger Rede enthüllt. Sie steht nun da in ihrer nackten Enthülltheit und hat bei der Supervisandin so etwas wie Irritation und Verärgerung hinterlassen. Und die Frage lautet: Was hat mit welcher Vorgeschichte diese vorwurfsvolle Aussage herausgefordert? Auf diese Frage nach dem, was noch gegeben und was noch darum herum ist, könnte eine Verstehensantwort gefunden werden, die etwas aufzeigt, das jene Supervisandin nicht bedenken wollte oder noch nicht bedacht hat. Die Wahrheit oder der Sinn liegt eben nicht in jener primären Aussage, sondern zwischen den Dingen oder Verhältnissen sowie zwischen den beteiligten Personen. Gerade durch das Herausfinden des noch Gegebenen und des noch Unbedachten entbirgt sich das noch Zugehörige. Dieses aufzeigende Sehenlassen der »Entbergung des Sich-Verbergenden«, das gleichsam wie ein aufhellendes Lichten der infrage gebrachten Umstände und deren Relationen mit ihren Bestimmungen zu verstehen ist, geschieht mittels der Sprache. Es führt, sofern reflexives Mitdenken der ratsuchenden Person hinzukommt, zu deren Erkenntniserweiterung. Letzten Endes geht es darum, Ratsuchende bei ihren Bemühungen darin zu unterstützen, dass sie sich selbst in ihrem beruflichen Handeln genauer verstehen können, damit sie auch extern, namentlich in ihrem beruflichen Feld, handelnd vernünftiger zurechtkommen (vgl. Heidegger 2005, S. 511ff.).

Das führt nun zu einer weiteren Überlegung. In der Regel wird zu Beginn einer Supervisionssitzung die ratsuchende Person ermuntert, ihr Beratungsanliegen vorzutragen. Daraufhin folgt meistens eine zusammenhängende Erzählung, die sich auf eine externe Wirklichkeit in der Arbeitswelt bezieht. Solche Erzählungen, die sich auf Ereignisse und Gegebenheiten beziehen, benutzen die unmittelbare Sprache. Sie schaffen Anschaulichkeit und Sinnfälligkeit, sodass man meinen könnte, sie stellten ein Abbild jener Wirklichkeiten dar, auf die sie sich beziehen, seien mit ihr ein und dasselbe, nämlich identisch. Diese Erzählinhalte werden in der Supervision zunächst als erzählte Tatsächlichkeiten hingenommen, freilich mit dem Wissen, dass sie in der Unmittelbarkeit supervisorischer Untersuchung allein in der Sprache liegen. Sie sind stets verknüpft mit der Subjektivität einer ganz persönlichen Gestalterfassung seitens des Erzählenden, selbst wenn es so scheint, dass mithilfe der Zeichensprache ein relativ zutreffendes Abbild wirklicher Ereignisse und Gegebenheiten zur Anschauung gestellt worden ist (Whitehead 1987, S, 314f.; Wittgenstein in Macho 2001, S. 218). Diese Trennung zwischen dem Dort-und-Dann und dem Hier-und-Jetzt und die Verknüpfung dieser beiden Orte, namentlich des Feldes, in dem das Vorgekommene innerhalb gegebener Umstände stattfand, mit dem der Reflexion, zeigen sich als Eigentümlichkeit des supervisorischen Sprachspiels. Dieses verknüpfende Zusammenwirken veranlasst uns, den Aussagegehalt einer Erzählung einer genauen Untersuchung zu unterziehen. Nur auf diesem Wege können wir – von dem Ausgesagten ausgehend – zum real Seienden durchdringen. Sofern sich zwischen dem Ausgesagten und dem zu beurteilenden Sachverhalt eine Übereinstimmung hinsichtlich dieses real Seienden herstellen lässt, in welcher sich Urteilswahrheit ausdrückt, und zwar als Synthese, die Evidenz und zugleich Wahrheitsgewissheit offenbart, wird situativ ein erweitertes Verstehen erfahrbar. Gleichwohl sollte nicht davon ausgegangen werden, dass das, was in der Supervision so erhellend durchsichtig geworden und mithilfe des Denkens zur Erkenntnis und zum Verstehen gereift, also erschlossen worden ist, nun auch in der externen Wirklichkeit erfolgreich in die Praxis umgesetzt werden kann. Denn die Umsetzung sprachlich gewonnener Einsichten in praktisches Handeln hat stets seine eigenen Bedingungen. Es wird womöglich verkannt, dass man nur ein mitwirkender Teil des existenziell Vorhandenen dort ist, welches stets sein Eigenes hinzubringt. Dieses Vorhandene leistet, darauf macht beispielsweise Nietzsche aufmerksam, weiterhin seinen eigenen Widerstand, sodass man unter Umständen die Erfahrung machen muss, wiederum wie die Fliege vor das gleiche kristallene Glasfenster zu geraten (Nietzsche 2008b, S. 270).

Da zeigt sich nun, dass Supervision an einem vergegenwärtigten Ort des transitorischen Übergangs stattfindet, und zwar zwischen dem, was gewesen ist und dem, was kommen wird. In diesem weilenden Übergang je gegenwärtiger Gegenwart mit jenen verfugten Zeit-Raum-Dimensionen als Ausdehnungsschema nach Vergangenheit und Zukunft treten nebeneinander oder treffen aufeinander das Abwesende und das Anwesende, ausschließlich vermittelt durch die Symbole der Sprache, genauer gesagt: durch die Stimme derjenigen Person, die spricht (Whitehead 1987, S. 317). Es gilt also festzuhalten: Wie anschaulich und beredsam eine Person auch sprechen mag, lediglich deren sprachliche Abschriften eines Ereigneten und das hinzugegebene Meinen sind da, stellen sich unmittelbar vor und gelangen bildhaft in das Bewusstsein dessen, der zuhört und begreifen will (Wittgenstein 2000, S. 363f.).

Da aber zwischen der unmittelbar gemachten Erfahrung etwa mit einem Konflikt, der – nehmen wir einmal an – Betroffensein und Affekte verursacht sowie innere Ressentiments ausgelöst hat, sodass auf ihn zunächst präreflexiv reagiert worden ist, und dessen sprachliche Darstellung in der Supervision selbst, wo das Konfliktgeschehen zum aufweisenden Aussageereignis generiert wird, eine Zeitlücke existiert, werden in dieser Lücke bereits innere Diskurse geführt. Und es werden interpretative Umarbeitungen des Ereigneten vorgenommen. Deren Ergebnisse fließen, häufig unwillkürlich, in die Aussagen ein. Das vorgefallene Ereignis wird zumindest sprachlich so zurechtgelegt, dass es in der späteren Rede eine kognitive Geschlossenheit erhält. Das zeigt sich am folgenden Beispiel: Ein Supervisand hat sich mächtig über seinen Chef geärgert und dementsprechend aufgeregt. Er will darüber in der Supervision berichten und sagt, er habe sich nach dem Vorfall alles genau aufgeschrieben. Er sucht hektisch nach seinen Aufzeichnungen in seiner Mappe, muss jedoch feststellen, dass er das Aufgezeichnete in der Aufregung auf seinem Schreibtisch liegengelassen habe. Er ist sichtlich irritiert und bemüht sich nun, zu rekonstruieren, was er sich angeblich aufgeschrieben habe, aber nicht mitgebracht hat. – Man könnte nun versucht sein herauszufinden, inwieweit sich der Originalvorfall von dem unterscheidet, was er sich aufgeschrieben, und inwiefern sich die Erzählung in der Supervision von dem Aufgezeichneten entfernt hat. Jedenfalls hatte er sich darum bemüht, durch das Niederschreiben seiner Erlebnisgeschichte eine kognitive Geschlossenheit zu verleihen, die den Supervisor überzeugen sollte. Wie auch immer, jene Lücke zwischen unmittelbarer Erfahrung und Erzählung des Erfahrenen trennt die Wirklichkeit von ihrer sprachlichen Repräsentation. Oder so ausgedrückt: In der Sprache berühren sich Ereignis und Erwartung. Die Erwartung jedoch bezieht sich darauf, wie das Ereignete in der Supervision aufgenommen werden wird. Daraus lässt sich schließen, dass das, was erzählt wird, immer als setzende Vergegenwärtigung zu verstehen ist, und zwar aus einer Mischung von Erinnerungen an das empirische Erlebnis, an die Erfahrung des Erfahrenen, sowie von bewussten oder unbewussten Umarbeitungen, sodass die Reproduktion niemals die objektive Erfassung eines Originalvorfalls liefert. Und man wird sich fragen müssen: Was soll die Geschichte verbergen, wovon den Blick ablenken und welches Vorurteil will sie erzeugen? (Wittgenstein in Macho 2001, S. 301; vgl. Heidegger 1997, S. 8f., 16f.)

Alle Erfahrungen gehen dem Denken voraus, und Erkenntnis fängt bei der Erfahrung an (Kant 1975, S. 106). Jedoch bewirken Erfahrungen, denen man ausgesetzt ist, etwas im Körper und in der Psyche. Sie bewirken Freude, Ärger, Angst, Überraschung, Herzklopfen und so fort. Dazu eine an sich belanglose Geschichte: Die Leiterin eines Kinderheimes hat eine Festveranstaltung zum 30-jährigen Bestehen der Einrichtung mit ihren Mitarbeiterinnen und Mitarbeitern geplant. Tage vor dem Ereignis kam sie ziemlich beunruhigt zur Supervision, weil sie alle möglichen Katastrophen befürchtete. Nach dem Fest jedoch erschien sie in aufgeräumter Stimmung. Das Fest war wider Erwarten gut gelungen. Alles sei Hand in Hand gelaufen, keiner aus der Rolle gefallen, selbst die Kinder hätten sich großartig benommen. Ehrengäste und Besucher seien voll des Lobes gewesen. – Sie, die Heimleiterin, hatte ihrem Team und den Kindern diese kreative Leistung nicht zugetraut. Über diese positive Erfahrung gelangte sie zu der Erkenntnis, dass sie sich auf jene verlassen könne, wenn es drauf ankomme. – Man sieht, Erkenntnis hebt von den Sinnen oder der Erfahrung an, geht von dort zum Verstand und endigt bei der vernünftigen Beurteilung (ebd., S. 139).

Das kontextbezogene Zusammenwirken von Erfahrung, Erinnerung, Denken und Erkenntnis ist als ein konstitutives Element jeder Supervisionsarbeit anzusehen. Das zeigt sich etwa, wenn bestimmte Erfahrungen und Eindrücke, die im Zusammenhang mit beruflicher Arbeit gewonnen worden sind, starke Betroffenheit oder Irritationen hinterlassen haben. Das verursacht meistens beunruhigendes, grüblerisches Denken, ein lang anhaltendes, kreisrundes Hin- und Hererwägen ohne Erkenntnis, weil noch die Distanz zu sich selbst und den Umständen fehlt, um ins ruhige Nachdenken zu gelangen. Es gibt eben viele Gründe, die hier im Einzelnen nicht aufgezählt werden können, um sich an Sprachspielen der Supervision zu beteiligen. Sie stellen Aufenthaltsorte zur Verfügung, die sozusagen die

Tatenzeit unterbrechen und ein ruhiges, reflexives Nachdenken über das zur Anschauung Gestellte ermöglichen.

Eben »alles Bedenkliche gibt zu denken« (Heidegger 1997, S. 2). Aber was heißt Denken? Wir denken im Kopf oder mit unserem Geist, im Grunde in einem bio-physikalischen Raum, der kaum lokalisierbar ist. »Kann man denken, ohne zu reden?«, fragt Wittgenstein (2000, S. 263ff.). Gedanken sind nicht stumm; denn unser Denken wohnt in der Sprache (Heidegger). Tatsächlich steht alles Seiende, wozu auch unser Selbstsein gehört, in einem unmittelbaren Bezug zur Sprache. Wir denken unsere Wünsche und Interessen, unsere Begegnungen mit der Welt, fällen denkend Urteile, eben alles denken wir, was ins denkende Bewusstsein gelangt und dort Bild- und Wortvorstellungen annimmt. Die artikulierten Gedanken sind Sätze. Und wenn wir laut denken, bringen wir das, was uns bewegt, zur anredenden Sprache. Ja, der Mensch teilt sich, sein geistiges, psychisches und physiologisches Wesen, in der Sprache mit. Im Grunde kann er alles mitteilen, was mit seiner Sprache benennbar ist. Eben jede Äußerung, die der Mensch macht, etwa mithilfe der Mimik oder Gestik, kann als eine Art der Sprache aufgefasst werden (Benjamin 1991, S. 140ff.; Wittgenstein 2000, S. 221f.).

Die Sprache gehört zur eigenen Seinsweise eines jeden Menschen. So seinsgebunden spricht sie verlautend durch den Menschen, vernünftig, herrisch, verführerisch, klagend, einfühlsam, drohend oder bittend. Und sie spricht nicht nur wahr. Sie ist auch die Sprache der Ressentiments, die agiert, unterstellt und projiziert (Deleuze 2008, S. 122ff.). So oder so die Sprache sprechen ist etwas ganz anderes als eine Sprache benutzen. Wir benutzen die Sprache, wenn wir eine Fahrkarte kaufen oder nach der Uhrzeit fragen. Sobald wir uns aber auf den Weg des Denkens, des Nachdenkens und des Wünschens begeben, achten wir auf das Sagen der Worte. Und oft, sobald es um unsere Wünsche und Interessen geht, benutzen wir Formulierungen, die suggestiv wirken oder einen doppelsinnigen Wink enthalten. Worte sind eben dann keine einfachen Wörter mehr, wenn das Wort oder der Satz, der aus Wörtern besteht, sich mit einer besonderen Bedeutung oder Beeinflussungsabsicht verknüpft (Heidegger 1997, S. 88). Während bei der Frage nach der Uhrzeit der Fragesinn in den Wörtern, die einen Fragesatz bilden, steckt, müssen wir beim bedeutungsvollen Sagen sorgfältig auf unsere Worte achten, ihren Bedeutungs- und Sinngehalt berücksichtigen, um richtig verstanden zu werden. Umgedreht fragen wir uns, was will einer aussagen und ausdrücken? Was aussagend zum Ausdruck gebracht wird, dem geht zunächst die Vorstellung eines Inneren voraus. Dieses Aussagende liegt uns vor, gibt Botschaft und Kunde (ebd., S. 122).

Die Sprache ist gleichsam die Mitte, in der sich das aussagende Ich-Selbst und die Welt zusammenfinden und der Geist, die Seele oder der Körper müssen je die Sprache finden, um sich verständlich mitteilen zu können. Bereits Augustinus weist in seinen *Bekenntnissen* darauf hin, dass die Wünsche im Körper, hingegen die Menschen, die sie erfüllen sollen, außerhalb des Körpers sind (Augustinus 1989, S. 37f.). In der Sprache ist es der intonierte Satz, der den Schrei des Begehrens oder des Wunsches zum Ausdruck verhilft. Nicht nur die Begehren, Gemütsbewegungen oder Körperempfindungen, sondern alles Bedenkliche, was vorgestellt und dargestellt werden soll, Wirkliches und Unwirkliches, verlassen über die sprechende Stimme den Körper und richten sich anredend an diejenigen, welche sich hörend im Spielraum des Gesprochenen aufhalten (Heidegger 1997, S. 89). Sobald aber die Töne oder Laute der Sprache sich vom Körper trennen und sich in Sätzen organisieren, bekommt das anredend Gesprochene sinngefüllte Ausdrucksfunktionen und wird zu einem bedeutungsvollen Sprachspielereignis. Es fällt somit in die Interpretation derjenigen, die an dem Sprachspiel teilhaben. In keinem Fall kann das so Gesprochene einfach wieder zurückgeholt oder für nichtig erklärt werden. Es ist im Sprachraum unkörperlich manifest geworden und bewirkt irgendwelche Reaktionen, etwa eine Erwiderung, ein Schweigen oder einen Gegenstoß. Immerhin kann man über Sinn und Bedeutung dessen, was man sagen wollte, in einen Dialog eintreten (Deleuze 1993, S. 33ff., 226ff.).

Die Anwendung und die Verwendung der Worte und deren beigelegte Bedeutung sind nicht von Regeln begrenzt. Sie erhalten ihren Sinn erst durch das ausdrückende Sagen. Wäre es nicht so, könnten weder Zweifel noch Missverständnisse durch unsere Aussagen entstehen – und wir müssten nicht so oft sagen: Das habe ich so nicht gemeint oder wollte ich gar nicht sagen. Denn eine Sprache sprechen und verstehen können, hängt nicht allein davon ab, ob wir ihre Zeichen kennen und uns mithilfe dieser Zeichen verständlich ausdrücken können. Sie dient vor allem der Verständigung, und zwar einerseits auf der Oberfläche, wo es um sachliches Verstehen geht, und andererseits in den Dimensionen der Tiefe, nämlich um die Bedeutungen des Bezeichneten, die dem aussagenden Bewusstsein nicht zur Verfügung stehen. Denn die Sprache zeigt nicht nur, was sie sagen will. Sie verbirgt und verschleiert auch, was sie nicht direkt ausdrücken will oder als Spur des Unbewussten unwillkürlich in das Sprechen einfließen lässt.

Letzteres ist dann als Manifestation von etwas Anderem wahrzunehmen, welches im sinnlich Wahrnehmbaren als Doppelsinn oder Signifikant phänomenologisch wie ein Wink aufscheint, etwa ein entstelltes Begehren oder ein elementarer Wunsch (Ricoeur 1969, S. 18ff.). Jacques Derrida spricht in diesem Zusammenhang von der Bedeutung beseelter Signifikanten, namentlich von Symbolisierungen, die mehr ausdrücken als sie sagen wollen, sodass sie Bedeutungsintentionen tragen, die mit dem Leben oder dem Körper direkt zu tun haben (Derrida 2003, S. 104ff.). Hierzu folgende Geschichte: Ein körperbehinderter Mann, als Abteilungsleiter tätig, glaubte eines Tages, während er in seiner Firma mühsam die Treppen zu seinem Büro hinaufstieg, zu beobachten, wie ihn eine junge Frau, die er noch nicht kannte, weil sie offenbar neu eingestellt worden war, von der Balustrade des oberen Stockwerks herab abschätzig musterte. Das gab ihm einen Stich. Er reagierte verlegen und verärgert, schwieg aber darüber. – Nachts darauf träumte er Folgendes: »Ich liege in einem dunklen Zimmer schlafend im Bett. Plötzlich werde ich wach und sehe, wie eine Hand vom Nachttisch meine Geldbörse wegzieht. Ich will um Hilfe schreien, aber das gelingt mir nicht. Anschließend befinde ich mich auf einem langen Gang und sehe die Geldbörse auf dem Boden liegen. Ich hebe sie auf und stelle fest, dass sie leer ist. Als ich aus dem Gangfenster schaue, erblicke ich draußen drei Frauen fröhlich schwätzend auf ihren Fahrrädern vorüberradeln. Ich ducke mich weg, damit sie mich nicht sehen« (Münch 2011, S. 337ff.).

Kurzum, beide Ereignisse, die abschätzigen Blicke jener Frau und dieser nächtliche Traum, stehen in einem unmittelbaren Zusammenhang, sofern man den manifesten Trauminhalt auf seinen latenten Sinn oder seine verschleierten Bedeutungsintentionen hin zu verstehen versucht. Diesem Mann wird, versteht sich, im Traum von einer bedrohlichen Hand die Geldbörse weggenommen. Hand und Geldbörse sind Signifikanten mehrfachen Sinns. Was hat ihm, fragen wir, unerwartet, gleichsam in dunkler Nacht, ein Unheil bereitet? Die Krankheit hat Hand an ihn gelegt und ihm dieses Unheil bereitet. Sie bedroht ihn und hat ihm eine starke Behinderung auferlegt, ihn sozusagen seiner Potenz beraubt, sodass Frauen abschätzig auf ihn herabsehen, einfach vorüberradeln oder ihm mitleidig begegnen. Er hingegen duckt sich lieber weg, will nicht gesehen werden! Tatsächlich, der dinghafte Geldbeutel, hier verstanden als signifikante symbolisierende Repräsentation seines einschränkenden Lebensgefühls, ist mehr als zeitweilig so gut wie leer. Diese Dingvorstellung im Traum, dessen bildhafte Kette in szenischer Form, nimmt in der Übersetzung die Bedeutung für mangelnde Potenz oder Lebenskraft an, welche das Lebensgefühl erheblich einschränkt. Das wird noch deutlicher, wenn man berücksichtigt, dass im Österreichischen der Geldbeutel gern als »Geldsackerl« bezeichnet wird (ebd., 339f.; Derrida 1976, S. 332f.).

Damit ist nun schon deutlich gesagt, dass der Bedeutungsgehalt einer Traumbildkette wie ebenso einer Rede (eines Satzes) einen absoluten Vorrang dem Bezeichneten oder dem Heißenden gegenüber genießt. Allein deswegen muss die Zeichensituation solcher Veräußerungen analysiert, sozusagen von ihrer Lasur befreit werden. Zur Zeichensituation zählen freilich auch die begleitenden Zeichen wie Betonung, Mimik, Gestik, genauso die Tonalität der Stimme, eben die gesamte Darstellungsweise und ihr Nexus. Wie gesagt, immer geht es dabei um das Lichten eines bedeutsamen, verborgenen Mitteilungsgehalts, der sich zunächst in der Mehrdeutigkeit einer Aussage verbirgt. Dieses signifikante Material zeigt sich in der Regel als bildhafter oder szenischer Inhalt, der eine gewisse Dramatizität vernehmen lässt und bei dem die oder der Erzählende nicht mehr ganz Herr der Erzählung ist.

Eine Frau, die einen kleinen Betrieb führt, berichtete in der Supervision von einem freiberuflich tätigen Computerfachmann, den sie angeworben hatte, damit er im betrieblichen Computersystem neue Software installiert. Er machte seine Sache gut und sie fand ihn sympathisch. Doch zum Ende versuchte er, sie zu überreden, mit ihm einen längerfristigen Vertrag zur Systembetreuung abzuschließen. Sie fühlte sich plötzlich unter Druck gesetzt und erlebte ihn nun aufdringlich, weil er nicht locker lassen konnte. Und am Schluss ihrer Rede in der Supervision fügte sie unerwartet den Satz hinzu: »Mit Männern kann man nicht vorsichtig genug sein.« Sie wurde rot und verlegen dabei, fing an zu stottern, verlor an dieser Stelle die Herrschaft über ihre Erzählung. Aber was heißt »vorsichtig genug« und weshalb muss sie stottern und bekommt einen roten Kopf? Ist ihr dieser Mann zu nahe gekommen? Auf jeden Fall drückt sich in diesem Sprachbild etwas aus, was der Text an sich nicht aussagt. Dennoch zeigt sich im gesprochenen Text das Ungesagte, was in diesem Falle auch aus Scham und Schuld das unmöglich Zu-Sagende ist, gleichsam an. Beim Nachfragen stellte sich nämlich heraus, dass sie jenen Mann gleichsam wie einen Verführer erlebt hatte. Und plötzlich öffnet sich die Höhle des Vergangenen und es brach aus ihr heraus. Sie erzählte beschämt und wütend, dass sie als junges Mädchen von ihrem fünfzehn Jahre älteren Schwager mehrfach sexuell missbraucht worden sei.

Sprachäußerungen dieser Art sind häufig nicht mit bestimmten bewussten Absichten verbunden, sondern folgen einem unbewussten Drang, ein verborgenes Leid oder Schicksal schließlich doch noch zu entbergen. Wie in dem geschilderten Fall geraten weit zurückliegende, schicksalhafte Ereignisse unbemerkt in ein Analogieverhältnis zu einer gegenwärtigen Situation, legen sich eine Spur in die Gegenwart und geben sich durch einen erregungsbesetzten Signifikanten zu erkennen. Die Klientin reagiert in der gegenwärtigen Situation des geschilderten Vorfalls gewissermaßen mit dem gleichen Widerstand und dem gleichen schamhaften Angstreflex, mit denen sie in der ursprünglichen Situation reagiert hatte. Auf diesem Weg wird ihr mithilfe der Supervision, deren Sprachspiel stets ein Unvorhersehbares ist (Wittgenstein 1984, S. 232), das Wiedererinnern und zugleich das analogische Wiedererkennen ermöglicht (Derrida 1976, S. 306ff.; Freud 1962, S. 305ff.).

Aufgrund der vorangegangenen Überlegungen kann das Sprachspiel Supervision als eine bedeutsame Verstehenssuche mit unbekanntem Ausgang bezeichnet werden. Denn »was bedeutsam ist«, schreibt Gadamer, »hat eine ungesagte oder unbekannte Bedeutung«. (1990, S. 95) Die von ihm entwickelte Hermeneutik versucht die Bedingungen aufzuklären, unter denen Verstehen geschieht (ebd., S. 300). Als Methode oder Verfahren des Sprachverstehens und der Auslegung geht sie von der allgemeinen Regel aus, dass das Ganze aus dem Einzelnen und das Einzelne aus dem Ganzen zu verstehen sei. Diese oszillierende Bewegung des Verstehens, das suchende Hin- und Herschwingen zwischen den Personen, wird als »hermeneutischer Zirkel« bezeichnet und geht auf den Philosophen Schleiermacher zurück. Dieses zirkuläre Verstehen ist als ein nicht formalisiertes Ineinanderspiel von Rede und Gegenrede zu begreifen, um sich in der befragten Sache wechselseitig zu verstehen, stets mit der Absicht, eine sinnbezogene Übereinstimmung miteinander herzustellen, und zwar im Hinblick auf ein Gesagtes. Das Gesagte aber spricht durch die persönliche Sprache, die ausgefüllt ist durch Kontinuität und Herkommen, in deren Lichte sich auch das Seinsgeschichtliche desjenigen zeigt, der anredend spricht. Mit anderen Worten: Das Gegenwärtige wurzelt immer in seinem geschichtlichen Herkommen, sowohl im persönlichen, im familiären, im kulturellen als auch im gesellschaftlichen. Folglich steht das sachlich Vorgängige, das zur Sprache gebracht wird, in einer mehrfachen Ordnung und stellt zu derselben eine eigentümliche, unwillkürliche Verbindung her. Dazu zählt also die ganze Seinsverfassung des Menschen, gleichfalls natürlich seine psychische wie somatische Verfasstheit, eben alles, was in das jeweils Vorgängige eingebunden erscheint (ebd., S. 298ff.).

Diese Art der Verstehenssuche, die sich eines tiefenhermeneutischen Verfahrens bedient, wendet sich gegen das schnelle Verstehen und den sogenannten »Logozentrismus« (Derrida), der beweisen, nachweisen oder anweisen will. Bei der Tiefenhermeneutik geht es – nochmals gesagt – darum, einen zur Untersuchung gestellten Sachzusammenhang mit der daran gebundenen Erlebnissubjektivität zu verknüpfen. Erlebnissubjektivitäten sind jedoch niemals in Gänze nur Wiederholungen. Sie resultieren einerseits aus den je gegenwärtigen Erfahrungen. Andererseits aber beziehen sie sich auf zurückliegende Erlebnisse, die zur Erfahrung geronnen sind und intrapsychische Spuren hinterlassen haben. Dieselben sind an sich bekannt, gleichwohl sie in der gegenwärtigen Situation oft nicht erkannt werden. Sie müssen dem »Wiedererinnern« oder Wiedererkennen (Platon 1991, S. 231ff.) zugeführt und ihrem Wesen nach erkannt werden, sodass dieses Erkannte mit den gegenwärtigen Umständen in Verbindung gebracht werden kann. Selbst wenn wir glauben, den engen Kreis unserer Herkunftswelt überwunden zu haben, heißt das keineswegs, dass jene vergangene Welt nicht als Erinnerung und Vorstellung, oft im Unbewussten, in uns weiterlebt. Wir können nicht vergessen, selbst wenn wir meinen, vergessen zu haben. (Heidegger 1977, S. 181ff.). Die Sorge um unser Dasein bezüglich seiner eigenen widersprüchlichen Dialektik zwingt uns dazu, dem Wesen der Dinge, auf die man stößt, auf den Grund zu gehen, sofern man sich nicht Passionen aussetzen oder nicht wie ein »Käfer in der Schachtel« (Wittgenstein) vergeblich nach dem lichtenden Ausgang suchen will.

Literatur

Augustinus (1989): Bekenntnisse. Stuttgart (Reclam).
Benjamin, W. (1991): Aufsätze – Essays – Vorträge. Ges. Schriften Bd. II–1. Frankfurt am Main (Suhrkamp).
Deleuze, G. (1993): Logik des Sinns. Frankfurt am Main (Suhrkamp).
Deleuze, G. (2008): Nietzsche und die Philosophie. Hamburg (eva-Taschenbuch).
Derrida, J. (1976): Die Schrift und die Differenz. Frankfurt am Main (Suhrkamp).
Derrida, J. (2003): Die Stimme und das Phänomen. Frankfurt am Main (Suhrkamp).
Dilthey, W. (1992): Der Aufbau der geschichtlichen Welt in den Geisteswissenschaften. Bd. VII. – Göttingen (Vandenhoeck & Ruprecht).
Freud, S. (1962): Aus den Anfängen der Psychoanalyse. Hamburg (Hanseatische Druckanstalt).

Gadamer, H.-G. (1990): Hermeneutik I. Wahrheit und Methode. Tübingen (Mohr).
Haller, R. (1999): Variation und Bruchlinien einer Lebensform. In: Lütterfels, W. & Roser, A. (Hg.): Der Konflikt der Lebensformen in Wittgensteins Philosophie der Sprache. Frankfurt am Main (Suhrkamp), S. 53–71.
Heidegger, M. (1977): Sein und Zeit. Tübingen (Max Niemeyer Verlag).
Heidegger, M. (1997): Was heißt Denken? Tübingen (Max Niemeyer Verlag).
Heidegger, M. (2005): Die Grundprobleme der Phänomenologie. Frankfurt am Main (Vittorio Klostermann).
Kant, I. (1975): Die kritischen Schriften. In: Die drei Kritiken. Stuttgart (Alfred Körner Verlag).
Macho, Thomas H. (2001): Wittgenstein. Ausgewählt und vorgestellt von Thomas H. Macho. München (Deutscher Taschenbuch Verlag).
Münch, W. (2007): Supervision – ein personengebundenes Wissen? Zeitschrift Supervision 2, 23–29.
Münch, W. (2011): Tiefenhermeneutische Beratung und Supervision. Frankfurt am Main (Brandes & Apsel).
Nietzsche, F. (2008a): Die fröhliche Wissenschaft. In: Colli, G. & Montinari, M. (Hg.): Kritische Studienausgabe. München (Deutscher Taschenbuch Verlag), S 477–478.
Nietzsche, F. (2008b): Morgenröte. In; Colli, G. & Montinari, M. (Hg.): Kritische Studienausgabe. München (Deutscher Taschenbuch Verlag), S. 270.
Platon (1991): Phaidon. Werke Bd. IV. Frankfurt am Main u. Leipzig (Insel Taschenbuch).
Ricoeur, P. (1969): Die Interpretation – Ein Versuch über Freud. Frankfurt am Main (Suhrkamp).
Whitehead, A. N. (1887): Prozess und Realität. Frankfurt am Main (Suhrkamp).
Wittgenstein, L. (1960): Schriften. Frankfurt am Main (Suhrkamp).
Wittgenstein, L. (2000): Wiener Ausgabe »The Big Typescript«. Frankfurt am Main (Zweitausendeins).
Wittgenstein, L. (1984): Über Gewissheit. Werkausgabe Bd. 8. Frankfurt am Main (Suhrkamp).

Das Ungesagte und Unscheinbare

Die Bedeutung des Verborgenen in der Supervision

Mario Wernado

Das Ungesagte.

Das Ungesagte ist das, was eben nicht angesprochen wird; entweder wird es bewusstseinsnah nicht gesagt, verdrängt und »vergessen« oder es spielt objektiv keine Rolle und wird deshalb nicht erwähnt.

Das Unscheinbare.

Damit verbindet man zunächst das Bild von etwas Kleinem und Bedeutungslosem; bei näherer Betrachtung des Begriffes fällt auf, dass es auch bedeuten kann: Es ist dasjenige, das nicht erscheint; jemand lässt es nicht erscheinen, verkleinert es in seiner Bedeutung und so erscheint es dem anderen, dem Supervisor, nicht wichtig und auch nicht bedeutsam.

Verborgen wird in aller Regel das, was uns beschämt; es wird unscheinbar gemacht und, in einer anderen Sprache: bagatellisiert.

Beratungssituationen haben eine bestimmte Struktur, eine bestimmte Dynamik und setzten regelhaft Fantasien, Erwartungen und Prozesse, verbunden mit Widerständen, in Gang.

Diese Elemente sind in aller Regel überschaubar. In der Nachfrageanalyse treten sie erstmals zu Tage. Wir wissen, wie sehr in diese Rahmenbedingungen bereits Dynamiken und Ungesagtes sowie Unscheinbares mit einfließen, das uns begleitet und gegebenenfalls von dem Schein befreit werden muss, um es in seinen wesentlichen Aspekten auch zu erkennen.

Die Dynamik des Unbewussten will ich näher beschreiben, wobei ich davon ausgehe:
- ➢ Jemand kann es nicht alleine – »schafft es nicht«,
- ➢ braucht externe Hilfe und ist in aller Regel im Rahmen des Arbeitspro-

zesses (in der Supervision regelhaft, in der Therapie, auch im Bereich Privat) nicht in der Lage, seine Probleme »erwachsen« zu lösen.
➤ Beratungssituationen sind Beschämungssituationen.

Es liegt also eine Situation zugrunde, verbunden mit der Erfahrung, die sich reduzieren lässt auf die Aussage: Ich kann es nicht – und anderen ist es auch aufgefallen und/oder wird es auch auffallen.

Somit ist diese Szene verbunden mit: Ich muss es aber lösen, kann es nicht alleine.

Jeder Mensch reagiert auf eine solche Situation auf der Grundlage seiner Biografie. Die Erfahrungen mit solchen Situationen sind unterschiedlich und in ihrer Bedeutung und Bewertung abhängig von den Kulturen in Institutionen (Akzeptiert? Fragwürdig? Manifest ablehnend?).

In einer Institution, die Beratung ablehnt, weil man eben doch alles alleine können muss, ist die Folge, dass jemand sich »heimlich« Coaching nimmt. Auch in Institutionen, in denen es offiziell möglich ist sich beraten, supervidieren zu lassen, ist man nicht gefeit vor Beschämungshierarchien: Je nachdem wie sich dies in einer Organisation entwickelt, gilt vielleicht derjenige als besonders stabil, der das nicht braucht oder diejenigen als besonders richtungsweisend, die umfangreich von solchen Ressourcen Gebrauch machen, um eigene Ressourcen zu erweitern.

Eine Beschämungssituation setzt Kränkungen frei und Menschen wehren sich gegen Kränkungen; somit ist es bedeutsam, diesen Aspekt zu betrachten und zu respektieren.

Scham und Beschämung – »Ich habe es nicht gekonnt.« – heißt aber eben auch: »Eigentlich könnte ich es anders«.

Tiere schämen sich nicht – sie können nämlich nicht anders. Die im Schamaffekt enthaltenen Aspekte sind zweigeteilt:
➤ Derjenige, der beschämt, sagt ja auch: Ich erwarte oder erwartete etwas von dir – habe etwas anderes erwartet, als die Leistung bzw. die Qualität, die du geboten hast.
➤ Du hättest anders gekonnt.

Vor diesem Hintergrund lohnt es sich, das Beschämungserleben zu analysieren, denn in dem Beschämungsmoment wird auch das Element der Hoffnung aktualisiert; die Aufgabe wird sein zu klären, ob es intrapsychische, interpersonelle oder institutionelle Gründe gewesen sind, die an der

Erfüllung der erwarteten Aufgabe hinderten und in welchem Verhältnis die Elemente zueinander stehen.

Wir können die Schwierigkeit in der Initialphase dadurch begreifen, dass alle Menschen Widerstand gegen Beratung und Supervision dann aufwenden, wenn Ertapptheitsscham gefürchtet wird: Die Vorstellung entdeckt zu werden, insbesondere dann, wenn man vorgegeben hat, man könne es, was einen dann in große Nöte stürzt – und das muss der Supervisor wissen –, zwingt reflektorisch dazu, sich zu verbergen, weil die Gewissheit zugrunde liegt, dass man sich nicht *geborgen* fühlte/fühlen kann und keine Aussicht zu bestehen scheint, diesen Zustand zu erreichen.

Erwartet wird im Rahmen der Supervisionssituation mit dem kategorischen Imperativ »zeig her« aufgefordert zu werden, Übergriffe in den Intimbereich (hier verstanden als den innersten Bereich des Fühlens und Empfindens, insbesondere: des Schämens) zu gestatten. Diese Szene löst Angst aus und Angst produziert Widerstand. Der Widerstand richtet sich gegen die Wahrnehmung: So war ich/so bin ich. Hier erkennen wir die grundlegende Dimension der Schamproblematik, sie bezieht sich nämlich auf die Dimension des: Seins.

Im Gegensatz dazu ist Schuld als Thema (in Verbindung mit Verantwortung) bezogen auf das Handeln/Tun/Unterlassen. Die kategoriale Dimension »ich kann anders handeln« sich vorzustellen, fällt sehr viel leichter als die Forderung »anders zu sein« und somit machen Schuld-/Verantwortungsthemen geringere Ängste bei der Problematisierung als Themen, die in denn Bereich von Schamkonflikten vorstoßen.

Für die Supervisions- und Beratungstätigkeit ist es wichtig, davon auszugehen, dass Schamaffekte etwas Konstruktives enthalten, indem sie etwas Wertvolles im Menschen, nämlich: sein Sosein schützen und es ist Aufgabe des Supervisors, faktisch und atmosphärisch die Situation so zu gestalten, dass diese Perspektive glaubwürdig eingebracht werden kann. Nur so ist eine Veränderung zu erwarten.

Diesen Gedanken von Scheler kann man kontrastieren mit dem Verständnis von Sartre, der den Blick des anderen als zutiefst und existenziell bedrohlich erlebt. Der Blick des anderen ist frei, er kann mich in meiner Identität beeinträchtigen/stören. Ich bin dem Blick des anderen ausgeliefert, ich kann nichts dagegen tun, von dem anderen gesehen zu werden. Das ist ängstigend, weil er die Freiheit hat, mich so zu sehen, wie er das will; in letzter Konsequenz ist diese Freiheit der Sichtweise des anderen ein Bild für den Tod, kann dadurch doch das Selbstbild (das man ja von sich selbst hat) vernichtet werden.

Dieses Bild von dem bösen Blick (formuliert u. a. von Wurmser mit den tausend unbarmherzigen Augen bzw. von Andre Green mit dem toten Blick der Mutter) als beständig lauernde Drohung in Beratungsprozessen gilt es einzubinden; die Aussetzung von bösen Blicken hat eine lange Tradition: Im Mittelalter ist es symbolisiert durch das An-den-Pranger-Stellen und diese Techniken finden sich in manchen Betrieben, wenn »Mitarbeiter des Monats« in einem klobrillenähnlichen Rahmen (wie im Film *Cast away* mit T. Hanks) anderen Mitarbeitern benannt werden.

An den Pranger zu stellen zielt darauf zu antizipieren, dass man beschämt werden kann, um sich an dieser Stelle angepasst/leistungsgerecht zu verhalten. Es liegt nahe, die »freie« Marktwirtschaft unter dem Blickwinkel zu betrachten, dass sie in ihrem Kern schamlos ist; insofern sind schamlose Manager auch immer wieder Inhalt von Pressemitteilungen oder werden in Filmen (z. B. *Wall Street*) geschildert und in ihrer Faszination den Augen des Publikums preisgegeben. Schamlosigkeit scheint eine Möglichkeit für grenzenlosen Erfolg zu sein. Der Schamlose ist den Anfechtungen enthoben, die derjenige verspürt, der sich zu schämen in der Lage ist; das stößt dadurch an Grenzen, dass Schamlosigkeit immer auch Beziehungslosigkeit bedeutet: Wer sich nicht schämt und sich nicht beschämen lässt, ist auch durch Beziehungen nicht korrigierbar. Schamkultur von Institutionen gilt es zu kennen, um die Grenzen der Beschämbarkeit bzw. die Aufforderung, schamlos zu werden auch zu verstehen.

Die Situation ist von zwei Leitplanken begrenzt:
- entweder: schamlos und beziehungslos
- oder: leicht beschämbar und somit außerordentlich handlungseingeschränkt bis hin zu handlungsunfähig.

Entwicklungsgeschichtlich ist festzuhalten, dass Neugierverhalten bei Kindern immer zu Beschämungssituationen führt: Sie finden etwas toll, demonstrieren dies Erwachsenen und jene reagieren unter Umständen mit Achselzucken oder mit herabgezogenen Mundwinkeln. Es ist sehr wohl möglich, dass die Ablehnung nicht eine explizite Ablehnung ist (wie im Falle von »Bäh«, wo Ekelreaktionen demonstriert werden); häufig wird das Neugierverhalten durch die Eltern nicht ausreichend wertgeschätzt; gegen solche Erfahrungen ist kein Mensch gefeit, sie sind jedoch Schlüsselsituationen in der Art und Weise, wie Abhängigkeitsscham und Neugierverhalten miteinander korrespondieren. Wir können diesen Aspekt auf Projektarbeit übersetzten, denn: Wenn eine Abteilung sehr produktiv gewesen ist, aber bei der abschließenden

Besprechung nur Achselzucken erntet, ist die nächste Enttäuschung programmiert, da die Motivation durch diese Beschämungssituation (die noch nicht einmal explizit als solche gemeint sein muss) beeinträchtigt sein wird.

In patriarchalischen Strukturen werden Heranwachsende erst durch Mannbarkeitsrituale in den Kreis der Männer aufgenommen. Das Schlimmste ist, dabei zu versagen (zumeist: körperlichen Schmerz nicht zu ertragen), denn dieses Versagen bedeutet: existenzielle Beschämung, *man gehört dann nicht dazu*. Das Bedürfnis, dazuzugehören, ist ein fundamentales; Menschen tun die unsinnigsten Dinge, um dazuzugehören, um sich als Teil eines Ganzen zu verstehen. Insofern sind (natürlich) die Eintrittsrituale bei Institutionen, Organisationen gegenüber der Machtsituation asymmetrisch: Der Neue muss sich den Ritualen unterwerfen – oder er gehört eben nicht dazu und wird beschämt (z. B. beim Militär).

In Institutionen lässt sich diese Beschämungssituation reduzieren: Ein Brainstorming ist eine Möglichkeit, diesen Konflikt zu gestalten: Dort werden Einfälle gleichwertig gewertet und nicht vorschnell einer Beschämungskritik unterzogen. Daraus kann man ableiten: Für erfolgreiche Arbeit muss es gelingen, Voraussetzungen dafür zu schaffen, dass ähnlich wie im Brainstorming Dinge gesagt und gedacht werden können, die in der Beschämungshierarchie gut aufgehoben sind. Sie völlig außer Kraft zu setzen, kann nicht gelingen.

Es gibt den Begriff der »angstarmen Kommunikation«, die eine gute Grundlage dafür bildet, Beschämungssituationen zu handhaben und auf die Art und Weise wenig ungesagt zu lassen, um der Notwendigkeit zu entkommen, Probleme »unscheinbar« werden zu lassen.

Das Bild eines gestillten Säuglings, der wohlwollend genährt und wohlwollend angeblickt wird, ist die eine Leitplanke zum Verstehen der Lösung; ganz sicher kann dieses Bild so nicht auf Institutionen übertragen werden. Auf der anderen Seite steht die Möglichkeit, die Levinas (in der Auseinandersetzung mit Sartre) beschrieben hat, indem er darauf hinwies, dass der Blick des anderen mich zwar in meiner Freiheit korrigiert, im Sartre'schen Sinne sogar zerstört, er aber durch einen kommunikativen Prozess auch zu bereichern in der Lage ist. Der Preis der Bereicherung ist allerdings die Beschämbarkeit: Wenn ich von jemandem abhängig bin, vermag der mich auch zu beschämen; nur wenn ich völlig unabhängig bin, bin ich niemals beschämbar.

Die oben genannten Gesichtspunkte können ein Verständnisgerüst dafür liefern, wie man Ungesagtes und Unscheinbares im Beratungsprozess unter dem Blickwinkel der Schamdynamik begreifen kann.

Entwicklung professioneller Therapeuten und die Bewältigung therapeutischer Paradoxien

Michael B. Buchholz

Wie in der berufspolitischen Diskussion auch schwankt die öffentliche Wahrnehmung des Therapeutenberufs zwischen großer Idealisierungsbereitschaft und vernichtender Geringschätzung; man wird auch in therapeutischen Sitzungen selbst gelegentlich einem schwierigen Gefühlsbad ausgesetzt. Das in therapeutischen Sitzungen aushalten zu lehren, sollte eine der Basis-Aufgaben von Supervisionsprozessen sein.

Supervision therapeutischer Prozesse muss die Fähigkeiten zum Mitleiden bei klarem Kopf ebenso erhalten wie eine weitgehende Konfliktentlastung beim eigenen beruflichen Wunsch, hilfreich zu sein. Supervision braucht dazu Kenntnisse von den therapeutischen Paradoxien, die zu bewältigen sie hilfreich lehren muss; sie braucht weiter eine selbstreflexive Orientierung am stufenförmigen Entwicklungsaufbau therapeutischer Kompetenzen und muss den Entwicklungsstand eines Supervisanden in allgemeiner Weise angemessen einschätzen können. Hinzu kommt die spezifische Einschätzung des Entwicklungsstandes, wenn eine bestimmte Situation besprochen wird. Manchmal weicht die spezielle Einschätzung vom allgemeinen Entwicklungsstand eines Supervisanden ab.

Denn es kommt sehr darauf an, die eigenen supervisorischen Bemerkungen darauf zuzuschneiden, was dem Supervisanden zuträglich ist, was er aufnehmen und verkraften kann oder was er intellektualisierend oder anderweitig abwehren müsste. Supervision muss auch dazu beitragen, die Entwicklungspotenziale eines zukünftigen Therapeuten so entfalten zu helfen, dass das Leiden am Therapeutenberuf ertragen werden kann. Auch dazu sollte durch Supervision eine Haltung wenigstens in Ansätzen entwickelt werden.

Auf einer Tagung verkündete ein Erfahrener einmal, er habe noch nie eine Stunde gehabt, in der er sich gelangweilt hätte – und das rief doch etwas Gelächter hervor. Langeweile ist durchaus ein, wenn auch kleines, Moment des Leidens im therapeutischen Beruf. Es gibt weitere, doch gehöre ich nicht zu denen, die glauben, dass wir etwa durch die Behandlung traumatisierter Menschen selbst traumatisiert würden. Wir zerbrechen nicht am Leid anderer Menschen; denn großes Leid ruft selbst bei Therapeuten große Hilfsbereitschaft und -fähigkeiten hervor. Irgendwie ist das nicht das Problem, sondern unsere Ohnmacht, unser Gequältsein, die Notwendigkeit der Zurückhaltung von Meinungen und Affekten. Ich beginne, die angeschnittenen Fragen anzugehen, indem ich ein kleines Beispiel, in dem ich als Therapeut etwas gelitten habe, berichte. Die therapeutischen Paradoxien und Entwicklungsstadien werde ich aus einer therapeutischen Perspektive berichten, doch so, dass die Bezüge zur Supervision sofort nachvollziehend hergestellt werden können. Wer ein Transkript einer durch mich durchgeführten Supervision lesen möchte, kann dies an anderer Stelle tun (Buchholz 2011).

Therapeutische Autopoiesis

Eine 23-jährige, anorektische Patientin von 42kg Körpergewicht, hochmütig, schwer zugänglich und abweisend, Studentin der Medizin mit hervorragenden Leistungen, fragt mich am Ende eines Erstinterviews, welches Honorar Therapeuten eigentlich erhalten? Und was sie bekommen, wenn die Therapie scheitert? Die Frage hat etwas Herausforderndes, mir ist sofort klar, dass ich mit den üblichen Erklärungen des Krankenkassensystems an dieser Stelle nicht antworten darf. Ich schweige und fühle mich gepeinigt von meiner Blödheit, weil mir nichts einfällt, ich merke, wie auf ihrem Gesicht erst ein erstaunter, dann ein kaum merklicher höhnischer Ausdruck sich einstellt und fühle mich noch unterlegener, richtig gequält, als sich das Schweigen ausdehnt – es sind nur wenige Sekunden, die mir sehr lang vorkommen. Schließlich sage ich, die Frage wiederholend: »Was Therapeuten bekommen, wenn die Therapie scheitert? Schmerzensgeld!« Und falle, tief dankbar, dass mir dieser Einfall zugespielt wurde aus irgendeinem seelischen Winkel, beinah in ein erleichtertes Lachen. Nur beinah, aber ich sehe, wie sie kurz lacht und dann ernst wird. Ich merke, sie hat plötzlich, für einen »now moment« (Stern 2004), verstanden, dass sie nicht nur leidet, sondern etwas tut, was andere quält. Es war nicht ihr, es war mein Leid, das mir zu schaffen gemacht hat.

Wenn wir Resilienz einmal vorläufig als Fähigkeit beschreiben, therapeutische Krisen ohne dauernde Beeinträchtigung durchzustehen, dann könnte die Frage also eher sein, welcher Art diese Krisen sind. Kann es eine Entwicklung therapeutischer Resilienz geben? Was brauchen wir, um aus solchen Krisen herauszukommen? Dazu will ich hier einen Beitrag versuchen. Ich unterstelle dazu die Faktoren als bekannt, die die Systemtheorie dazu beschrieben hat, wie z. B. den Verzicht auf die vollständige Beherrschung von lebenden Systemen, die damit verbundene Toleranz für eigene wie für fremde Fehler und die dem metaphorischen Stehaufmännchen zugesprochene Fähigkeit zur Selbstregeneration.

Ich will stattdessen von Selbst-Generierung sprechen. Das wäre der Fall von therapeutischer Autopoiesis, die sich nach Luhmann (1984, S. 600ff.) bekanntlich auf drei Ebenen vollzieht: Es gibt eine *basale*, eine *prozessuale* und eine *reflexive* Ebene der Wiederherstellung des therapeutischen Selbst. Auf den beiden zuletzt genannten Ebenen muss das System seine Einheit nicht dauernd vollziehen, es muss sie nur *als* solche bezeichnen können. Auf der basalen Ebene hat das therapeutische Selbst v. a. das Problem seiner Reproduktion: Es muss an jede Operation eine neue Operation sozusagen vom gleichen Systemtyp anschließen können, um sich zu reproduzieren. Da unsere Operationen vor allem kommunikativer Natur sind, müssen wir hinreichend deutlich machen, dass das, was wir tun, Therapie ist und nicht einfach nur Gequatsche.

Dem steht nun die große Schwierigkeit entgegen, dass es überhaupt keine verbindliche Definition von Therapie gibt, jedenfalls keine, der nicht von berufener Seite sofort und nachhaltig mit guten Argumenten widersprochen werden könnte. Dieser Umstand der Undefinierbarkeit von Psychotherapie ist meines Wissens bisher in der Literatur zur Supervision nicht hinreichend gewürdigt worden und trägt seinerseits in nicht geringem Maße dazu bei, dass auch Supervision bislang nicht einheitlich definiert wurde. Ich vertrete die Auffassung, dass beide Bereiche nicht hinreichend definiert werden *können* und dass daraus aber kein Schaden, sondern gerade das Potenzial von Therapie und Supervision erwächst. Was man definieren kann, sind Grenzen, deren Überschreitung im Konsens aller Kundigen als schädlich betrachtet wird. Aber der Korridor zwischen diesen Grenzen ist breit und ermöglicht somit für jede gegebene therapeutische oder supervisorische

Lage ein großes Potenzial kreativer Umgangsformen. Mein Beitrag über die Entwicklung von Therapeuten will ein paar Hinweise geben, was dabei beachtet werden könnte.

Wir müssen damit leben, dass Therapie so wenig wie Musik definiert werden kann. Der Komponist John Cage hat sich einmal über die Definitionswut seiner Musikerkollegen lustig gemacht, indem er ein Stück *4'33"* genannt hat. Vier Minuten und 33 Sekunden Schweigen, »aufzuführen mit einer beliebigen Menge an Instrumenten«, wie es in der Anweisung des Komponisten dazu heißt. Nimmt man sich ein Beispiel daran, darf man auch die Psychotherapie als *allgemein* nicht definierbar, aber *individuell* immer realisierbar (Buchholz 2004) bezeichnen. Sie vollzieht ihre Einheit basal und prozessual, sie demonstriert jedem Patienten ad oculos, was Therapie ist; auf der reflexiven Ebene aber steht die Bezeichnung der Einheit des Systems noch aus. Ich wende mich kurz einer naheliegenden ersten Frage zu.

Ist empirische Forschung die Reflexionsebene der Profession und dient sie dem Aufbau von Resilienz?

Die berufspolitischen Debatten um den Primat dieser oder jener Therapieschule, um den höheren Wert dieser oder jener veränderungswirksamen Intervention, versuchen auf der reflexiven Ebene eine *globale* Einheit des Systems Psychotherapie mit empirischen Mitteln zu erzwingen (Reiter/ Steiner 1996; Buchholz 1999; Fürstenau 2002). Aber kann die derzeitige empirische Forschung überhaupt als reflexive Ebene in Anspruch genommen werden? Ist sie konstitutiv für das System Psychotherapie? Hat es Psychotherapie nicht schon *vor jeder* empirischen Forschung gegeben? Man gesteht sich allmählich ein, dass da irgendetwas nicht funktioniert. Ich nenne einige wenige Beispiele für diesen allmählichen Rückzug von der übergeordneten Ebene. Die Befunde der empirischen Forschung können nicht als Instruktion für Supervisionsprozesse in dem Sinne dienen, dass »bei Problem x, tue y« zu befolgen wäre. Forschung kann professionelle Prozesse nicht determinieren, sondern nur informieren. Die Person des Professionellen muss Forschung nutzen, aber immer auf eine ihr oder ihm selbst zuträgliche Weise.

Fonagy und Roth, wirkliche Kenner und Experten auf dem Gebiet der empirischen Psychotherapieforschung, hielten kürzlich fest, dass im Scientist-Practitioner-Modell »die Entwicklung vieler Innovationen in der Psychotherapie einer Hierarchie der Vorgehensweisen [folge], beginnend bei der klinischen Beobachtung, die sich auf die klinische Theorie stützt und mit ihr verbunden ist« (Fonagy/Roth 2004, S. 301). Tatsächlich untersucht die Forschung mit einer Zeitverzögerung von etwa 20 Jahren Beobachtungen aus dem klinischen Alltag (Westen et al. 2004). Die professionelle Praxis geht hier voran. Fonagy und Roth bieten einen exzellenten, an einzelnen Krankheitsbildern orientierten Überblick über die Outcome-Forschung, zweifeln aber mittlerweile erheblich den Wert von »randomized controlled trials« (RCT) als allein seligmachender empirischer Entscheidungsgrundlage an. Darin stimmt ihnen Caspar (2011) zu. Grawe habe, so gebe ich Caspar wieder, den Tod des störungsspezifischen Ansatzes vorhergesagt. Andere Autoren zweifeln ebenfalls am RCT-Dogma, so Rothwell (2005) mit erheblichen Bedenken bezüglich der medizinischen Praxis. Deutliche Kritik an Manualisierungen kommt auch von nicht-psychoanalytischen Autoren, aber immerhin haben sich auch Fonagy und Roth dazu geäußert:

> »Es ist vielleicht ausreichend zu sagen, dass wir uns nicht vorstellen können, dass Leitlinien, wie ausgereift auch immer, klinische Kompetenz und Erfahrung je ersetzen können werden, genauso wenig wie die Straßenverkehrsordnung geschicktes Fahren ersetzen kann« (Fonagy/Roth 2004, S. 312).

Wenn es also mehr auf Geschick ankommt als auf Regeln, dann könnte man vielleicht sagen: Wir brauchen auch Resilienz gegen den Trend zur Manualisierung. Um das zu unterstreichen, formulieren Fonagy und Roth:

> »Die Forschung – mit ihrer Ausrichtung auf ausgewählte Patientenpopulationen – kann Therapeuten nicht sagen, wie sie einzelne Patienten behandeln sollen« (ebd., S. 312).

Das ist, in der hier zunächst eingeschlagenen Betrachtung der Ebenen systemischer Selbstreferenz, das Eingeständnis, dass die empirische Forschung die therapeutische Praxis nicht *determinieren* kann. Dass sie sogar schaden könnte, hat im Zusammenhang der Debatten um die »empirically supported therapy« ein Autor, Henry, mehr als deutlich gemacht:

> »If I had given this talk several years ago, I might have said that my greatest fear was that psychotherapy research would have *no* effect on clinical training. Today, my greatest fear is that it *will* – that psychotherapy research might actually have a profoundly *negative* effect on future training« (Henry 1998, S. 126).

Das sagt ein empirischer Forscher, der selbst an großen Studien wie der Vanderbilt Study in den USA mitgearbeitet hat und er ist nicht die einzige Stimme dieser Art. Darin liegt eines der interessantesten Phänomene in meiner jahrelangen Auseinandersetzung mit empirischer Forschung in der Psychotherapie; sie kommt allmählich an einen Punkt, wo sich ihre eigenen Ermittlungen gegen sie selbst zu wenden beginnen könnten. So argumentiert auch Wampold (2001)[1]. In einem fabelhaften Überblick der großen Detailprobleme modifizieren Drew Westen et al. (2004) die Forderung nach empirischer *Validierung* dazu herab[2], professionelle Praktiker hätten sich empirisch zu *informieren* – und wer wollte dagegen etwas haben?

Es geht keineswegs um forschungsfeindliche Einstellungen! Vielmehr geht es um die Frage, ob empirische Forschung als reflexive Selbstreferenz konstitutiv ist für die Autopoiesis des Systems Psychotherapie oder ob sie nicht vielmehr eine externe Beobachtung darstellt? Die hat ihren eigenen Wert, aber ihr Anspruch, etwa mit Manualen vorschreiben zu wollen, was Psychotherapie ist, könnte begründet in Schranken gewiesen werden.

Luborsky et al. (1997) haben ihrerseits die These aufgestellt und empirisch geprüft: »The Therapist Matters« – es kommt auf den Therapeuten, auf seine eigene Überzeugtheit von der von ihm vertretenen Methode, der von ihm durchgeführten Maßnahmen an. Dass es gute Verhaltenstherapeuten gibt, braucht niemand zu bezweifeln; aber Zweifel sind geboten, ob es sich allein um die Wirkung einer *Methode* handelt, die hier überprüft wurde (Schlüter 2005). Henry et al. (1993) haben dies am Beispiel der Manualisierung (von Time-Limited-Dynamic-Psychotherapy (TLDP)) gezeigt. Gute Therapeuten, die für ein Untersuchungsdesign genötigt werden, sich nach Manualen zu richten, werden schlechter:

> »Attempts at changing or dictating specific therapist behaviors may alter other therapeutic variables in unexpected and even counterproductive ways« (Henry et al. 1993, S. 438).

Es kommt demnach in Psychotherapien auf weit mehr an, als auf die Applikation einer geeigneten Technologie der Verhaltensänderung; dies jedenfalls kann man unter Berufung auf empirische Forschung sagen.

---

1 Siehe dazu meine ausführliche Besprechung von Wampold in Heft 7 der Zeitschrift *Psyche* 2003; auch im Internet unter www.dgpt.de zu finden.
2 Siehe dazu Buchholz 2004.

Als Beleg für die These vom Verlust der Deutungshoheit empirischer Forschung *über* die Profession zitiere ich aus der Stellungnahme des deutschen Sachverständigenrates für die Konzertierte Aktion im Gesundheitswesen (2000/2001), worin »eine stärkere Beachtung der personalen Interaktion als Qualitätskriterium ärztlicher Interventionen« zu beachten gefordert wird. Das gilt natürlich erst recht für die Psychotherapie (Sachverständigenrat für die Konzertierte Aktion im Gesundheitswesen 1992).

Es ist in der Psychotherapie wohl so, wie es Powers in seinem Roman *Der Klang der Zeit* über den Physiker David sagt:

> »Keiner könnte sagen, was David macht. Nichts Greifbares. Er nimmt ihnen einfach nur die Scheuklappen ab. Führt sie durch ihren hermetischen Raum, bis sie die verborgene Tür finden. Er malt ihnen etwas auf die Serviette, verlässt sich eher auf Bilder als auf Gleichungen. [...] Seine Kollegen tun es als bloße Metapher ab« (Powers 2004, S. 490).

Keiner könnte *sagen*, was Therapeuten tun – das Sagen, die Theoretisierung ist das schwierig Gewordene. Es verweist auf die reflexive Ebene, jedoch nicht auf die basale und prozessuale. Aber bei David wirkt es Wunder, er nimmt Scheuklappen ab, läßt verborgene Türen finden und er nutzt die Metapher ausgiebig, von der wir mittlerweile wissen, dass sie vom verachteten Aschenputtel zur Prinzessin avanciert ist (Buchholz und Gödde 2005). Professionelle Kompetenz erweist sich nicht nur auf der reflexiven, sondern auf der prozessualen Ebene. Diese muss durch Supervision gefördert werden.

Was ist therapeutische Entwicklung?

Wenden wir uns aber nicht einer Mystifizierung der geheimnisvollen Therapeuten-Persönlichkeit zu. Ich schlage vor, empirische Befunde in einer bestimmten Weise für den Aufbau von Resilienz zu nutzen. Ein klarer Befund (Hayes 2004; Weiss 1993) ist z.B., dass gute Therapeuten auf aggressive Akte ihrer Patienten nicht mit Gegenaggressionen reagieren – aber was befähigt sie eigentlich dazu? Es gibt sogar eigene Zeitschriften wie das *Journal of Career Development* und das *Journal of Professional Psychology*, die sich mit der professionellen Entwicklung befassen.

Dass Therapeuten sich entwickeln, an Erfahrung gewinnen und manchmal sogar an Weisheit, ist beschrieben und untersucht worden (Ronnestad/

Skovholt 1997, 2001, 2003; Goodyear et al. 2003; Fouad 2003). Ronnestad hatte für die Entwicklung von Therapeuten ein Phasen-Modell vorgeschlagen, u. a. zu dem Zweck, dass Supervisoren sich auf den Entwicklungsstand des supervidierten Therapeuten besser einstellen könnten. Dieses Modell sieht den Anfänger als jemanden, der »technische« Problemlösungen favorisiert. Der Anfänger glaubt, ein spezifischer »Einsatz« verbesserter »Methoden« könne »schneller« zum Behandlungsziel führen. Erfahrene Kliniker hingegen entwickeln eine Position der Weisheit, die Zeit gewährt, weil menschliche Probleme nicht immer gelöst, sondern oft nur ertragen werden können und weil nicht alle Menschen gleiche Entwicklungspotenziale haben. Es lohnt sich, dieses Phasen-Modell, gewonnen aus Interviews mit mehreren tausend Therapeuten aus aller Welt (Orlinsky/Ronnestad 2005) und aus den unterschiedlichsten theoretischen Orientierungen, im Detail etwas zur Kenntnis zu nehmen. Ich fasse es sehr knapp zusammen:

In der ersten Phase fangen wir alle als »Laien-Helfer« an mit dem uns zur Verfügung stehenden Maß an Empathie. Das ist bei nicht wenigen späteren Therapeuten die naturwüchsige Rolle als Therapeuten ihrer eigenen Eltern oder als Helfer in der eigenen Familie. Hier ist Resilienz gering, die eigenen Schädigungen nachdrücklich und gerade das, so kann man schon lernen, motiviert zur Laien-Hilfe; aber das macht man nur einmal im Leben.

In einer zweiten Phase als »beginning students« werden Theorien interessant, es bestehen große Bedürftigkeiten, von den Meistern anerkannt und gestützt zu werden. Die süchtige Suche nach Vorbildern ist immens. Es wird begierig nach leicht zu lernenden Techniken gegriffen. Das hilft eine Zeit lang, aber wenn man sich davon nicht lösen kann, stagniert die persönliche Entwicklung. Der Wert des eigenen Könnens wird noch extern, durch Beurteilungen anderer reguliert. Was hier im Persönlichen beschrieben wird, erlaubt durchaus die Analogie im Globalen: auch die empirische Forschung visiert mit Manualen und Leitlinien die Optimierung leicht zu lernender Technik an – und wo sie sich darauf fixiert, stagniert die Entwicklung auf dem Level des Zauberlehrlings. Der kann die Geister rufen, aber was macht er mit ihnen?

In einer dritten Phase, der des fortgeschrittenen Studiums, fängt man an, auf einem »basic professional level« zu arbeiten, hat reguläre Supervision und v. a. gibt es großen Ernst, noch wenig Humor und wenig Neigung zum Spielerischen in der therapeutischen Situation. Man hängt einer und nur einer schulischen Vorgabe an, ist ein »true believer«, oder aber läuft Gefahr, später zum Zyniker zu werden, wenn man sich in dieser Phase »alles offen« hält und sich nicht zeitweilig theoretisch mit Leib und Seele verdingt.

In der vierten Phase wird man ein »Novize« in der Profession; man merkt, es kommt weniger auf Technik an, »there is a sense of being on one's own« (Ronnestad/Skovholt 2003, S. 17). Therapeuten in dieser Phase merken, dass und wie sehr sie allein sind (Buchholz 2001). Erhebliche Desillusionierungen greifen Platz, der Wert der bisherigen Ausbildung wird massiv in Zweifel gezogen. Das Ende der formellen Ausbildung wird als Befreiung, der Praxisschock als schwere Ernüchterung und Vereinsamung erfahren. Die Autoren zitieren aus einem ihrer mit Therapeuten geführten Interviews:

> »As he applied what he had learned [...] he was overwhelmed by the emotional anguish and pain of these patients. He said: ›Sometimes you feel like you were trying to fight a forest fire with a glass of water‹« (Ronnestad/Skovholt 2003, S. 18).

Ein anderer Therapeut wird mit den folgenden Worten wiedergegeben:

> »I used to think that my doubts about me and my despair would go away with the degree [...] Now people look at me, call me doctor and want more and expect more. But what am I going after? It is a disorienting process I don't know anymore now except there are more expectations. It is great to be done, but what do I really want to be? Where did I really want to go? I didn't expect the formal training would lead to feeling adequate until I felt inadequate and then realized how much I expected to know by now. My professional training was over and I lacked so much« (ebd., S. 19).

Ich zitiere das, weil einem natürlich die amerikanische Parallele zu den Worten Fausts auffällt. Man bemerkt, das ist auch ein Stand der Auseinandersetzung zwischen empirischer Forschung und professioneller Praxis. Die Forschung ist ernüchtert, weil ihre Methoden nicht halten, was sie versprochen haben und sie versucht, Techniken zu verbessern. Der professionelle Therapeut hingegen geht einen anderen Weg. Wenn er entdeckt, dass die eigene Persönlichkeit sich in seiner Arbeit artikuliert, erreicht er den Übergang zur nächsten, fünften Phase.

Er wird zu einem erfahrenen Professionellen. Er lebt seine professionelle Rolle durchaus im Gebrauch von Technik und Methode, doch werden diese in scharfem Kontrast zu vorher nun nicht in einer theoriekonformen, rigiden oder mechanischen Weise angewendet, sondern auf eine höchst persönliche

Weise und dies mehr und mehr zu entdecken, macht den erfahrenen Professionellen stolz. Vor allem lernt er, dass er nicht nur Sicherheit zu gewähren hat, sondern Patienten »herausfordern« muss – zur Artikulation ihrer Zweifel an der Therapie, zur Gestaltung ihrer Gefühle, zur Überwindung von Ängsten, zu symbolischer Stimulierung von Wachstum über kindliche oder verworrene Vorstellungen und Überzeugungen hinaus.

Das ist eine besondere Fähigkeit, die nur erworben werden kann, wenn man diese Vorstellungen selbst schon überwunden hat; aber andere herauszufordern, sie zu überwinden, ist noch ein Schritt mehr und das wird als »boundaried generosity« bezeichnet, als genau zugeteilte, insofern begrenzte Großmut. Dazu lernen erfahrene Professionelle eine besondere Regulierung ihrer Emotionen. Sie bemerken nun sehr früh, wenn sie sich mit ihren Klienten verstricken und gehen manche Verstrickungen in einer *markierten* (Bateman/Fonagy 2004) Weise ein, die sie früher unbemerkt eingegangen wären. Das geschieht im Wissen darum, dass nur so Entwicklungen stattfinden können. Und hier erst lernen sie endgültig die Differenz zwischen professioneller Rolle und Freund oder Ehepartner. Zugleich lernen sie auf eine neue Weise, ihre persönlichen Erfahrungen, etwa die mit eigenen Kindern, mit den beruflichen zu integrieren. Vor allem lernen sie, von ihren Klienten zu lernen. Sie wenden sich neuen Lernbereichen wie der Anthropologie, dem Religiösen und Spirituellen zu und fangen an zu begreifen, dass das Spirituelle nicht Spezialgebiet ist, sondern Stufe im Bewusstwerdungs- oder Entwicklungsprozess. Andere wenden sich der Poesie, Romanen oder Biografien zu und öffnen sich ganz neuen ästhetischen Erfahrungsgebieten, die sie mehr und mehr in ihre Beruflichkeit integrieren. Dies wird als »contextual sensitive knowledge development« (ebd., S. 23) bezeichnet; es geht um ein Wissen, das nicht »über etwas« verfügt, sondern um ein Wissen, das nur gekannt werden kann, wenn die eigene Person sich entwickelt, ohne den Kontakt zu den eigenen Verwundungen zu verlieren. Dieses Wissen ist nicht dauerhaft und repräsentativ, sondern flüchtig und partizipativ. Nur in der Teilnahme wird es aktualisiert, dann aber ist es in einer mächtigen Weise da.

Das Thema des verwundeten Heilers, mehr als 2.000 Jahre alt in der Mythologie, wird entdeckt. Wenn man dann den Mythos über Chiron nachliest, macht man die Erfahrung, dass es nicht so sehr viel Neues in unserem Feld gibt; man erwirbt Sinn für die Wiederkehr thematischer Zyklen, vieles, was als »dernier cri« auf dem Laufsteg der neuesten therapeutischen Moden ausgestellt wird, hat man schon oft gesehen und gehört, wenn auch unter anderen Überschriften.

Die sechste Phase wird als »senior professional phase« bezeichnet. Obwohl Therapeuten hier längst als Ausbilder und Lehrende tätig sind, ist die entscheidende Entdeckung, wie viel man von Auszubildenden lernen kann. Eine Trauer darüber, »too soon to old and too late smart« geworden zu sein, verbindet sich mit einem sicheren Gefühl, die Unschuld verloren zu haben. Aber mehr und mehr das eigene therapeutische »Idiom« (Bollas 1999) artikulieren zu können, entschädigt wirkungsvoll. Auch erhält man ein sicheres Gefühl, realistisch einschätzen zu können, was mit therapeutischen Mitteln erreicht werden kann – meist weniger als man denkt, dafür anderes, an das man nie gedacht hätte. Hier ist die Gefahr gegeben, dass diese realistische Reife von intellektueller Apathie und einem Gefühl der Langeweile aufgesogen wird. Dem arbeiten die »master therapists« entgegen, indem sie sich vor allem intellektuell lernfähig zu erhalten versuchen; aber ihr Interesse an Kongressen lässt nach.

Auf diesem Weg, den ich hier nur in grober Kürze beschrieben habe, kommt es mehr und mehr zu einer persönlichen und beruflichen Integration, zu einer gewissen Distanzierung von schulischen Bindungen, zur Ablösung von Lehrerfiguren mit einem als wohltuend verbundenen Verzicht auf theoretische Rigidität mit größerem Spielraum für persönliche Gestaltung der Profession. Ronnestadt weiß natürlich, dass die Entwicklung zu solcher Weisheit nicht zwangsläufig ist; seine Gespräche, Befragungen und Interviews mit einigen Hundert Therapeuten der ganzen Welt haben ihn auch darüber belehrt, dass es Entwicklungen zu ausgebrannten Zynikern gibt, zu Therapeuten, die ihre Ideale nicht mehr besetzen können, die professionell arbeiten, aber ohne Konfession. Offenbar kommt es mehr darauf an, die Ideale der eigenen Jugend bewohnbar zu erhalten als sie unter dem Primat einer pseudoerwachsenen »Reifemoral« zu zerschlagen; schon Ernst Bloch hatte vom »Wärmestrom der Ideale« gesprochen.

Die Position der »Weisheit« und das Beharren auf einer (und nur einer) professionellen »Identität« schien auch Yohanan Eshel und Judith Kadouch-Kowalsky (2003) von der Universität Haifa nicht gut miteinander vereinbar. Weisheit ist eher damit verbunden, mit verschiedenen, mit mehreren Selbst-Entwürfen spielen zu können. In diesem Sinne wird hier von »possible selves« im Plural gesprochen. Aus dem Spiel mit Möglichkeiten (Robert Musil meinte im *Mann ohne Eigenschaften* einmal, wenn es einen Wirklichkeitssinn gebe, müsse es auch einen Möglichkeitssinn geben) kristallisieren sich Zukünfte heraus, die Hoffnungen oder auch Ängste ausdrücken. Es zeigt sich nun, dass die Erfahreneren weniger Ängste haben, aber auch weitaus zurückhaltender in der Artikulation von großen Hoffnungen sind. Therapeuten entwickeln sich und streben danach, ihre Individuationsgrade zu erhöhen und ihr Selbst für die Fähigkeit tiefgehender Beziehungen in professionellen Kontexten zu entwickeln. Mit den Jahren nimmt generell ihre Zufriedenheit, abhängig von der wachsenden Erfahrung, zu. Die Forschung über professionelle Entwicklung hat sich allerdings bisher mehr mit der Vergangenheit der Therapeuten beschäftigt, aber in dieser Untersuchung aus Haifa zeigt sich: Die Einstellung zur Zukunft ist eine entscheidende Größe bei der Entwicklung therapeutischer Kompetenz zu Weisheit ohne Resignation.

Man kann nun sehen, dass dieses Phasenmodell Bedeutung für die berufspolitischen Kontroversen hat. Nicht allein Methode, sondern deren persönliche Aneignung zählt in der Psychotherapie; Therapeuten müssen nach Integration von persönlichem Selbst und beruflicher Technik streben.

Zwei Dinge fallen ins Auge:

Erstens kann man sehen, wie sich mit zunehmender Entwicklung die Fähigkeit zu persönlicher Verwundbarkeit aufseiten des Therapeuten steigert, zugleich aber auch die zur Resilienz. Mit dieser Gleichzeitigkeit von Sensibilität und Resilienz, dieser gemeinsamen Steigerung von »Härte« und »Weichheit« komme ich gleich zu den Paradoxien.

Zweitens, hat jene empirische Forschung, die zum Führen des Streits über Vorherrschaften dieser oder jener Schule benutzt wird, diese Dinge bislang nicht thematisieren können. Die Reflexion, die selbstreferenziell die Einheit des kommunikativen Systems Psychotherapie herstellt, geschieht nicht *global* durch externe Evaluationen, sondern intern durch die therapeutischen Persönlichkeiten selbst. Dazu kann man sie mit Gewinn befragen, wie das Ronnestad und die anderen hier genannten Autoren getan haben. Für die Theorie im Feld der Psychotherapie heißt das, dass empirische Forschung auf *ihre* Weise zu beschreiben versucht, was Psychotherapie ist oder sein soll, aber die Forschung ist nicht das therapeutische System, weil sie die Einheit des Systems nicht operativ herstellt. Sie kann nicht selbstreferenziell werden, weil und solange sie mit *ihren* Mitteln arbeiten muss, also empirisch und dann im Übergang von der vierten zur fünften Stufe oder vorher gleichsam stecken bleibt. Wenn es eine reflexive Ebene der selbstreferenziellen Systemkonstitution gibt, dann kann sie nicht extern, sie muss intern, innerhalb der Profession bestimmt werden. Entweder wäre Forschung als eine Operation zu sehen, die das bestimmt, was wir als Psychotherapie bezeichnen und damit das System konstituiert – oder aber sie wäre für den täglichen operativen Vollzug eines solchen Systems überflüssig. Nach den zitierten Aussagen von Fonagy und anderen Autoren kann die Forschung jedoch nicht bestimmen, was Therapeuten tun und wie sie es tun.

Reflexion hingegen, so meine Deutung, muss aus den internen Paradoxien des Systems Psychotherapie heraus bestimmt werden; sie ist eine Notwendigkeit. Wer sich ihr nicht aussetzt, scheitert. Sie kann aber nicht in externen Evaluierungen bestehen oder gar durch sie ersetzt werden. Reflexion muss Paradoxien handhaben können, die in der therapeutischen Profession selbst verborgen sind und die in der Supervision zu erkennen gelernt und gelehrt werden muss.

Welche Paradoxien?

Ich will nun so verfahren, dass ich einige Paradoxien herausgreife, die mir hier bedeutsam erscheinen – ohne jeden Anspruch auf Vollständigkeit.

Die erste ist die von der *Souveränität des Experten*. Therapeuten sind lang ausgebildete Experten, aber zugleich, wie Ronnestads Gesprächspartner zeigen, müssen sie sich der Erfahrung der bösen Ahnungslosigkeit lang genug ausgesetzt haben, um mit der Ausbildung auch genügend Einbildung abzulegen. Erst dann gewinnen wir eine Souveränität, die als *Anerkennung von Abhängigkeiten* kommuniziert werden kann. Wir sind nur Therapeuten vis à vis unseren Patienten, wenn sie es uns ermöglichen und gestatten; nur wenn sie uns in den Stand setzen, können wir das sein. Solche *Souveränität*, die ich ausdrücklich gegen die Rede von der Autonomie abgrenze, ist nicht wie in der Politik die von Königen und sie ist auch nicht die des Volkes. Sie ist überhaupt nicht legitimationsfähig und insofern der Kommunikation weitgehend entzogen. Es ist vielmehr eine emotionale *Position*, die weiß, dass sie sich beständig zur *Disposition* stellen muss, will sie sich selbst erhalten. Sie definiert Selbsterhaltung nicht als cogito und auch nicht als Aufklärung, sondern als Unsicherheitsbewahrung. Sie kann auf Kommunikation daher nicht verzichten und weiß zugleich, dass sie *incommunicado* ist (Winnicott 1971). Sie ist *allein* in der Gegenwart des anderen und kann nur so das therapeutische Gespräch anregen – so wie das psychische System von Luhmann als produktive Irritation für das soziale System der Kommunikation beschrieben wurde. Zugleich ist sie zutiefst verbunden und nur wenn sie das ist, kann sie die richtigen Worte finden. Während ein Therapeut also bei sich eine Antwort auf die unausgesprochenen Fragen seiner Klientin sucht, betreibt er unvermeidlich Introspektion und soweit er das tut, geht er aus dem Beziehungsfeld – und nimmt es doch zugleich als stille Ressource in Anspruch. Verbundenheit reicht in psychische Dimensionen, die schwer in Sprache und Sprechen einzubringen sind. Sie ist gewissermaßen ein Selbst, das weiter ist als die individuelle Begrenztheit. Aber wer, außer Sigmund Freud in seinen vagen Überlegungen zur Telepathie, würde wagen, viel mehr dazu zu sagen? Tuschling formuliert diesen Gesichtspunkt so, dass Freud das Unbewusste als eine »störend kreative Möglichkeitsbedingung menschlicher Welterschließung thematisiert« (Tuschling 2011, S. 15) habe.

Immerhin, aus Studien wie denen von Schwartz und Wiggins (1987) wissen wir, dass das Studium der Gesichtsmimik von Therapeuten in den ersten Kontaktminuten genauere Prognosen darüber gestattet, ob ein suizidaler Patient sich erneut umzubringen versuchen wird, als wenn man die Therapeuten befragt. Man sieht auf ihrem Gesicht in solchem Fall nämlich mehr ernste Besorgnis als wenn die Patienten eine bessere Prognose haben.

Hier folgt das zweite Paradoxon von der *Kommunikation, die eigentlich nicht beginnen kann*, weil alle Vorverständigungen fehlen. Man weiß, dass alles, was ein Klient einem mitteilt, höchst eigenwillige Bedeutungen hat, über die man sich im Grunde erst einmal verständigen müsste, aber dazu müsste man immer schon Kommunikation in Anspruch nehmen, die sich also selbst nicht einholen kann. Manche (Ferro 2004) beschreiben Psychotherapie geschmackvoll mit einer kulinarischen Metaphorik, wonach Therapeuten für ihre Klienten höchst individuelle Gerichte zubereiten – aber wie eigentlich kann so ein Koch wissen, was seinem Klienten schmeckt? Auch Daniel Stern (2004) beginnt sein Buch in der Küche: mit sogenannten Frühstücksinterviews. Man wird aufgefordert darüber nachzudenken, was man am Morgen beim Frühstück erlebt hat und daran erklärt er uns, wie viele »present moments« da schon möglich gewesen wären. Sein Buch enthält eine mögliche Klärung der Frage, wie wir etwas vom Anderen wissen können, sozusagen bevor es losgeht. Stellen wir uns einmal vor, so regt er (S. 174) an, zwei junge Leute, die sich kaum kennen, verabreden sich zu einem ersten Essen. Es ist Winter und sie kommen auf dem Weg zum Restaurant an einer Eisbahn vorbei. Sie beschließen, Schlittschuhe zu leihen und es auf dem Eis zu probieren. Wacklig stehen sie auf dem Eis, machen zaghafte Bewegungen; sie fällt beinah hin, er greift rechtzeitig zu und stützt sie im Rücken, so, dass es ihr hilft. Als er beinah fallend die Arme hochwirft, reicht sie ihm in richtiger Höhe und Haltung ihre Hand, an der er sich hält und den Sturz vermeidet. Sie lachen, sie erfreuen sich – und sie erfahren eine Menge miteinander, ohne dass darüber gesprochen würde. Entscheidend ist, dass sie intuitiv voneinander wissen, was der Andere just in diesem »present moment« braucht und das reichert sich an zu einer ungemein wichtigen Erfahrung:

> »They have vicariously been inside the other's body and mind, through a series of shared feeling voyages« (Stern 2004, S. 174).

Stellvertretend »im Anderen sein« – ist das eine Beobachtung? Ist es eine Wirklichkeit oder Metapher? Die Unentscheidbarkeit dieser Frage im Rahmen unseres diskursiven Denkens konstituiert die Paradoxie. Der Andere muss nicht »ausdrücken, was er meint«, muss nicht »symbolisieren«, muss sein Erleben nicht diskursiv »repräsentieren« – nein, es geht um ein gemeinsames Wissen, das aus der »shared feeling voyage« stammt. Die Paradoxie bringt das personengebundene partizipative Wissen hervor, von dem ich vorhin sprach.

Wenn das junge Paar nun im Restaurant ankommt, haben sie schon eine solche »gemeinsame Gefühlsreise« hinter sich und was sie dann sprechen, geschieht vor diesem Hintergrund, wird daran evaluiert, ob es diese Erfahrung voranbringt oder sie blockiert. Sprechen wird zu einer Fortsetzung des körperlichen »moving along«. Die körperliche Choreografie verlängert sich gleichsam in die sprachliche hinein, die sprachliche Kinetik hat ihr Fundament in der körperlichen – und das ist die Erfahrung, die wir alle als Babies haben. Das wird neuerdings von dem Musikwissenschaftler Stephen Malloch und dem Säuglingsforscher Colwyn Trevarthen (Malloch/Trevarthen 2010) in beeindruckender Weise untersucht, worauf hier nur verwiesen sei. Die Erfahrung des Körperlichen verlängert sich ins Seelische und ins interaktiv Geteilte hinein.

Solche anschaulichen Erfahrungen sprechen etwas an. Man kann sich das vorstellen. Man fährt in einem Eisenbahnabteil und »weiß« intuitiv, der gerade hereinkommende Mensch ist »gespannt« oder sogar »gefährlich«. Man sitzt in einem noch leeren Hörsaal. Die Leute kommen nach und nach herein. Auch wenn man sich nicht umdreht, hat man irgendwie ein relativ präzises Gefühl dafür, wie sie sich hinter einem im Raum verteilen – und kann das sogar überprüfen. Jemand steht in einem Gedränge hinter einem und man weiß, er bräuchte mehr Abstand, den man dann einzuhalten versucht. Liebende liegen im Bett, verknautschen und verdrehen ihre Glieder und auch wenn einer es bequem hat, kann er doch »wissen«, dass die Art, wie die Knie aneinander stoßen oder die Arme sich verschlingen, für die Andere unangenehm oder auch schmerzhaft sein kann. Es gibt, um den älteren Ausdruck zu benutzen, ein *koenästhetisches Gemeingefühl*. Man weiß etwas über den Anderen, auch wenn es noch nie ausgesprochen wurde.

Woher dieses »Wissen« und welcher Art ist es eigentlich? Stern könnte als Antwort geben, dass schon die Kleinsten ein »affect-attunement« erfahren, dass Mütter ihnen transmodale Kommunikationswege öffnen und ihnen helfen, die Intentionen anderer zu »lesen«, was im Englischen als »mindreading« (Malle 2005) umstandslos zu verstehen ist. Kurz, was ich sagen will, ist, dass das Paradoxon von einer Kommunikation, die ihre eigenen Anfänge nicht oder höchstens für einen »present moment« einholen kann, konstitutiv für therapeutische Praxis ist. Es kann möglicherweise nicht gelehrt, es kann vielleicht nur entdeckt werden. Die Differenz zwischen dem lehrbaren Wissen und der Nicht-Lehrbarkeit der Erfahrung spielt hier hinein.

Das dritte, das *Paradoxon von Information und Performation,* schließt sich hier zwanglos an. Während der therapeutischen Kommunikation erhalten wir von unseren Klienten sehr viele Informationen und wir werden in Ausbildungen angehalten, uns als Informationssammler zu betätigen. Die Akte ist uns, was dem Biologen die Botanisiertrommel ist. Aber was ein Klient aus seinem Therapeuten macht, ist oft entscheidender als das Präsentier-Problem. Es kommt nicht nur auf Information, sondern auf Performation an; unser Sinn dafür, dass es im Gespräch zu einer Art »Performance« kommt (Buchholz 2002), zu einer Art szenischer Aufführung von kaum erinnerbaren Dramen in Form von Inszenierungen oder »enactments«, ist in den letzten Jahren sehr entwickelt worden. Aber wenn – um ein schlichtes Beispiel zu nennen – ein junger Mann mit seinem Therapeuten einen autoritären Vater-Sohn-Konflikt wiederbelebt, soll der Therapeut ihn dann einfach auf seinen Irrtum aufmerksam machen? Der junge Mann würde zu Recht antworten, dass er selbst wisse, dass sein Therapeut nicht sein Vater ist und dass er es nicht mag, so belehrt zu werden – und der Vater-Sohn-Konflikt würde sich in diese diskursive Aufklärung hinein fortsetzen. Nein, Therapeuten lernen hier eine andere Handhabung: dass sie zugleich ein Vater und kein Vater sind. Therapeuten kommunizieren im Grunde beständig: »Nein, das kannst du nicht mit mir machen – Ja, das kannst du aus mir machen«. Hier sind Therapeuten einem Paradox nicht ausgesetzt, sondern sie müssen in Supervisionen gelehrt werden, es aufzuführen.

Es kommt unvermeidlich zu einem nächsten Paradox, dem *der persönlichen Begegnung in einem a-personalen, formellen Rahmen*. Es durchzieht die gesamte Behandlung vom ersten Augenblick an; jeder Klient möchte wissen, wie seine Therapeutin oder sein Therapeut als Person ist, über den professionellen Rahmen hinaus, aber wehe, wenn der Therapeut diesem Verlangen nachgäbe. Denn alle Klienten wollen ja auch professionell behandelt werden, sie möchten die Methode und die Technik kennenlernen, um sie mitnehmen zu können. Bleibt aber alles nur Methode und Technik, fehlt das Salz in der Suppe. Jüngere Therapeuten neigen nach meiner Erfahrung zu sehr dazu, entweder das persönliche oder das technische Moment überzubetonen und sie geben auf diesem oder dem anderen Pol zu viel; erfahrenere Therapeuten wissen, dass Momente persönlicher Begegnung besser eingebettet werden in Strecken harter und produktiver Arbeit. Die verschiedenen schulischen Positionen versuchen in unterschiedlicher Weise, das Paradox zu entparadoxieren, indem sie den einen oder anderen Pol übermäßig betonen. So haben Psychoanalytiker jahrelang die Neutralität betont, eher existenzialistisch orientierte Schulen die persönliche Begegnung, andere die »Technik«. Heute sehen wir eher das Dilemma, wie die Einheit dieser Differenzen zu formulieren wäre und können das nicht immer, handhaben das Paradoxon aber besser. Wir lösen dieses Paradoxon in der Regel, wenn wir die spielerische Dimension der therapeutischen Kommunikation entdecken. Die Bedeutung einzelner Worte und Mitteilungen wird zwischen Eltern und Kind erworben. Dabei kommt es schon sehr früh zu höchst individuellen Ausprägungen; jede Mutter-Kind-Dyade hat ganz eigenwillige Formen des Blicks, wie das Gesicht verzogen wird, wie eine Begegnung nach dem Aufwachen aussieht etc. Trevarthen (2002) spricht von »zitierbaren Gesten« und »zitierbarem Lärm«. Hierauf ist das Kind eingespielt. Trevarthen hat eine interessante Erklärung der Fremdenangst parat: Das Kind weiß nicht, ob ein Fremder, den es erstmalig sieht, diese Gesten und Worte kennt und in der gleichen Weise verwenden wird oder ob es sich schämen muss, wenn es ihm begegnet wie der Mutter. Spricht der Fremde das gemeinsam entwickelte »Idiom«? Weil Kinder in einem bestimmten Alter das nicht wissen können, drehen sie den Kopf zur Seite und meiden den Kontakt überhaupt. Hier ist der Anfang des Dilemmas verborgen. Zu viel persönlicher Kontakt zu Beginn einer therapeutischen Begegnung mobilisiert unter Umständen zu viel Beschämung, zu wenig läßt die Therapie nicht in Gang kommen.

Hier spielt das nächste Paradoxon hinein: Der Therapeut überlebt nur, wenn er zugleich immer auch Patient ist, wenn er also bei sich etwas findet, das dem nahekommt, wovon sein Patient spricht, etwas, das er versteht und kennt und dessen Andersheit er dennoch annehmen kann. Indem er den Anderen »liebt«, kann er erst neutral sein. Meiner Ansicht nach hat das damit zu tun, dass eine Mutter immer schon weiß, wie es war, ein Baby zu sein; das Baby kann aber nicht wissen, wie es ist, eine Mutter zu sein (Winnicott 1960). Diese Asymmetrie schafft allerlei Gefahren, denn natürlich macht sie dem Therapeuten das grandiose Angebot, alles Mögliche auf seinen Patienten zu projizieren, von dem er denkt, dass er dies erlebt haben müsste. Aber wie in der Mutter-Säuglings-Interaktion ist das nicht schädlich, die daraus resultierenden Fehlwahrnehmungen feinfühlig und prompt »repariert« werden können. Die mikroanalytischen Studien therapeutischer Prozesse zeigen uns jedenfalls deutlich, dass hier Mikroregulierungen erfolgen, die aber grundsätzlich Fehlwahrnehmungen nicht vermeidbar erscheinen lassen. Warum das so ist? Weil in der Wahrnehmung des Anderen immer eine Sinn-Zuschreibung steckt. Die baby-watcher Shotter und Newson (1982) sprachen davon, dass hier Sinn-Infusion stattfindet. Mütter und Väter geben dem reflektorischen Gezappel ihrer Säuglinge Sinn, sie schreiben Intentionalität, Ziele und Absichten zu, auch wenn das Kind diese für einen unbefangenen Beobachter nicht hat. Ohne solche Sinn-Infusion wäre die Beziehung entleert oder sogar tot, denn nur wenn Kindern Intentionalität zugeschrieben wird, bestätigt sich ihnen die Erwartung, dass auch das, was andere tun, von Absichten getragen ist. Das kann man sogar experimentell zeigen (Meltzoff et al. 1999). Tomasello (2002) sieht in dieser Fähigkeit, Absicht und Sinn zu erwarten, sogar das Humanum schlechthin, aber es ist immer auch entgleisungsfähig.

Sinn und Sinnzuschreibung verweisen auf eine spezifische Dimension der therapeutischen Kommunikation: Sie findet in einem Raum der kreativen Illusionsbildung statt, die zugleich als höchst real erfahren wird. Dieses *Paradoxon von der Realität der Illusion* ist unverzichtbar. Ein Patient, der nicht glauben könnte, dass der Therapeut ihn (oder sie) persönlich meint und anspricht, könnte von der Therapie nicht profitieren. Gefühle von Zu- oder Abneigung zum Therapeuten werden als höchst real erfahren. Neutralität könnte man (Pizer 1998) in diesem Zusammenhang als die kommunikative Verantwortung des Therapeuten definieren, die Illusion im Sinne eines potenziellen Raumes (Ogden 2004) aufrecht zu erhalten – mit dem Ziel weiterer Verhandlungen. Es muss immer alles *möglich* sein, ohne dass es je realisiert werden muss. Systemiker tragen dem durch den hypothetischen Charakter ihrer Fragen Rechnung. Sie fördern, was Robert Musil als »Möglichkeitssinn« dem »Wirklichkeitssinn« gegenüberstellte. Die Erlaubnis, ja geradezu die Ermöglichung der Illusion fördert paradoxerweise den »sense of being real«.

Ein Beispiel

Eine sich gelegentlich schneidende, knapp 30-jährige Patientin hatte mir gestanden, dass sie vor einigen Jahren einen Suizid-Versuch unternommen hatte, indem sie Fliegenpilze aß. Sie hatte sich sehr geschämt, das zu erzählen, war aber über meine Reaktionen erleichtert aus der Sitzung gegangen; ich hatte ihr gesagt, dass es wohl mit der Trennung von ihrem damaligen Freund zu tun gehabt haben könnte. Sie hatte sich unendlich wertlos gefühlt. Das habe sie vielleicht, so meinte ich, daran erinnert, wie sie sich fühlte, als sie als 11-jähriges Kind im Winter nach einem Sturz auf gefrorenem Eis mit gebrochenem Knöchel von Nachbarn nach Hause gebracht wurde. Der Vater kam in diesem Augenblick nach Hause und er habe nur gemeint, die Nachbarn würden sich ja kümmern und habe sich wie immer in seine Kneipe verzogen, wo er sich meist ziemlich betrank. Ich getraute mich, ihr weiter zu sagen, auch da sei dieses Gefühl der Wertlosigkeit in ihr wieder entstanden, das sie auch vorher schon gehabt habe, weil sie mir nämlich wenige Stunden vorher erzählt hatte, die Mutter habe sich bei einem anderen Unfall, den sie als 9-Jährige hatte, nur schimpfend und laut schreiend geärgert, was sie wieder für einen Ärger mache! Sie habe sich offenbar selbst für so wertlos gehalten, wie sie behandelt wurde und da scheine es für sie nur den Ausweg mit den Fliegenpilzen gegeben zu haben. Und ich hatte hinzugefügt, wenn andere – und seien es selbst die eigenen Eltern –, einen für nur störend und wertlos hielten, dann sei man es doch deswegen nicht.
Ich ahnte nicht, was für eine Folge diese letzte Bemerkung haben würde.
In der Stunde darauf erschien sie schwer verstört. Allmählich klärte sich, was war. Sie hatte auf meine Bemerkung, man sei nicht wertlos, wenn andere einen dafür halten, mit der tagträumerischen Fantasie reagiert, wir, sie und ich, könnten gemeinsam in einem Fernseh-Quiz

bei Jörg Pilawa auftreten; sie wolle mich für ihren Papa ausgeben. Denn eigentlich wisse sie doch viel! Also sei sie nicht wertlos und ich wüsste doch auch viel! Und dann, als sie sich bei dieser Tagträumerei »erwischte«, schämte sie sich derart in Grund und Boden, dass sie die drei Tage zwischen den Sitzungen damit verbrachte, sich vorzustellen, dass sie mir das nie würde erzählen können, dass ihr also nur bliebe, sich von einem Hochhaus zu stürzen. Tatsächlich verbrachte sie drei Stunden auf einer Hochhausplattform! Aber sie schildert detailliert einen erlebten Konflikt: Wie komisch es ihr vorgekommen sei, sich just in dem Augenblick vom Hochhaus stürzen zu wollen, wo einer angedeutet habe, dass er an ihren Wert glaube. Das passte irgendwie nicht zusammen. Diese Überlegung habe sie gehindert, sich herunterzustürzen.

Ich war freilich schockiert! Dann habe ich ihr gesagt, dass das ja eine sehr kreative Verarbeitung meiner Worte war. Offenbar habe sie sich ermutigt gefühlt, den Versuch zu machen, an das zu glauben, was ich gesagt hatte, dass sie nicht wertlos sei, auch wenn sie sich manchmal so fühle und sie habe sich die Sache mit dem Fernseh-Quiz ausgedacht, weil sie sich so danach sehne, jemanden an ihrer Seite zu haben, der an ihren Wert glaube, solange sie es selbst noch nicht glauben könne. Hier löste sich ihre Verkrampfung in einem Weinen und wir konnten den Rest der Stunde produktiv arbeiten, sodass sie gehen konnte. Die Illusion, einen anderen neben sich zu haben, hat sie real werden lassen.

Jedoch ist es nur die Sicherheit der therapeutischen Beziehung, die alles *möglich* hält, ohne es realisieren zu müssen, die Patienten den Ausbruch und Aufbruch zu einer Freiheit ermöglicht, die durch Therapie erreicht werden kann; nur unter solchen Bedingungen können Patienten gegen die Fehler ihres Therapeuten protestieren und ihn mehr und mehr zu kritisieren wagen. Wenn sie das dann geschafft haben, werden sie merken, dass sie ihn nicht mehr brauchen – und ihm (unter ansonsten glücklichen Umständen) zutiefst dankbar dafür sein. Der Mut, das zu ertragen, kann und sollte in Supervisionen erworben werden.

Was folgt?

Ich habe nun nach der Schilderung von therapeutischen Entwicklungsphasen einige Paradoxien skizziert, die wir prozessual mehr oder weniger gekonnt handhaben, wenn wir mit einem Klienten jenes kommunikative System aufbauen, das wir dann als »Psychotherapie« bezeichnen. Jedes gekonnt[3] gehandhabte Paradoxon schleudert uns gleichsam auf ein höheres Funktionsniveau, wir machen Erfahrungen und verarbeiten sie unvermeidlich denkend. Und wenn wir sie nicht machen, müssen wir auch zu denken beginnen, oder das System bricht zusammen. Dann wird aus Therapie bloßes Reden, Gedankenaustausch oder Betroffenheitslyrik. Die Gewinnung eines »exzentrischen« Ortes gegenüber einem System, an dem man selbst teilhat, könnte man in einer gewissen systemischen Tradition als heilsame Gegenparadoxie bezeichnen; wir leisten uns *psychische* Souveränität, um in den Wirrnissen des *kommunikativen* Dschungels nicht unterzugehen.

Es folgt meines Erachtens daraus die Einsicht, dass die reflexive Ebene durchaus konstitutiv ist für die autopoietische Selbstreproduktion des Systems Psychotherapie; sie ist unverzichtbar, weil wir nur so, durch Selbstentwicklung, die Paradoxien dieses Systems handhaben lernen können.

Wir kommunizieren sie, indem wir meist eine besondere Sprachform verwenden, weder nur den realistischen Indikativ, noch nur den Konjunktiv der Wünsche. Vielmehr sprechen Therapeuten meist im Subjunktiv, etwa wenn ich für meine eben beschriebene Patientin formulierte: »Sie hätten sich gewünscht, ich wäre ein Vater, wie Sie ihn vielleicht nie hatten und wir könnten zusammen zum Fernseh-Quiz gehen«. Und eine andere subjunktive Formulierung war: »Sie hätten sich so erschrecken können vor Ihrer eigenen Idee mich das zu fragen, zu der Ihnen so der Mut gewachsen war. So sehr hätten Sie sich erschrecken können, wenn Sie sich plötzlich nicht mehr wertlos hätten fühlen müssen.« Ich sage weder ja noch nein. Ich sage nicht ja oder nein zu der realen Frage, ob ich mitgehe. Ich sage aber auch nicht ja oder nein zu dem Wunsch. Ich wäre im Konjunktiv, wenn ich gesagt hätte, »Sie haben sich gewünscht ...«. Dann muss ich immer noch ja oder nein sagen, falls sie die Erfüllung des Wunsches fordert.

Der Subjunktiv formuliert weder was war, noch was ist; er artikuliert, was hätte sein können. Er artikuliert, in psychoanalytischen Termini, jene Übertragung, die nicht Wiederholung, sondern Neu-Anfang ist. Er artikuliert die »gebrauchte Beziehung«, als die ich die Übertragung doppeldeutig definiere. Er ist die Verbform des Potenzialis, geeignet, um in den potenziellen Raum der Illusion eintreten zu können. Weil er konditional formuliert,

---

[3] »Können« – das ist in meiner Professionstheorie (Buchholz 1999) die entscheidende Unterscheidung zwischen Profession und wissenschaftlichem »Wissen«.

was hätte sein können, enthält diese linguistische Form immer auch schon eine kleine Trauer über das, was *nicht* war und ermöglicht zugleich, diese Trauer zu tragen. Mir will scheinen, das ist ein Beitrag neben vielen anderen zur Ausbildung therapeutischer Resilienz.

Ein anderer ist die Ausbildung und Nutzung bildhafter Figurationen. Die kreative Metapher erscheint als Integrationsprodukt der Paradoxienlösung. Zu meiner Patientin habe ich in einer der folgenden Stunden noch gesagt: »Was ich zu Ihnen gesagt habe, hätte die Flut Ihrer Sehnsucht, sich nicht wertlos fühlen zu müssen, so mächtig ansteigen lassen können, dass Sie, und zu guter Letzt ich dann auch, darin hätten ertrinken können. Insofern scheint die Idee, vom Hochhaus zu springen, eine Art Rettungsleine gegen ein Zuviel davon gewesen zu sein. Vielleicht wollten Sie nicht sich, sondern Ihre Sehnsucht tilgen«. Das sind mehrere Metaphern, die ich als brauchbare Mittel bei der Handhabung der Paradoxien zu schätzen gelernt habe. Denn die Paradoxie wird klar erkennbar: Gerade die Aussicht auf Wertschätzung, gerade der Blick in eine mögliche Hoffnung löste die suizidale Krise aus. Die Psychoanalyse hat das als negative therapeutische Reaktion benannt und damit den paradoxalen Charakter zu bezeichnen begonnen. Die Metapher ist vielleicht das am meisten verwendete und deshalb noch weitgehend unbeobachtete Instrument zur Handhabung des Paradoxons (Kumin 1978). Zu den Mitteln der Paradoxien-Bewältigung zähle ich aber auch Humor, Kunst, Literatur und Musik. Vielleicht sind solche dem Spielerischen entstammenden Mittel jene Hilfen, die wir brauchen, um seelische Not in produktive kulturelle Teilhabe umzuwandeln. »Stark fühlt sich, wer die Bilder findet, die seine Erfahrung braucht«, formuliert Elias Canetti in seinem autobiografischen Roman *Die gerettete Zunge*.

Da ich aber über die Metapher an anderer Stelle (Buchholz 1996/2003) schon einiges gesagt habe, will ich eine Schlussbemerkung hier anfügen:

Die therapeutische Beziehung im potenziellen Raum ist ständig von zwei Gefahren bedroht: von der Ordnung und von der Unordnung. Aber wenn es so etwas wie ein Paradoxon gibt, kann man es dennoch nicht sehen, man muss es denken. Es kann nur gelebt und darin reflektiert werden. Soweit wir nicht an den Paradoxien zerbrechen, entwickeln wir unvermeidlich therapeutische Resilienz, steigern Widerstandsfähigkeit und Sensibilität zugleich. Wir wandern in ein neues Paradoxon, formulieren neue Metaphern zur Lösung und entkommen uns am Ende doch nicht. Wenn uns Supervision auf diesen Weg schickt, hat sie ihre Aufgabe erfüllt.

Literatur

Bateman, A. & Fonagy, P. (2004): Psychotherapy for Borderline Personality Disorder. Oxford/New York (Oxford University Press).
Bollas, C. (1999): The Mystery of Things. London/New York (Routledge).
Buchholz, M.B. (1996/2003): Metaphern der »Kur«. Qualitative Studien zum therapeutischen Prozeß (2. Auflage 2003). Gießen (Psychosozial-Verlag).
Buchholz, M.B. (1999): Psychotherapie als Profession. Gießen (Psychosozial-Verlag).
Buchholz, M.B. (2001): Lehren aus der Psychoanalyse. Forum der Psychoanalyse 17(3), 271–286.
Buchholz, M.B. (2002): Der Körper in der Sprache. Begegnungen zwischen Psychoanalyse und kognitiver Linguistik. Psychoanalyse – Texte zur Sozialforschung 6, 159–188.
Buchholz, M.B. (2004): Psycho-News. Briefe zur empirischen Verteidigung der Psychoanalyse. Gießen (Psychosozial-Verlag).
Buchholz, M.B. (2011): Das Unbewusste an der Oberfläche – Seelische Innenwelt und Konversation. In: Diederichs, P.; Frommer, J. & Wellendorf, F. (Hg.): Äußere und innere Realität. Theorie und Behandlungstechnik der Psychoanalyse im Wandel. Stuttgart (Klett-Cotta), S. 195–217.
Buchholz, M.B. & Gödde, G. (2005): Das Unbewußte und seine Metaphern. In: Buchholz, M.B. & Gödde, G. (Hg.): Macht und Dynamik des Unbewußten, Bd. I – Auseinandersetzungen zwischen Philosophie, Medizin und Psychoanalyse. Gießen (Psychosozial-Verlag).
Caspar, F. (2011): Editorial: Hat sich der störungsspezifische Ansatz in der Psychotherapie »zu Tode gesiegt«? Psychother. Psychosom. med. Psychol. 61, 199.
Eshel, Y. & Kadouch-Kowalsky, J. (2003): Professional possible Selves, Anxiety, and Seniority as Determinants of Professional Satisfaction of Psychotherapists. Psychotherapy Research 13, 429–442.
Ferro, A. (2004): Deutung: Signale aus dem analytischen Feld und emotionale Transformationen. Psychoanalyse im Widerspruch 16, 83–96.
Fonagy, P. & Roth, A. (2004): Ein Überblick über die Ergebnisforschung anhand nosologischer Indikationen, Teil II. Psychotherapeutenjournal 3, 300–314.
Fouad, N.A. (2003): Career Development: Journeys of Counselors. Journal of Career Development 30, 81–87.
Fürstenau, P. (2002): Grundorientierung – Verfahren – Technik. Vortrag vor dem Wissenschaftlichen Beirat Psychotherapie. Psychodynamische Psychotherapie – Forum der tiefenpsychologisch fundierten Psychotherapie 1, 12–17.
Goodyear, R.K.; Wertheimer, A.; Cypers, S. & Rosemond, M. (2003): Refining the Map of the Counselor Development Journey: Response to Ronnestad and Skovholt. Journal of Career Development 30, 73–79.
Hayes, J.A. (2004): The Inner World of the Psychotherapist: A Program of Research on Countertransference. Psychotherapy Research 14, 21–36.
Henry, W.P. (1998): Science, Politics and the Politics of Science: The Use and Misuse of Empirically Validated Treatment Research. Psychotherapy Research 8, 126–140.
Henry, W.P.; Schacht, T.E.; Strupp, H.H.; Butler, S.F. & Binder, J.L. (1993): The Effects of Training in Time-Limited Dynamic Psychotherapy Mediators of Therapist's Response to Training. J. Consult. Clin. Psychol. 61, 441–447.
Kumin, I.M. (1978): Developmental aspects of opposites and paradox. Intern. Rev. Psychoanal. 5, 477–484.

Luborsky, L.; McLellan, A. T.; Diguer, L.; Woody, G. & Seligman, D. A. (1997): The psychotherapist matters: Comparison of outcome across twenty-two therapists and seven patient samples. Clinical Psychology: Science and Practice 4, 53–65.
Luhmann, N. (1984): Soziale Systeme. Grundriß einer allgemeinen Theorie. Frankfurt (Suhrkamp).
Malle, B. F. (2005): Three Puzzles of Mindreading. In: Malle, B. F. & Hodges, S. D. (Hg.): Other Minds. How Humans Bridge the Divide Between Self and Others. New York (The Guilford Press), S. 26–44.
Malloch, S. & Trevarthen, C. (2010): Musicality: Communicating the vitality and interests of life. In: Malloch, S. & Trevarthen, C. (Hg.). Communicative musicality. Exploring the basis of human companionship. Oxford (Oxford University Press), S. 1–16.
Meltzoff, A. N.; Gopnik, A. & Repacholi, B. M. (1999): Toddlers' Understanding of Intentions, Desires and Emotions: Explorations of the Dark Ages. In: Zelazo, P. D.; Astington, J. W. & Olson, D. R. (Hg.). Developing Theories of Intention. Social Understanding and Self-Control. Mahwah, NJ/London (Lawrence Earlbaum), S. 17–42.
Ogden, T. H. (2004): Träumerei und Metapher. Gedanken über meine Arbeit als Psychoanalytiker. Psychosozial 27(97), 71–85.
Orlinsky, D. E. & Ronnestad, M. H. (2005): *How Psychotherapists Develop: A Study of Therapeutic Work and Professional Growth*. Washington, DC: American Psychological Association.
Pizer, S. A. (1998): Building Bridges – The Negotiation of Paradox in Psychoanalysis. Hillsdale, NJ/London (The Analytic Press).
Powers, Richard (2004): Der Klang der Zeit. Frankfurt a. M. (S. Fischer).
Reiter, L. & Steiner, E. (1996): Psychotherapie und Wissenschaft. Beobachtungen einer Profession. In: Pritz, A. (Hg.). Psychotherapie – eine neue Wissenschaft vom Menschen. Wien/New York (Springer).
Ronnestad, M. H. & Skovholt, T. (1997): Berufliche Entwicklung und Supervision von Psychotherapeuten. Psychotherapeut 42, 299–306.
Ronnestad, M. H. & Skovholt, T. M. (2001): Learning Areas for Professional Development: Retrospective Accounts of Senior Psychotherapists. Professional Psychology Research and Practice 32, 181–187.
Ronnestad, M. H. & Skovholt, T. M. (2003): The Journey of the Counselor and Therapist: Research Findings and Perspectives on Professional Development. Journal of Career Development 30, 5–44.
Rothwell, P. M. (2005): External Validity of Randomized Controlled Trials: »To whom do the results of this trial apply?« Lancet I 36, 82–93.
Sachverständigenrat für die Konzertierte Aktion im Gesundheitswesen (1992): Jahresgutachten 1992. Ausbau in Deutschland und Aufbruch nach Europa, Baden-Baden (Nomos).
Schlüter, T. (2005): Was benötigt eine Verhaltenstherapie zum Gelingen – und ist das noch Verhaltenstherapie? In: Kernberg, O. F.; Dulz, B. & Eckert, J. (Hg.). Wir: Psychotherapeuten über sich und ihren »unmöglichen« Beruf. Stuttgart/New York (Schattauer).
Schwartz, M. A. & Wiggins, O. P. (1987): Typifications: The first step for clinical diagnosis in psychiatry. J. Nerv. Ment. Dis. 175, 65–77.
Shotter, J. & Newson, J. (1982): An ecological approach to cognitive development: implicate orders, joint actions and intentionality. In: Butterworth, G. & Light, P. (Hg.): Social Cognition. Studies of the Development of Understanding Brighton (The Harvester Press).

Stern, D.N. (2004): The Present Moment in Psychotherapy and Everyday Life. New York/London (W.W. Norton & Company).

Tomasello, M. (2002): Die kulturelle Entwicklung des menschlichen Denkens. Zur Evolution der Kognition. Frankfurt (Suhrkamp).

Trevarthen, C. (2002): Origins of musical identity: evidence from infancy for musical social awareness. In: MacDonald, R.; Hargreaves, D. & Miell, D. (Hg.): Musical Identities, Oxford/New York (Oxford University Press).

Tuschling, A. (2011): Das Diskrete in der Psychoanalyse. Grenzgänge zwischen Metapsychologie und Medienforschung. Jahrbuch der Psychoanalyse 63, 13–36.

Wampold, B.E. (2001): The Great Psychotherapy Debate – Models, Methods and Findings. Mahwah, NJ/London (Lawrence Earlbaum).

Weiss, J. (1993): How Psychotherapy Works. Process and Technique. New York (The Guilford Press).

Westen, D.; Novotny; C.M. & Thompson-Brenner, H. (2004): The Empirical Status of Empirically Supported Psychotherapies: Assumptions, Findings, and Reporting in Controlled Clinical Trials. Psychol. Bull. 130, 631–663.

Winnicott, D.W. (1960): Primäre Mütterlichkeit. Psyche – Z Psychoanal 14, 393–399.

Winnicott, D.W. (1971): Vom Spiel zur Kreativität. Stuttgart (Klett-Cotta).

Teil III
Entwürfe von Leben und Arbeit

Vita activa – Der folgenreiche Wandel des Arbeitsbegriffs

Brigitte Hausinger

Ausgehend davon, dass der Beratungsgegenstand von Supervision die arbeitsbezogene Tätigkeit und Beziehung sowie deren Organisierung ist, greife ich in meinem Beitrag den Arbeitsbegriff und seinen Wandel auf. Der Arbeitsbegriff setzt sich aus einer hohen Zahl von Elementen und Aspekten sowie aus verschiedenen Denkkonstruktionen zusammen und er ist aufgrund seiner Komplexität nicht ohne Weiteres zu verstehen. Eine gute Möglichkeit, sich verstehend seiner Komplexität anzunähern, ist für die Supervision, bei der Betrachtung des Arbeitsbegriffs die Philosophie heranzuziehen.

Selbstverständlich können in der Kürze meines Beitrags nur einige wenige philosophische Aspekte – und diese wiederum auch nur fragmentarisch – besprochen werden. Das Ziel meines Beitrags ist es, auf sehr beachtenswerte Aspekte des Arbeitsbegriffes und seinen Wandel hinzuweisen. Aus vielerlei Gründen liegt an dieser Stelle nichts näher, als sich mit der Philosophie und der politischen Theorie von Hannah Arendt und ihrem Werk *Vita activa* zu beschäftigen. Warum?

Mit der Ersten Industrialisierung entwickelte sich eine Gesellschaftsform mit einem Arbeitsbegriff, welchen es in dieser Form bis dahin nicht gegeben hatte. In den früheren Gesellschaftsformationen stellte Arbeit noch einen konkreten, unmittelbaren und sinnlichen Vorgang dar. Arbeit war kein Abstraktum:

> »Auch wenn Arbeit als *labor* im alten Sinne, als Mühsal und Plage, den Lebenshorizont der Mehrheit ganz und gar ausfüllte, so blieb dies dem relativ geringen Stand der Produktivkraftentwicklung im ›Stoffwechselprozess mit der Natur‹ (Marx) geschuldet; Arbeit war also naturgegebene Notwendigkeit, aber ebendeswegen keine abstrakte Verausgabung von Arbeitskraft und kein gesellschaftlicher Selbstzweck« (Kurz 1991, S. 16).

Dies änderte sich durch die Industrialisierung mit ihrer warenproduzierenden Wirtschaftsweise ganz erheblich. Ein Grund war die Verflechtung zwischen Arbeit und Ökonomie. Die Verflechtung bestand darin, dass Arbeit eine elementare Kategorie der Ökonomie geworden war. Was wir heute unter dem Begriff Arbeit fassen und verstehen, kann als eine Erfindung und ein Ausdruck der Industrialisierung gesehen werden. Welchen Wert und welche Bedeutung die Arbeit für den Menschen hat und hatte, wurde im Verlauf der Menschheitsgeschichte sehr unterschiedlich bestimmt und beantwortet. Dies ist und war von vielen Faktoren abhängig. Festgehalten werden kann, dass es keine feststehende Abstraktion und kein Definitivum für Arbeit[1], ihre Bedeutung und ihren Wert gibt. Arbeit, ihre Bedeutung und ihr Wert kann als etwas Wandelbares und Prozesshaftes betrachtet werden.

Diese Wandelbarkeit und Prozesshaftigkeit untersuchte Hannah Arendt in ihrer philosophisch-politischen Abhandlung über die *Vita activa*. Sie erstellte eine aufschlussreiche Analyse vom tätigen Leben, indem sie eine elementare Gliederung der drei menschlichen Grundtätigkeiten vornahm und ihre Bedeutung darlegte.

Die Vita activa beinhaltet drei menschliche Grundtätigkeiten: *Arbeiten*, *Herstellen* und *Handeln*. »Sie sind Grundtätigkeiten, weil jede von ihnen einer der Grundbedingungen entspricht, unter denen dem Geschlecht der Menschen das Leben auf der Erde gegeben ist« (Arendt 1998, S. 16). Diese drei Grundtätigkeiten werden mit ihren wesentlichen Merkmalen im Folgenden vorgestellt. Im Anschluss werden einige Wandlungsprozesse innerhalb der Vita activa kritisch erörtert.

Erste Grundtätigkeit der Vita activa: Das Arbeiten

Im klassischen Altertum fasste man unter Arbeit all diejenigen Tätigkeiten zusammen, die für das menschliche Leben notwendig waren und nicht um ihrer selbst willen unternommen wurden. Arbeit bedeutete, der Notwendigkeit der Erhaltung des Körpers und der Welt untertan zu sein. Welt

---

1 »Obwohl alle zu wissen scheinen, was Arbeit ist, und obwohl es einen breiten öffentlichen Konsens darüber gibt, was und was nicht als Arbeit zählen soll, fehlt uns immer noch eine allgemein anerkannte Definition dieser menschlichen Tätigkeit. Wie die verschiedenen Definitionen von Sozialwissenschaftlern und Vertretern anderer Disziplinen zeigen, ändert sich die Bestimmung der Arbeit mit dem jeweiligen Ansatz« (Giarini/Liedtke 1999, S. 31).

umfasst in diesem Kontext den Raum, den sich Menschen in der Natur für ihre Bedürfnisse nutzbar machten (Ackerbau etc.) und dessen Bestand sie gegen die Natur verteidigten. Diese Notwendigkeiten wurden als etwas Mühseliges und »Sklavisches« betrachtet, weil sie durch die Notdurft des Körpers erzwungen waren.[2] Arbeit beinhaltete die Reproduktion und die Regeneration des eigenen Lebens, sie galt als unproduktiv, weil sie keine Spuren hinterlässt und ständig erneuert werden muss. Die Konsumgüter werden produziert und überdauern kaum den Augenblick ihrer Fertigstellung. Werden sie nicht durch Verbrauch verzehrt, verderben sie ganz von selbst. Arendt beschreibt diesen Vorgang als den natürlichsten der Welt: »Kreisend wie die Natur sind auch die Vorgänge des lebenden Organismus und des menschlichen Körpers, so lange nämlich, als er dem Prozess standhalten kann, der ihn durchdringt und zugleich aufreibt und am Leben erhält« (Arendt 1998, S. 115). Arbeiten und Konsumieren sind also zwei Aspekte eines biologischen Kreislaufes, welchen der Lebensprozess vorschreibt. Sie werden als eine Bewegung in endloser Wiederholung gesehen, die kaum vollendet schon von neuem beginnt. Arbeit ist von einer nicht zu übersteigerten Dringlichkeit, weil von ihr die Erfüllung des Lebens abhängt. Der Konsum regeneriert den Lebensprozess und reproduziert neue Arbeitskraft, die der menschliche Körper wiederum für seine Erhaltung braucht.

Zweite Grundtätigkeit der Vita activa: Das Herstellen

Das Herstellen vollzieht sich in der Verdinglichung:

> »Das Herstellen produziert eine künstliche Welt von Dingen, die sich den Naturdingen nicht einfach zugesellen, sondern sich von ihnen dadurch unterscheiden, dass sie der Natur bis zu einem gewissen Grade widerstehen und von den lebendigen Prozessen nicht einfach zerrieben werden. In dieser Dingwelt ist menschliches Leben zu Hause, dass von Natur in der Natur heimatlos ist; und die Welt bietet Menschen eine Heimat in dem Maße, indem sie menschliches Leben überdauert, ihm widersteht und als objektiv-gegenständlich gegenübertritt« (Arendt 1998, S. 16).

---

2 Die Sklaverei im Altertum hatte nicht die Bedeutung, Menschen als billige Arbeitskräfte zu halten, sondern sich durch deren Arbeit von der Notwendigkeit des Lebens zu befreien (vgl. Arendt 1998, S. 101f.; vgl. Aristoteles 1977).

Das Herstellen ist der Versuch einer Manifestation in einer Natur, die den Menschen permanent mit seiner individuellen Vergänglichkeit gegenüber der scheinbaren Unvergänglichkeit der Menschheit konfrontiert. In der Grundtätigkeit des Herstellens zeigt sich ein Angewiesensein des Menschen auf Objektivität und Gegenständlichkeit. Ein hergestellter Gegenstand kann den Menschen mit einer gleichbleibenden Vertrautheit täglich wieder begegnen, wohingegen man die Natur und die Menschen selbst als sich ständig verändernd erfährt.

Herstellen folgt damit einer anderen Logik und einem anderen Zweck als das Arbeiten: (1) Es geht ihm keine lebenserhaltende Notwendigkeit voraus. (2) Außerdem ist das Herstellen durch eine immanente Gewalttätigkeit gekennzeichnet. Dies begründet sich darin, dass durch das für das Herstellen benötigte Material Lebendiges zerstört oder Naturprozesse unterbrochen und beeinträchtigt werden. (3) Die Herstellung selbst leitet ein Vorbild, eine Idee.[3] Diese Vorstellung eilt dem Herstellungsprozess voraus und ist auch nach der Fertigstellung noch vorhanden. Das Ergebnis des Prozesses wird gemessen an dieser Vorstellung und ermöglicht eine Vervielfältigung dessen, was bereits besteht. (4) Der Vorgang des Herstellens hat einen Anfang und ein Ende und muss nicht wiederholt werden. (5) Das Herstellen beinhaltet immer eine gewisse Konsistenz, die aus dem Material entsteht, welches für die Produktion verwendet wird. Diese weltlichen Gegenstände repräsentieren in der vergänglichen Welt des Menschen eine relative Dauerhaftigkeit und Haltbarkeit. (6) Das Herstellen zeichnet sich durch eine gewisse Widerrufbarkeit aus. Was der Mensch schafft, kann er ebenso wieder beseitigen. Im Herstellen liegt eine Freiheit des Tun und Lassen. (7) Der Prozess der Herstellung unterliegt wesentlichen Zweck-Mittel Kategorien, wobei das Herstellen das Mittel ist, um einen Zweck, nämlich das Produkt, zu erreichen. Der Zweck rechtfertigt die Mittel, während des Herstellungsprozesses steht die Zweckdienlichkeit im Vordergrund. Daran wird gemessen und beurteilt, welche Vorgänge notwendig sind, um das Ziel zu erreichen. Hat das Produkt seine Vollendung erfahren, kann es als Mittel einem neuen Zweck dienen.

---

3 Vgl. die philosophischen Kontroversen (z. B. Platon 1973; Aristoteles 1977, S. 34ff.; Hobbes 1999, S. 13ff.) um den Ort der Entstehung von Vorbildern und Ideen. Sind sie im Menschen vorhanden oder außerhalb von ihm lokalisiert?

Dritte Grundtätigkeit der Vita activa: Das Handeln

Das Handeln zeichnet sich dadurch aus, dass es sich direkt und ohne Vermittlung von Dingen, Material und Materie zwischen den Menschen abspielt. Seine Grundbedingung ist das schlichte Faktum der Pluralität, dass auf der Erde viele Menschen leben und nicht nur ein Einzelner. Leben bedeutet in diesem Kontext, unter Menschen zu sein. »Das Handeln bedarf einer Pluralität, in der zwar alle dasselbe sind, nämlich Menschen, aber dies auf die merkwürdige Art und Weise, dass keiner dieser Menschen je einem andern gleicht, der einmal gelebt hat oder lebt oder leben wird« (Arendt 1998, S. 17). Gleichheit und Verschiedenheit manifestieren das Handeln. Ohne Gleichheit wäre kein Verstehen möglich, ohne Verschiedenheit keine Verständigung notwendig. Im Handeln drückt der Mensch seine Einzigartigkeit aus, mit der er in die Welt tritt und mit der er sich unter seinesgleichen bewegt. Es gibt kein Nicht-Handeln im menschlichen Leben und ein Element vom Handeln befindet sich im Sinne von Initiative in jeder Grundtätigkeit der Vita activa. Handeln beinhaltet etwas Ursprüngliches, ein neues Anfangen. Der Mensch ist damit im Besitz der Fähigkeit, etwas zu beginnen; wie weit er die Folgen seines Handelns voraussehen und berechnen kann und könnte, ist ungeklärt. Jeder Ursprung setzt Wahrscheinliches und Unwahrscheinliches in Bewegung. In diesem Anfangen, Beginnen liegt die elementarste und ursprünglichste Fähigkeit des großen Potenzials menschlicher Freiheit. Das Handeln findet in Vielerlei seinen Ausdruck wie in Sprache, Mimik, Gestik, Haltung, Ausstrahlung, Bewegung etc. Die notwendige Eigenschaft des Handelns ist die Personalität. Mit seinem Handeln tritt der Mensch für andere in Erscheinung. Dass er allerdings mit seinem Sein in Erscheinung treten und existieren kann und dass zwischen Menschen ein Miteinander und nicht ein Für- (Aufopferung) oder Gegeneinander (Zerstörung) entsteht und geschieht, setzt Vieles voraus. Wenn im Handeln das »Wer« allerdings nicht mehr gezeigt werden kann, verkommt es zu einer gegenstandslosen Leistung.

> »Dies tritt immer dann ein, wenn das eigentliche Miteinander zerstört ist oder auch zeitweilig zurücktritt und Menschen nur für- oder gegeneinander stehen und agieren, wie etwa im Kriegsfall, wenn Handeln nur besagt, bestimmte Gewaltmittel bereitzustellen und zur Anwendung zu bringen, um gewisse vorgefasste Ziele für sich selbst und gegen den Feind zu erreichen« (Arendt 1998, S 221).

Handeln, welches anonym bleibt oder bleiben muss, ist sinnlos und wird vergessen, da niemand vorhanden ist, dem der menschliche Einsatz zugeschrieben werden kann.

Handeln ist der Modus, in welchem sich das Menschsein selbst offenbart. Das ursprünglichste Produkt des Handelns ist die nicht intendierte Geschichte, welche entsteht, wenn der Mensch seine Ziele und Zwecke realisiert. Diese Geschichte hat keine/n VerfasserIn, sondern sie wird gelebt, erlebt. Handeln kann sich nur in der Begegnung mit Menschen vollziehen, jede Isolierung von Menschen (gewollt oder erzwungen) nimmt ihnen die Fähigkeit zu handeln. Dieses Unverwechselbare und Einmalige eines jeden Menschen, welches sich im Handeln manifestiert, kann nicht beschrieben werden; diese Unmöglichkeit der Beschreibung hängt mit der Unmöglichkeit der Definition des Wesens des Menschen zusammen. Diesem Jemand-Sein steht nichts Vergleichbares gegenüber. Sich als Handelnder zu bewegen schließt grundsätzlich die Möglichkeit aus, dieses Handeln so zu handhaben, wie es mit Dingen geschieht, über die wir verfügen, weil wir sie definieren. Die sich daraus ergebende Ungewissheit kann als etwas Beschwerliches oder Bereicherndes empfunden werden. Dies wird davon abhängen, in welchen Kontext menschliches Zusammenleben gesetzt oder gezwungen wird. Handeln geschieht zwischen Menschen und selbst wenn über etwas gesprochen wird, also ein Austausch über etwas Objektives stattfindet, gibt man doch Aufschluss über sich als Sprechenden, auch wenn dies oft unwichtig erscheint und kaum Beachtung findet. Obwohl diese Bezüge zwischen Menschen materiell nicht fassbar sind, zeigen sie ihre Wirkung. Diese Nichtgreifbarkeit ist nicht weniger wirklich als die greifbaren Dinge, sie lässt sich nur nicht verdinglichen und objektivieren. Der Irrtum der Versuche, den Bereich des Handelns materialistisch zu erfassen, besteht darin, dass Menschen, selbst wenn sie weltliche Ziele verfolgen, gar nicht anders können als sich durch sich selbst ins Geschehen einzubringen.

> »Diesen sogenannten ›subjektiven Faktor‹ auszuschalten würde bedeuten, die Menschen in etwas zu verwandeln, was sie nicht sind; zu leugnen, daß die Enthüllung der Person allem, auch dem zielbewußtesten Handeln innewohnt und für den Ablauf der Handlung bestimmte Konsequenzen hat, die weder durch Motive noch durch Ziele vorbestimmt sind, heißt einfach, der Wirklichkeit, so wie sie ist, nicht Rechnung tragen« (Arendt 1998, S 226).

Hier stellt sich auch die Frage, was für einen Sinn es ergeben sollte, in einer Welt von Menschen ausgerechnet den Menschen herauszunehmen? Für wen oder was sollte dann diese Welt sein?

Gemeinsamkeiten und Unterschiede der drei Grundtätigkeiten

Alle drei Grundtätigkeiten der Vita activa sind gemeinsam in einer Bedingung verankert: Sie kommen durch die Geburt des Menschen in die Welt und verlassen diese durch seinen Tod wieder.[4] Die Tätigkeiten der Vita activa sind in dieser Welt lokalisiert.

Durch Arbeiten entstehen Verbrauchs- bzw. Konsumgüter, durch Herstellen Gebrauchsgegenstände und Handeln konstituiert zwischenmenschliche Bezüge (Kommunikation und Interaktion). All diese Tätigkeiten werden bedingt durch das Faktum des Zusammenlebens der Menschen. Während Arbeiten und Herstellen noch ohne Mitmenschen vorstellbar sind, ist Handeln ohne Mitmenschen gar nicht denkbar.

Der Arbeitsprozess ermöglicht Konsumgüter, durch die sich das menschliche Leben am Leben erhält und der Herstellungsprozess garantiert durch seine Produkte eine Beständigkeit der Dingwelt. Obwohl allem Gebrauch ein Element des Verbrauchens innewohnt, geht es bei den Gebrauchsgegenständen nicht primär darum, verzehrt zu werden wie die Konsumgüter. Die Gebrauchsgegenstände regeln den Umgang von Menschen untereinander, lassen Gebräuche und Sitten entstehen und schaffen ein Gefühl von Vertrautheit in der jeweiligen Welt.[5] Auch das Handeln schafft Erzeugnisse, obwohl sich keine stoffliche Festigkeit zeigt. Dafür benötigt das Handeln die Gegenwart anderer Menschen, um überhaupt gesehen, gehört und erinnert zu werden. Erst durch dieses Sehen, Hören und Erinnern erhält das Handeln eine flüchtige Gegenwart.

Ein wesentlicher Unterschied zwischen Arbeiten, Herstellen und Handeln liegt darin, dass Arbeit in endloser Wiederholung besteht, gebunden

---

4 Sowohl die Mortalität als auch die Natalität haben vielerlei Einfluss auf die Tätigkeiten der Vita activa. Es ist dabei wichtig, zwischen der Bedingtheit der Menschen und der Natur des Menschen zu differenzieren. Hier bestehen elementare Unterschiede! Über die Natur des Menschen können nach wie vor keine verbindlichen Aussagen getroffen werden. Der Mensch kann sich selbst nicht erkennen, bestimmen und definieren, weil er sich weder von außen betrachten noch sich außerhalb seines Lebens und seiner Welt stellen kann. Auf die Frage: »Wer sind wir?«, gibt es vielerlei Vorstellungen und Konstruktionen, aber keine gültige Antwort. Auch die Bedingungen, unter denen die Menschen leben wie Pluralität, Weltlichkeit, Mortalität und Natalität können das Menschsein nicht erklären und begründen, weil keine dieser Bedingungen absolut gesetzt werden kann.

5 Der Herstellungsprozess als solcher kann also in verschiedenen Teilen der Erde unterschiedliche Welten produzieren! Anhand dieser Gegebenheit lässt sich u. a. erklären, wie es zur Herausbildung von unterschiedlichen Kulturen kommen kann, ohne dabei in einen biologischen Rassismus zu verfallen.

an den Kreislauf des Körpers. Das Herstellen dagegen hat ein definiertes Anfangen und Ende, während das Handeln meist einen erkennbaren Anfang hat, aber keinen bestimmbaren Verlauf oder gar ein vorhersehbares Ende. Diese Besonderheit des Handelns bewirkte, dass die Fähigkeit des Handelns bereits in der Antike als gesellschaftliche und politische Fähigkeit des Menschen betrachtet wurde. Es wurde unterschieden zwischen dem Raum der Polis (politisches Handeln) und dem Raum des Haushaltes und der Familie (gesellschaftliches Handeln) (vgl. Platon 1973; Aristoteles 1977, S. 77ff., 285ff.).

Während Arbeit in der Antike für etwas sehr Privates im Sinne von körperlichen Bedürfnissen und Angelegenheiten stand, welche schwer vermittelbar oder gar nachvollziehbar sind, da jeweils nur im eigenen Körper erlebbar, war Herstellen etwas Sichtbares für die Welt und Handeln konnte sich überhaupt nur im öffentlichen Raum entfalten.

Der Charakter der Arbeit und des Konsums/des Verbrauchens wurde vom weltlichen Standpunkt aus als etwas Destruktives begriffen, weil die Materie nicht verwandelt, sondern durch Verzehr vernichtet wird oder verdirbt.[6] Dieser Kreislauf, den das Leben in einer unumkehrbaren Zeitspanne vorgibt, beinhaltet Mühe und Anstrengung. Die konsequente Abschaffung der Grundtätigkeit Arbeit würde damit auch dem Leben das Elementarste entziehen,

> »und da dies biologische Leben der Motor des eigentlich menschlichen Lebens ist, kann auch dieses sich der ›Mühe und Arbeit‹ ganz nur entziehen, wenn es bereit ist, auf die ihm eigene Lebendigkeit und Vitalität zu verzichten. Mühe und Plage können aus dem menschlichen Leben nicht entfernt werden, ohne die menschliche Existenz mit zu verändern; sie sind nicht Symptome einer Störung, sondern eher die Art und Weise, in welcher das Leben selbst mitsamt der Notwendigkeit, an die es gebunden ist, sich kundgibt« (Arendt 1998, S. 141).

Im Bereich des Herstellens offenbaren sich scheinbar unbegrenzte Möglichkeiten. Der Mensch ist hier in der Lage alles Mögliche zu produzieren, auch

---

6 Es sei angemerkt, dass hier bereits ein grundlegendes Problem sichtbar wird, nämlich dass ausgerechnet dieser natürlichste und lebenserhaltende Prozess als etwas Destruktives erlebt wurde und sehr viel Abwertung erfuhr, was sich bis heute nicht wesentlich verändert hat (vgl. dazu z. B. die Bedeutung der Hausarbeit und der landwirtschaftlichen Arbeit). Es stellt sich die Frage, ob in diesem Prozess der Widerwille gegen Vergänglichkeit und Vergeblichkeit zutage tritt (vgl. Arendt 1998, S. 139) und die Ablehnung der unmittelbaren Dringlichkeit dieser elementaren Bedürfnisse ohne deren Erfüllung kaum anders möglich ist.

wenn er es nicht fassen, erfahren oder denken kann. Im Herstellen besteht die Gefahr, dass wir Abhängige unserer eigenen Erkenntnisse werden, weil wir unsere Errungenschaften nicht mehr verstehen und verantworten können (vgl. Anders 1992, 1995).

Im Wesen des Handelns liegt das Anfangen und In-Beziehung-Setzen, nicht das Begrenzen. Handeln ist grenzenlos und es ist schwierig, die Folgen des eigenen Handelns zu übersehen. Hierin liegen einerseits eine Gefahr und andererseits eine große Spannung, da man den Fort- und Ausgang des Handelns bei seinem Beginn noch nicht kennt. Handeln benötigt häufig einen begrenzten Raum, um erscheinen zu können.[7] Dem Handeln wohnen Prinzipien der Unabsehbarkeit von Folgen und die Unmöglichkeit des Rückgängig-Machens inne. Die Auswirkungen des Handelns können nicht berechnet werden. Es liegt im Wesen des Handelns, dass das Resultat ungewiss bleibt. Eine einstmals begonnene Tat kann mit ihren Auswirkungen sehr, sehr lange in der Welt weilen. Es gab und gibt immer wieder Versuche, das Handeln abzuschaffen oder durch Herstellen zu ersetzen. Die Gründe dafür sind mannigfaltig. Die Möglichkeit des Handelns und die Freiheit, die dieser Fähigkeit innewohnt, scheinen voller Ambivalenzen zu sein. Einerseits wird es in seiner Unvorhersehbarkeit als Beschränkung von Freiheit gesehen, andererseits ist das Handeln der Bereich der Vita activa, der ausschließlich durch Menschen allein erzeugt werden kann. Handeln wurde oft als unproduktiv, nutzlos und als eine Form der Selbstdarstellung gesehen, die als überflüssig betrachtet wird. Vor allem in der Arbeitswelt, wo es um Produktivität, Profit und Funktionieren geht, ist Handeln ein Faktum, welches sich extrem störend auswirken kann. Lösungen wurden bzw. werden darin gesehen, das Handeln von Vielen durch einen Einzigen (Monarchie) zu ersetzen, diesen einen abzusondern, damit er sein Tun zu Ende führen kann, oder darin, dass alle handeln wie einer (Volksherrschaft). Damit erhielte das Handeln Ähnlichkeiten mit dem Herstellen, auf diese Art und Weise sollte Ordnung und Dauerhaftigkeit in das Handeln kommen. Die Prinzipien des Handelns, die alle auf die Bedingung von Pluralität zurückzuführen sind, lassen sich aber nicht abschaffen, ohne dabei wesentliche Bestandteile der menschlichen Bedingungen zu negieren. Im Hinblick auf das Handeln sind in der Geschichte der Philosophie, der Politik und der Ökonomie viele Versuche unternommen worden, dieses Handeln mit der jeweils gleichen Objektivität zu bemessen, zu vergleichen

---

7 Vgl. die Ideen zur Gesetzgebung von Platon (1973) und Aristoteles (1977, S. 77ff.).

und zu beurteilen, als ob es sich um einen Gegenstand drehte (vgl. Arendt 1998a, 1998b). In dieser Vorstellung würde zugleich der subjektive Faktor oder die Ganzheitlichkeit des Menschen eliminiert, weil als objektiver Maßstab ein perfekter Mensch gefunden werden müsste. Nur wer von all den Menschen, die sich in ihrer Pluralität auf dieser Erde befinden und befanden, ist dieser Perfekte?

Wandlungsprozesse

Innerhalb der Vita activa vollzog sich ein Wandel der Hierarchie. Stand in der Antike zuerst das Handeln oben, zog das Herstellen nach, bis durch die Industrialisierung das Arbeiten zum Absoluten wurde und sich das Handeln und das Herstellen den Prinzipien des Arbeitens unterordnen mussten. Mit all diesen Änderungen vollzog sich nicht nur ein Wechsel dahingehend, dass mal eine Grundtätigkeit der Vita activa wichtiger war als die andere, sondern es änderten sich Welten. Welt bedeutet hier die von Menschen geschaffene und bedingte Welt, die maßgeblich das Leben auf Erden mitprägt.

In den Arbeitstheorien der Neuzeit wurden den einzelnen Tätigkeiten der Vita activa Merkmale und Qualitäten der anderen Tätigkeiten der Vita activa zugeschrieben. Die Unterscheidung zwischen Herstellen und Arbeiten, die Arendt aufgezeigt hat, hat sich zugunsten von Arbeit entwickelt und aufgelöst. Arbeit erfuhr in der Neuzeit eine starke Glorifizierung, sie erklomm die Hierarchieleiter bis ganz oben, als Locke sie als Quelle des Eigentums und Smith sie als Quelle des Reichtums erkannte. Marx beschrieb Arbeit als Kennzeichen von Produktivität, das vormals dem Herstellen innewohnte. Diese Produktivität liegt nicht in den jeweiligen Ergebnissen der Arbeit selbst,

> »sondern vielmehr in der Kraft des menschlichen Körpers, dessen Leistungsfähigkeit nicht erschöpft ist, wenn er die eigenen Lebensmittel hervorgebracht hat, sondern imstande ist, einen ›Überschuß‹ zu produzieren, d.h. mehr, als zur ›Reproduktion‹ der eigenen Kraft und Arbeitskraft notwendig ist« (Arendt 1998, S. 105).

Arbeit wurde durch diese Sichtweisen plötzlich die produktivste und weltbildendste Fähigkeit des Menschen, obwohl dies ursächlich dem Herstellen und nicht dem Arbeiten innewohnte. Damit entstanden sich eklatant widersprechende Gleichsetzungen[8]: Die Produktivität beginnt erst mit der Vergegenständlichung und keine Arbeitsform kann den Menschen davon befreien, die Arbeit immer wieder zu wiederholen, weil hier eine natürliche Notwendigkeit für die eigene Lebenserhaltung besteht. Der Arbeitsprozess kann nicht im Produkt erlöschen, sondern nur im Herstellungsprozess (vgl. Arendt 1998, S. 120ff.). Man kann Arbeit durch Arbeitsgeräte erleichtern und es können dadurch mehr Konsumgüter produziert werden, aber es ist auch durch dieses Verfahren nicht möglich, sich von der Notwendigkeit, die das Leben fordert, zu befreien (vgl. Arendt 1998, S. 142ff.). Diese elementare Lebensbedingung manifestiert und strukturiert heute vordergründig gesehen nicht mehr derart ausschließlich den Alltag des Menschen. Sieht man sich aber den Alltag von Menschen an, scheint es, dass sie sich trotzdem vielen Zwängen unterworfen fühlen oder diesen unterworfen sind. Die Frage taucht auf, inwieweit hier eine Verschiebung der Notwendigkeit des Lebens in andere Bereiche der Grundtätigkeiten der Vita activa stattfand. Werden jetzt Dinge als zwanghaft und absolut notwendig empfunden, die es eigentlich nicht sind?

Eine weitere Verschiebung, die stattfand, ist, dass die Güter, die durch das Herstellen produziert werden, nun wie Konsumgüter behandelt werden. Das Gebrauchen (Prinzip des Herstellens) wurde in ein Verbrauchen (Prinzip des Arbeitens) umgewandelt. Die vormals zugedachte Haltbarkeit der Gebrauchsgegenstände in der vergänglichen Welt löste sich zusehends auf.

Diese Wandlung der Grundtätigkeiten der Vita activa können auch entlang der Prinzipen *Arbeitsteilung* und *Spezialisierung* verdeutlicht werden.

Die Arbeitsteilung ist ein Prinzip, das dem Arbeitsprozess innewohnt, während die Spezialisierung dem Herstellungsprozess inhärent ist. Beide Formen setzen eine Gemeinschaft voraus, in der Menschen nicht nur zusammenleben, sondern beabsichtigen zusammen zu handeln. Dies bedingt wiederum das Prinzip von Organisation.

Die Arbeitsteilung kann definiert werden als ein Prozess, welcher die Arbeit aufteilt, in welchem einzelne Aufgaben qualitativ gleich sind und in welchem für keinen Teil besondere Kenntnisse vonnöten sind. Keine Aufgabe funktioniert dabei für sich allein, sondern jede entspricht lediglich einem Quantum vom Gesamten. All diese Funktionen müssen sich so zu

---

8 Vgl. dazu Theorien um Entstehung und Bedingungen von Wert und Eigentumsbildung (Arendt 1998; Reichenwald 1977).

einem Gesamten zusammenfinden, als hätte sie einer alleine vollzogen. Wer was geleistet hat, ist dabei unwesentlich. Ob dabei Maschinen einbezogen werden oder nicht, ist nebensächlich. In der Arbeitsteilung kommt auch die Auswechselbarkeit des Einzelnen zum Vorschein. Für jede Funktion gibt es Ersatz. Der Arbeitsprozess, egal ob dieser sich durch Arbeitsteilung oder ohne vollzogen hat, endet entweder darin, dass Konsumgüter produziert worden sind oder die Arbeitskraft der Arbeitenden sich erschöpft hat. Beide Zustände sind nicht endgültig, wie bereits geschildert.

Spezialisierung in einem Herstellungsprozess bedeutet, dass für das Produkt unterschiedliche Fähigkeiten erforderlich sind, deren Charakteristika Verschiedenheit und Spezialisierung sind, die es zu koordinieren und zu kooperieren gilt. Dem Herstellungsprozess liegt eine ziemliche Eigenständigkeit zugrunde, der eine Zusammenarbeit während des Prozesses eigentlich fremd ist. Die Herstellenden schaffen in einer Isoliertheit, aus der sie heraustreten, wenn der Gegenstand vollendet ist. Erst dann ist eine Kooperation, ein Austausch möglich (vgl. Arendt 1998, S. 191).

Die Prinzipien der Arbeitsteilung drangen mit der Industrialisierung in den Herstellungsprozess ein. Auf verschiedene Weise wurden die Tätigkeiten des Herstellens aufgeteilt und mehr und mehr durch Maschinen ersetzt. Mit der Zweiten Industrialisierung wurden die bis dahin ausgebildeten (Handwerks-)Berufe durch die systematische Aufteilung des Herstellungsprozesses überflüssig (vgl. Hausinger 2008, 2009). Der Herstellungsprozess nahm zusehends den Charakter des Arbeitsprozesses an. Die Handgriffe im Herstellungsprozess erfuhren eine endlose Wiederholung, durch die Maschine wurde diese Wiederholung noch beschleunigt. Die dabei entstandenen Waren wurden nicht mehr gebraucht, sondern erhielten die Konnotation des Verbrauchens. Die Unterschiede zwischen Konsumgütern und Verbrauchsgütern verschwanden zusehends.

»Das Funktionieren der modernen Wirtschaft, die auf Arbeit und Arbeitende abgestellt ist, verlangt, daß alle weltlichen Dinge in einem immer beschleunigteren Tempo erscheinen und verschwinden; sie würde sofort zum Stillstand kommen, wenn Menschen anfangen würden, Dinge in Gebrauch zu nehmen, sie zu respektieren und ihnen den innewohnenden Bestand zu erhalten. Die Häuser, das Mobiliar, die Autos, alle Dinge, die wir benutzen und die uns umgeben, müssen so schnell wie möglich verbraucht, gleichsam verzehrt werden, als seien auch sie die ›guten Dinge‹ der Erde, die nutzlos verkommen, wenn sie nicht in den endlosen Kreislauf der Natur des menschlichen Stoffwechsels mit der Natur gezogen werden« (Arendt 1998, S. 149).

Durch diese Vorgänge kann die moderne Gesellschaft als eine Konsumgesellschaft bezeichnet werden.[9] Es lässt sich beobachten, dass sich im Laufe der Zeit alles zusehends in Arbeit verwandelte und verwandeln muss, damit es als Tätigkeit noch Bestand hat. Alle möglichen Tätigkeiten werden und wurden nun als Arbeiten verstanden und in dessen Prinzipien gepresst. Jede Tätigkeit, die nicht als Arbeit begriffen werden kann, hat keinen Wert und somit kaum eine Existenzberechtigung. Aber genau durch diese Anpassung ging und geht der Sinn[10] jedweder Tätigkeiten zugrunde und erhält die Vergeblichkeit und den Wiederholungscharakter der Grundtätigkeit Arbeit.

Nach diesem sehr weit gespannten Bogen, entlang einiger Ausschnitte aus der *Vita activa* wird sichtbar, dass das jeweilige Verständnis von Arbeit folgenreich ist und zugleich wird sichtbar, dass das Verständnis von Arbeit wandel- und gestaltbar ist. Dazu regt die Auseinandersetzung mit den philosophisch-politischen Betrachtungen über die Vita activa von Hannah Arendt an. Enden möchte ich mit einem Zitat von ihr:

»Was ich daher im folgenden vorschlage, ist eine Art Besinnung auf die Bedingungen, unter denen, soviel wir wissen, Menschen bisher gelebt haben, und diese Besinnung ist geleitet, auch wenn es nicht ausdrücklich gesagt ist, von den Erfahrungen und den Sorgen der gegenwärtigen Situation. Solch eine Besinnung verbleibt natürlich im Bereich des Denkens und Nachdenkens, und praktisch gesprochen vermag sie nichts, als zu weiterer Besinnung anregen – was immerhin vielleicht nicht nichts ist angesichts des oft ruchlos anmutenden Optimismus, der hoffnungslosen Verwirrtheit oder dem ahnungslosen Wiederkäuen des guten Alten, die nur zu oft die geistige Atmosphäre bestimmen, in der diese Dinge diskutiert werden« (Arendt 1998, S. 13).

---

9 Die Gefahr einer solchen Gesellschaft besteht darin, dass sie von ihren Produkten im Überfluss geblendet ist und sich selbst verfängt und gefangen ist in dem reibungslosen Funktionieren, dass diese Art der Ökonomie erfordert. Der Mensch ist dabei nicht als Person relevant, sondern als Funktion.

10 Das Wesen des Sinnes ist seine Beständigkeit, die bei Vollendung und bei Erfüllung nichts davon verliert oder im Nichts aufgeht (vgl. Arendt 1998, S. 184).

Literatur

Anders, Günther (1992): Die Antiquiertheit des Menschen. Band 1: Über die Seele im Zeitalter der zweiten industriellen Revolution. München (Beck).
Anders, Günther (1995): Die Antiquiertheit des Menschen. Band 2: Über die Zerstörung des Lebens im Zeitalter der dritten industriellen Revolution. München (Beck).
Arendt, Hannah (1990): Was ist Existenz-Philosophie? Frankfurt/M. (Hain).
Arendt, Hannah (1998): Vita activa oder Vom tätigen Leben. München (Piper).
Arendt, Hannah (1998a): Macht und Gewalt. München (Piper).
Arendt, Hannah (1998b): Das Urteilen. München (Piper).
Arendt, Hannah (2000): Zwischen Vergangenheit und Zukunft. München (Piper).
Arendt, Hannah (2000a): In der Gegenwart. München (Piper).
Aristoteles (1977): Hauptwerke. Stuttgart (Kröner).
Aristoteles (1984): Metaphysik. Stuttgart (Reclam).
Aristoteles (1998): Die Nikomachische Ethik. München (dtv).
Giarini, Orio & Liedtke, Patrick M. (1999): Wie wir arbeiten werden. München (Heyne)
Hausinger, Brigitte (2008): Supervision: Organisation – Arbeit – Ökonomisierung. Zur Gleichzeitigkeit des Ungleichzeitigen in der Arbeitswelt. München und Mering (R. Hampp).
Hausinger, Brigitte (2009): Arbeit und Ökonomie – Kontext von Supervision. Saarbrücken (SVH).
Hobbes, Thomas (1999): Leviathan. Frankfurt/M. (Suhrkamp).
Kurz, Robert (1991): Der Kollaps der Modernisierung. Frankfurt/M. (Eichborn)
Locke, John (1977): Zwei Abhandlungen über die Regierung. Frankfurt/M. (Suhrkamp).
Marx, Karl (1971): Die Frühschriften. Stuttgart (Kröner)
Marx, Karl & Engels, Friedrich (1986): Werke. Band 23. Das Kapital. Kritik der politischen Ökonomie. Berlin (Dietz).
Marx, Karl & Engels, Friedrich (1983): Werke. Band 24. Das Kapital. Kritik der politischen Ökonomie. Berlin (Dietz).
Platon (1973): Der Staat. Stuttgart (Kröner).
Platon (1987): Phaidon. Stuttgart (Reclam).
Reichenwald, Ralf (1977): Arbeit als Produktionsfaktor. München (Ernst Reinhardt).
Smith, Adam (1994): Theorie der ethischen Gefühle. Hamburg (Meiner).
Smith, Adam (1999): Der Wohlstand der Nation. München (dtv).

Die Ökonomisierung psychosozialer Arbeit und ihre Folgen

Zehn kritische Thesen aus der Sicht des Supervisors

Rudolf Heltzel[1]

Gegen Ökonomie ist nichts einzuwenden, denn vernünftig wirtschaften wollen wir alle. In den letzten ein bis zwei Jahrzehnten erleben wir aber eine Ausweitung des ökonomischen Denkens auf tendenziell alle Lebensbereiche. *Ökonomisierung* meint die Ausschaltung aller marktfremden Gesichtspunkte aus den Beziehungen von Akteuren (Thielemann 2004), sie zielt auf die definitive Herrschaft des Marktes – auch in sozialen und psychosozialen Feldern. Eine Folge dieser Entwicklung ist, dass Wettbewerb und betriebswirtschaftliches Denken nicht nur bedeutsam, sondern *dominant* werden. Es geht um Wettbewerb und Markt *aus Prinzip*. Die resultierende Durchökonomisierung aller Lebensbereiche erfüllt, wie der St. Gallener Wirtschaftsethiker Peter Ulrich betont,

> »die Funktion einer *Weltanschauung*, [...] die im Jargon wertfreier Sachrationalität einer grenzenlosen Ökonomisierung unserer Lebensformen, der Gesellschaft und der Politik das Wort redet. Der Ökonomismus, dieser Glaube der ökonomischen Ratio an nichts als sich selbst, ist wohl die Großideologie der Gegenwart [...]: Kaum je zuvor hat eine einzige ideologische Argumentationsform weltweit einen vergleichbaren Einfluß gehabt« (Ulrich 2004, S. 16).

In der Konsequenz zieht nicht nur die *Sprache* der Betriebswirtschaft in wirtschaftsferne Institutionen und Organisationen ein, sondern auch das entsprechende *Denken* inklusive der zugehörigen *Instrumente*.

---

[1] Geringfügig veränderter und erweiterter Vortrag auf dem Symposium der Sozialen Hilfe Marburg e.V.: »Vom Wiedergewinn der sozialen Sprache in Zeiten der Verwaltungszentrierung – Auswirkungen und Absurditäten von Hilfeplanung in lebendigen sozialen Systemen« (Hotel im Kornspeicher, Marburg, am 23. März 2011)

Meine *erste These* lautet daher wie folgt:
Die heute in allen Lebensbereichen vorherrschende Ökonomisierung meint nicht etwa vernünftiges ökonomisches Denken und Handeln, sondern dessen ideologische Zuspitzung und Überhöhung zur Weltanschauung, zur Kultreligion, die alle sozialen Interaktionen durchdringt und einen Fetisch – den Markt mit seinen Tauschbeziehungen – anbetet.

Am besten erzähle ich ein *Beispiel aus meiner Supervisionspraxis*, um meine erste These zu veranschaulichen: In einer psychiatrischen Klinik war ich seit einigen Monaten mit der Supervision der pflegerischen Teamleitungen betraut, an der auch die fachlich sehr erfahrene Pflegedienstleitung (PDL) selbst teilnahm. Die quartalsweise in Blockform stattfindende Supervision unterstützte die Leitungsgruppe der Pflege bei der Bewältigung ihrer komplexen und belastenden Aufgaben, förderte die Zusammenarbeit und wurde von allen Beteiligten als hilfreich erlebt. Da die PDL bald eine Leitungsaufgabe in einer anderen Klinik übernahm, stieg ihre Nachfolgerin in die Supervision ein. Sie war eine relativ junge Diplom-Pflegewirtin (managementorientiertes Zusatzstudium), die nie in der Psychiatrie gearbeitet hatte. Nun nahm sie an der ersten Supervisionssitzung ihres Lebens teil und setzte ihre Mitarbeiter und mich sofort unter enormen Druck: Jeder solle sich in Bezug auf die Organisationsentwicklung der Einrichtung (die sich innerhalb kürzester Zeit tiefgreifend wandeln sollte) »positionieren«. Mir forderte die PDL umgehend »Zielplanungen« für jede einzelne Supervisionssitzung ab, sodass ein freier Gruppenaustausch im Sinne der beruflichen Selbstreflexion gar nicht mehr möglich war. Während die um ihren Arbeitsplatz besorgten Teamleitungen Kritik an der Vorgesetzten kaum zu äußern wagten, erläuterte ich ihr so taktvoll wie möglich, warum ihre drängende Haltung den Supervisionsprozess grundlegend infrage stellte. Das schien mein Gegenüber wenig zu überzeugen, denn in der Pause zwischen zwei Sitzungen eröffnete sie mir, dass ihr Bruder BWL studiere und ihr bereits mitgeteilt habe, wie eine Klinik in kürzester Zeit betriebswirtschaftlich umzugestalten sei! Wenig später lud der Leitende Arzt alle Supervisoren der Klinik zu einem »Austausch« ein, an dem auch die neue PDL teilnahm. Der »Austausch« nahm die Form eines gehetzten Monologes an, in dem der an kurztherapeutischen Konzepten orientierte Leiter (der bis vor Kurzem Oberarzt der Klinik gewesen war) alle Anwesenden »auf Kurs« brachte und erwartete, dass sich die Supervisoren dem »Crashkurs« einer forcierten Umstrukturierung verpflichteten. Diese sei aus ökonomischer Sicht unausweichlich und alternativlos, die Klinik müsse sich »am Markt behaupten«

und »für die Zukunft fit machen«, das sei mit den alten Rezepten nicht zu bewerkstelligen, usw. Manche der anwesenden Supervisoren kündigten als Reaktion auf dieses Turbo-Briefing die Beendigung der Zusammenarbeit an, da sich der Inhalt ihrer Supervisionsvereinbarung abrupt verändert habe. Andere wirkten verunsichert, äußerten Zweifel bezüglich der weiteren Zusammenarbeit und baten sich wenigstens etwas Bedenkzeit aus. – Ich nutzte die Gelegenheit der Sitzung dazu, den Anwesenden (v. a. der Klinikleitung) ein *szenisches Verstehen* dieser Besprechung nahezulegen: Ähnlich »an die Wand gedrückt« und unter akuten Handlungszwang gesetzt erlebten sich nach meiner bisherigen Erfahrung auch viele Mitarbeitende und andere Leitende der Klinik. Vielleicht fühle sich – unter dem Druck der Rahmenbedingungen – auch die Klinikleitung ähnlich? Mein Versuch, eine Brücke der Kommunikation zu bauen, ging jedoch ins Leere. Der leitende Arzt beendete die Besprechung (die eher einer »Befehlsausgabe« glich) vorzeitig, und ich erhielt die schriftliche Kündigung des Auftrages. – Ein Jahr später berichteten mir andere Supervisanden der Klinik, dass die PDL von der Leitungstätigkeit entbunden und nun für das Qualitätsmanagement der Klinik zuständig sei. – Auf mich wirkte der Auftritt der beiden Leitungsfiguren wie eine Mischung aus Management-Satire und Missions-Event, aber für die Mitarbeitenden und Leitungen war es natürlich ernst.

Die gehetzte Stimmung der Hauptdarsteller leitet unmittelbar zu meiner *zweiten These* über. Sie lautet so:

Die große Schwester der Ökonomisierung ist die Beschleunigung: Ohne Beschleunigung ist das Prinzip »Markt« nicht denkbar und erst die Pervertierung ökonomischer Vernunft zur weltbestimmenden Ideologie im Sinne einer Ersatzreligion führt zu Beschleunigungstendenzen in bisher nicht für möglich gehaltenen Dimensionen.

Wer die Organisations- und Konzeptentwicklungen etwa im Gesundheits-, Bildungs- und Sozialwesen der letzten zwei Jahrzehnte analysierte, wird bemerkt haben, wie immer neue Anfänge, immer hektischere Exzesse des »Umspritzens, Umgruppierens und Umbenennens« (Baier 2000, S. 32) eine immer offensichtlichere Perspektiv- und Ratlosigkeit kaschierten – mein Fallbeispiel von eben illustriert genau dies. »So viel Anfang war nie«, könnte man mit Hölderlin sagen, oder etwas salopper formuliert: »Hauptsache busy!« Vieles von dem, was dabei in Atem hält, befördert gar keinen substanziellen Fortschritt, sondern ist von der Sache her eigentlich unnötig. Nicht wenige Konzeptentwicklungen und Umstrukturierungsprozesse in Organisationen gehören in diese Kategorie von »Fortschritt«.

Die Reaktion von Mitarbeitenden kann kopfschüttelndes Unverständnis sein, oder »innere Kündigung«, aber auch Erschöpfung, gepaart mit Resignation und Zynismus, also Burnout. Ungeachtet solcher Rückmeldungen wirken die (beratungsresistenten?) »Change-Manager« wie besessen von der Überzeugung, dass es nur eine Bewegungsvariante gibt: Pausenlos vorwärts! Manchmal steht der Abwehraspekt dieser Getriebenheit (also ihre Verankerung in der Persönlichkeit der Chefs) ganz im Vordergrund, aber die aktuellen betriebswirtschaftlichen und gesetzgeberischen Trends fördern solche Abwehr zusätzlich.

Rasende Beschleunigung (Rosa 2005) gibt es nicht nur auf der Ebene der leitenden Konzepte, sondern auch im Kleinen, etwa die Mitarbeiterfluktuation betreffend. In der Klinik eines Trägerkonzerns, der sich mit beachtlichen Renditen brüstet, erlebte ich als Supervisor von mehreren Stationsteams nicht eine einzige Supervisionssitzung im Monatsabstand mit denselben Mitwirkenden. Die Gesichter der Beteiligten wechselten schneller, als ich sie mir einprägen konnte! Immer schneller geht es auch im Arbeitsalltag etwa von Ärzten oder Pflegenden zu. Da die Rahmenbedingungen in der Medizin und der Altenpflege in gängigen Lehrbüchern des Sozialmanagents gern als beispielhaft auch für die (psycho-)soziale Arbeit hingestellt werden, erzähle ich ein entsprechendes *Beispiel aus meiner Beratungspraxis:*

In der Einzelberatung berichtet die erschöpft wirkende, aber kämpferische PDL eines ambulanten Pflegedienstes Folgendes: »Meine Mitarbeiterinnen haben für die Medikamentenverabreichung an einen Patienten genau zwei Minuten Zeit zur Verfügung, vom Auto bis zu diesem zurück gerechnet – mehr erlauben die Richtlinien nicht! Alles darüber Hinausgehende wird nicht bezahlt. Konkret ist das dann z. B. ein über 80-Jähriger mit beginnender Demenz, der im ersten Stock eines Einfamilienhauses wohnt. Das bedeutet: Pünktlich ankommen, parken, durch den Vorgarten gehen, klingeln, warten. Wenn die Tür geöffnet wird: In den ersten Stock gehen, Begrüßung. Beantwortung von Fragen. Erläuterung der Medikation, deren Sinn der Patient vergessen hat, die er womöglich ablehnt. Dokumentation, Verabschiedung, Verweigerung weiterer Gespräche (die der Patient wünscht), Rückkehr zum Auto. Für die Anfahrt zum nächsten Patienten stehen – über Land – genau siebeneinhalb Minuten zur Verfügung, verfahren darf sich da keine! Als die Leute vom Vorstand unseres Vereins anregten, dass wir schneller arbeiten sollten, um wirtschaftlich zu sein, habe ich sie genau diese Szene im Rollenspiel nachspielen lassen. Alle waren erschüttert, manchen standen Tränen in den Augen. So hatten sie sich das nicht vorgestellt!«

In meiner Supervisions- und Beratungspraxis kommt es inzwischen häufiger vor, dass Supervisanden – und zwar Führungskräfte und Leitungen ebenso wie Mitarbeitende – über Formen des Widerstandes angesichts ethisch bedenklicher Arbeitsbedingungen nachdenken.

Ich will aber – bevor ich die Ökonomisierung psychosozialer Arbeit und ihre Folgen weiter untersuche – zunächst das Beispiel einer kleinen, aber feinen Erfolgsgeschichte erzählen. Solche Geschichten gibt es nämlich durchaus auch. Ich leite diese Geschichte mit meiner nächsten These ein.

Diese *dritte These* lautet:

Trotz flächendeckender Ökonomisierungstendenzen kommt es auch heute noch zu fachlich lobenswerten und wirtschaftlich vernünftigen Versorgungskonzepten – wenn die Verantwortlichen in der politischen Administration, in der behördlichen Sozialpsychiatrie sowie in den Trägern psychosozialer Arbeit vor Ort realistisch, konstruktiv, vertrauensvoll und nachhaltig zusammenarbeiten.

Das dazu gehörige *Beispiel aus meiner Supervisionspraxis* stammt aus einer norddeutschen Kleinstadt, in der ich vor zwölf Jahren die fallbezogene Supervision der von freien Trägern angebotenen ambulanten, psychosozialen Arbeit begann. Es handelt sich dabei um ambulante psychiatrische Pflege nach SGB V, um eingliedernde Einzelfallhilfe chronisch psychisch kranker Menschen nach SGB XII sowie um aufsuchende, niederschwellige Suchtberatung für chronisch und mehrfach abhängige Personen. Die Supervision unterstützte den Start und den weiteren Ausbau dieser Projekte: Zu Beginn gab es lediglich einzelne Pflegende oder Sozialarbeiter, die diese Arbeit selbst anboten, die nötigen Konzepte entwickelten, die betreffenden Verträge aushandelten und schrittweise neue Mitarbeitende einstellten. Neueinstellungen erfolgten dabei stets fallbezogen (also erfolgsorientiert) in dem Sinne, dass sich jede Mitarbeiterin die eigene Stelle über geleistete Betreuungsstunden selbst finanzieren muss. Von anfangs zwei Verantwortlichen (den Leitungen zweier Teams bei zwei verschiedenen Trägern) wuchs das Projekt im Laufe der Jahre auf heute über zwanzig bei verschiedenen Trägern Beschäftigte an. Bis vor Kurzem fanden die Supervision sowie die internen Fallbesprechungen *trägerübergreifend* statt, sodass potenziell konkurrierende Organisationen und deren Angestellte voneinander lernten und eine gemeinsam getragene Verantwortung für eine Versorgungsregion (Kleinstadt plus umliegende Landkreise) übernahmen. Nebenbei reduzierten sich bei diesem Vorgehen die Supervisionskosten für die einzelnen Träger. Mittlerweile sind zwei dieser Teams so sehr gewachsen, dass die Supervision nicht mehr trägerübergreifend, sondern getrennt stattfindet.

Diese kontinuierliche, geduldige Aufbauarbeit wurde durch eine sachverständige und weitsichtige Stadtverwaltung ermöglicht. Sie kam aber vor allem auf den Weg, weil der zuständige Sozialpsychiatrische Dienst (der von einer erfahrenen, teamorientierten Fachärztin geleitet wird) diese Entwicklung mit Geduld, mit fachlicher Expertise und Kooperationsbereitschaft unterstützte, und weil erfahrene und hoch kooperative Leitungsverantwortliche in den Teams eine im Lauf der Zeit wachsende Fachlichkeit förderten.

Die Fallzuweisungen und Kostenübernahmen werden bis heute über den SPsD gesteuert, wo die betreffenden Patienten in der Regel bekannt sind. Die begutachtenden Personen sind also auch im Detail gut informiert. Die im Betreuungsteam zuständigen Mitarbeiterinnen und Mitarbeiter sind dem SPsD über Jahre vertraut, der fachliche Austausch ist selbstverständlich und nicht nur auf formelle Fallkonferenzen beschränkt. Wie meine Supervisanden berichten, vertrauen die Mitarbeitenden des SPsD den betreuenden Kollegen (oder geben kritisch-anregende Rückmeldungen). Sie wissen dabei, dass längst nicht alle bewilligten Betreuungsstunden von den Trägern abgeleistet und abgerechnet werden, denn hier wird wirtschaftlich gedacht und effizient gehandelt (bei der großen Zahl der Patienten ist das gar nicht anders möglich). Sie verstehen v. a., dass bei dieser schwer und komplex gestörten Klientel oft nur kleine und kleinste Ziele erreicht werden können, ja, dass es nicht selten schon ein Erfolg der »Maßnahme« ist, wenn ein prekärer *Status quo erhalten* und Krankenhausbehandlung vermieden werden kann (die fortlaufende Bearbeitung dieses Punktes mit den Supervisanden selbst war und ist so etwas wie »der rote Faden« im Supervisionsprozess). Für die eingliedernde Einzelfallhilfe nach SGB XII werden durchaus auch längere Zeiträume bewilligt, nicht selten sind dies – mit vernünftigen fachlichen Begründungen und in aufeinanderfolgenden Verlängerungsschritten – mehrere Jahre. Der Dokumentationsaufwand wird dabei in Absprache mit der begutachtenden Stelle bewusst übersichtlich gehalten, und die zu erreichenden Ziele können im begründeten Einzelfall allgemeiner und übergeordneter formuliert werden. Trotz dieser Haltung reflektierter Wirtschaftlichkeit im Umgang mit personellen und zeitlichen Ressourcen beträgt der Zeitaufwand für nicht unmittelbar patientenbezogene Arbeit

wie Dokumentation, Antragstellung, Fallkonferenzen etc. immerhin 40%
der Wochenarbeitszeit. Wie hoch mag er in Regionen sein, in denen nicht
so vernünftig mit Ressourcen gehaushaltet wird?

Trotz relativ prekärer, befristeter und fallabhängiger Arbeitsverträge und
trotz des hohen Arbeitsaufkommens sind die Mitarbeitenden der erwähnten Teams keineswegs besonders unzufrieden. Sie haben – auch mithilfe
der Supervision – im Lauf der Jahre realisiert, dass es heute ein Privileg
ist, sinnvolle, kooperative Arbeit in einer Atmosphäre der Wertschätzung
leisten zu können. Das wiegt vieles auf, was unbefriedigend ist und hier
nicht schöngeredet werden soll.

In Anbetracht solcher Positiventwicklungen lautet meine *vierte These*
wie folgt:

Fehlt es in einer Region an der vernetzten Zusammenarbeit praxiserfahrener, fachkompetenter und zugleich kritischer Verantwortlicher aus der politischen Administration, dem öffentlichen Sozial- und Gesundheitswesen und den freien Trägern, dann droht – systemimmanent und in Abhängigkeit von übermächtigen Kontextbedingungen – die Dominanz betriebswirtschaftlich inspirierter Steuerungsmodelle.

Dieses Risiko und seine Folgen werden von begeisterten Sozialpolitikern, Steuerungsexperten und Sozialmanagern oftmals unterschätzt. Zwar formuliert das Lehrbuch leichthin: »Eine einseitige ›Ökonomisierung‹ lässt sich vermeiden, wenn das Sozialmanagement nicht nur betriebswirtschaftlich ausgerichtet wird« (Schubert 2005, S. 13). Die weitere Entwicklung des Themas wirkt dann aber schon in der Theorie (und um wie viel mehr in der Praxis!) wie eine zunächst sacht und fast unmerklich, dann allmählich fester zugreifende, komplexe Zwangskonstruktion, deren Wirkung viel umfassender und tiefer greift, als es der schlichte Begriff des »Controlling« suggeriert: Die neuen, der Betriebswirtschaftslehre entstammenden Paradigmen des »New Public Management« wie »Legitimation sozialer Arbeit«, »Effektivität und Effizienz«, »Evaluation« und neue Konzepte und Instrumente wie »Leistungsvereinbarungen«, »Neue Steuerungsmodelle«, »Kontraktmanagement« oder »Qualitätsmanagement« wirken über »*Selbststeuerung*« und sind damit weitaus wirkmächtiger und folgenschwerer, als frühere, »von oben« auferlegte Steuerungskonzepte. Zu ihrer Bändigung und Entschärfung bräuchte es den eigensinnig-fachlichen, kritisch-widerständigen Sachverstand engagierter Professioneller, sodass manche Konzeptblasen und Zumutungen der Betriebswirtschaft humorvoll kommentiert, ironisch infrage gestellt, einfallsreich umgangen, oder jedenfalls fachlich-energetisch so aufgeladen werden, dass die schlimmsten Folgen für Klienten und Mitarbeitende vermieden werden können.

Bei meinen persönlichen Recherchen für diesen Vortrag erhielt ich den Eindruck, dass High-End-Varianten des IBRP und vergleichbare Projekte gerade in kreativen Regionen mit großer sozialpsychiatrischer Erfahrung im engagiert erarbeiteten Konsens zwischen Trägerverantwortlichen und sozialpolitischer Administration weitgehend entschlackt und damit entgiftet wurden. Zu unsinnig, zu aufwendig, zu praxisfern erschien den meisten Akteuren das, was angeblich so dringend ansteht (in der Summe vieler Details aber unnütz ist oder sogar Schaden anrichtet).

Es ist eine Ironie dieser Geschichte, dass die ausgefeiltesten Exzesse der Steuerung und der Planung heute von Fachleuten entwickelt werden, die in früheren Jahren Verdienste in der Reformpsychiatrie erworben, in dieser Zeit aber großes Engagement für die patienten*ferne*, bürokratische Seite der Psychiatriereform entwickelt haben. Heute sind manche von ihnen Fachhochschuldozenten und in Nebentätigkeit als Reform- und Verwaltungsberater unterwegs. Auf diese Weise tragen sie nicht selten dazu bei, ein modernes, zentralisiertes Modell der allumfassenden Kontrolle und des unerbittlichen Zwangs zu entwerfen und aufzubauen. Wie im Qualitätsmanagement- und Zertifizierungsbetrieb können hier nicht nur persönliche Macht- und Kontrollbedürfnisse, sondern auch finanzielle Interessen und Karrierewünsche bedient werden. Es wäre naiv, diese nicht unwichtigen Seitenaspekte des Themas zu übersehen.

Ich will aber das nachhaltige Interesse und Engagement vieler Reformvertreterinnen und -vertreter nicht gänzlich infrage stellen. In manchen Fällen scheint es mir vielmehr so, dass ein glaubhaftes Eintreten für Integration und Teilhabe psychisch kranker Menschen mit der Verleugnung einer Realität verbunden ist, die – systemimmanent – in Richtung Kostensenkung und Qualitätsminderung wirkt, auch wenn die offiziellen Zielsetzungen wohlmeinender Versorgungs- und Reformtheoretiker nicht davon handeln.

Daher formuliere ich meine *fünfte These* so:

Aufgrund des durchgreifenden finanziellen Drucks, der auf den öffentlichen Haushalten lastet, geht es bei den neuen Steuerungsmodellen im Kern (und im Gegensatz zu offiziellen Verlautbarungen) um Kostenkontrolle. Auch wenn dies offiziell bestritten wird, ist diese Entwicklung ohne Qualitätsminderung in der Arbeit nicht zu haben.

Wie Übersichten etwa aus NRW zeigen, stehen in der Reformdebatte zur Eingliederungshilfe nach SGB XII nicht nur fachliche Fragen, sondern auch solche zur Finanzierung der Eingliederungshilfen an (Stamm et al. 2010). Aufgrund des finanziellen Drucks, der auf den öffentlichen Haushalten laste, stehe die Eingliederungshilfe im Fokus sozialpolitischer Modernisierungsbestrebungen und sehe sich mit verstärkten Steuerungsmaßnahmen konfrontiert (ebd., S. 434). Dabei werde die Zielsetzung verfolgt, die Fallkosten in der Eingliedrungshilfe perspektivisch und nachhaltig zu senken – bei Aufrechterhaltung der rechtlich vorgeschriebenen bedarfsgerechten Qualität (ebd., S. 437): »Die beschriebenen Maßnahmen der Steuerung haben dazu geführt, dass trotz der Tatsache, dass immer mehr Menschen mit Behinderungen auf Leistungen der wohnbezogenen Eingliederungshilfe angewiesen sind, die sogenannten durchschnittlichen Fallkosten in beiden Landesteilen Nordrhein-Westfalens reduziert werden konnten« (ebd., S. 438). Dies wird u. a. mit der Einführung des Instruments der »Fachleistungsstunde« in Verbindung mit individuellen Stundenbudgets erklärt. In NRW wurden auf diese Weise angeblich 13% der Kosten für Eingliederungshilfe eingespart (persönliche Mitteilung S. Heydt.). Die Autoren aus dem Ministerium für Arbeit, Integration und Soziales des Landes NRW schlussfolgern: »Trotz der Vielzahl komplexer fachlicher Fragen, die mit der Reform der Unterstützungssysteme für Menschen mit Behinderungen verbunden sind: Vor dem Hintergrund der desolaten Finanzlage der öffentlichen Haushalte sind nicht zuletzt auch Fragen der Finanzierung verstärkt zu diskutieren« (ebd., S. 439). – Dass diese Entwicklung ohne Qualitätseinbußen nicht zu haben ist, verdeutlichen z. B. Erfahrungen von Supervisoren, auf die ich im Zusammenhang meiner nächsten Thesen zu sprechen komme.

Ich komme nun zu meiner *sechsten These*, die wie folgt lautet:

Neue Managementkonzepte fokussieren auf »Selbststeuerung« der Akteure und sind damit Teil eines tiefgreifenden Wandels in der Arbeitswelt im Sinne der »Subjektivierung« (Selbsterledigung und Selbstverantwortung). Sie wirken im Zusammenspiel mit Trends der Sozialgesetzgebung und lassen sich als Bausteine oder Bestandteile eines komplexen Systems nachhaltig-neoliberaler Ordnungspolitik begreifen.

Neue Steuerungsmodelle entfalten ihre Wirkung, indem sie den Druck nach innen, in die Organisationen und in die dort tätigen Individuen hineinverlegen. In der Logik der neuen Managementmodelle *führen Akteure sich selbst* (Schubert 2005, S. 19). Das spricht Prozesse der *Subjektivierung* an, d. h. der systematischen Umstellung von Anforderungen aus der Außenwelt auf *Selbsterledigung* und *Selbstverantwortung* (Voß 2008; Böhle

2011). Außenkontrolle und Fremdsteuerung werden heute – nicht nur in der Welt sozialer Organisationen, aber eben auch dort – auf diese Weise nach innen, in die Beziehung des Einzelnen zu sich selbst hineinverlegt. Im Arbeitsalltag der Akteure geht das über »die Selbststeuerung der Arbeitskräfte nach den Zielsetzungen der Organisation« (Schubert 2005, S. 81). Zwei der grundlegenden Konzepte in diesem Zusammenhang sind das »*Kontraktmanagement*« mit formaler Festlegung erreichbarer Ziele in einem definierten Zeitraum und der Pflicht zur kontinuierlichen Berichterstattung, sowie das »*Neue Steuerungsmodell (NSM)*« mit »Produkten« als zentraler Steuergröße und integrierten, von einer Steuerungszentrale kontrollierten und von den Akteuren umzusetzenden »Zielvereinbarungen«.

Sozialgesetzlich festgelegte *Vereinbarungen über Leistungsangebote, Entgelte und Qualitätsentwicklung* sind »Musterbeispiele für die Anwendung ›neuen Steuerungsdenkens‹ in der sozialen Arbeit« (Hofemann 2005, S. 35) und stellen die Folie dar, auf deren Hintergrund die neuen Steuerungsmodelle und Managementkonzepte wirken.

Während Vertreter dieses Managementbegriffs in der sozialen Arbeit argumentieren, dass »die Subjekte im organisationalen Kontext aus herrschaftlichen und ideologischen Bindungen tendenziell ›freigesetzt‹ werden« (Schubert 2005, S. 71) und endlich eigenverantwortlich handeln, versteht eine an Foucault und dessen Begriff der »Gouvernementalität« orientierte Sozialforschung und Analyse die gleiche Entwicklung als Ausdruck subtiler Regierungskunst oder -technologie (Bröckling 2000, 2004, 2007). In dieser Sicht ist Ordnungspolitik »eine verwickelte Kombination von Individualisierungstechniken und Totalisierungsverfahren« (Foucault 1987, zit. in: Bröckling et al. 2000, S. 10). Machtausübung besteht – so verstanden – nicht in der plumpen Unterdrückung von Subjektivität, sondern in der komplexen Kreation subtiler Techniken der Selbststeuerung: Die sozialen Akteure steuern sich – als freie Subjekte – selbst, »wobei die eingeklagte Selbstverantwortung in der Ausrichtung des eigenen Lebens an betriebswirtschaftlichen Effizienzkriterien und unternehmerischen Kalkülen besteht« (Bröckling et al. 2000, S. 30).

Freisetzung und Zwangsregime finden also *zeitgleich* statt und bewirken eine »Art von politischem double-bind« (Foucault 1987, zit. in: Bröckling et al. 2000, S. 31): Die Akteure fühlen sich frei (d. h. eigenverantwortlich, autonom und rechenschaftspflichtig) und *zugleich* unter Zwang gesetzt (d. h. fremdbestimmt, abhängig und kontrolliert). Der daraus resultierende innere Druck und die sich bei Versagen einstellenden Scham- und Schuldgefühle können erheblich sein und stellen für viele eine anwachsende gesundheitliche Gefährdung dar.

Damit bin ich bei meiner *siebten These* angekommen:

Nach ein bis zwei Jahrzehnten um sich greifender Ökonomisierung in der psychosozialen Arbeit zeigt sich – etwa in Supervisionen – immer klarer, dass dieser Weg für viele berufliche Akteure erhebliche Risiken, Belastungen und Zumutungen mit sich bringt.

Der Gruppenanalytiker und Sozialpsychologe Rolf Haubl und der Arbeitssoziologe Günter Voß haben – mit Unterstützung und in Kooperation mit der deutschen Gesellschaft für Supervision (DGSv) – als Auftakt zu einer auf mehrere Jahre angelegten Verlaufsuntersuchung erste Ergebnisse einer qualitativen Befragung von SupervisorInnen zum Innenleben von Organisationen in Deutschland vorgelegt (Haubl/Voß 2009). Das von ihnen zusammengestellte Material stammt aus themenzentrierten Intensivinterviews und Gruppendiskussionen mit Supervisoren (die komplexe Einblicke in das Innenleben von Organisationen und die subjektiv erlebte Arbeitsrealität sozialer Akteure erhalten). Ich stelle einige der Ergebnisse dieser Untersuchung zusammen, insoweit sie die bisher thematisierten Phänomene und Prozesse bestätigen und veranschaulichen:

➢ Nur wenige Organisationen unterliegen (noch) keiner Ökonomisierung.
➢ Der überall ansteigende Effizienzdruck führt zu Verlust an Kreativität und begünstigt Standardisierung.
➢ Das Innovations- und Veränderungstempo nimmt stetig zu.
➢ Veränderungsprozesse werden abgebrochen und durch neue ersetzt, wobei die Beschäftigten dazu neigen, lediglich die Rhetorik zu ersetzen.
➢ Zeitaufwändige Dokumentations- und Evaluationspflichten kosten unangemessen viel Zeit, sodass sich die Arbeitsergebnisse verschlechtern.
➢ Arbeitsprozesse werden verdichtet und beschleunigt, die steigende Arbeitsintensität macht krank und führt verbreitet zur inneren Kündigung.
➢ Neue Steuerungsinstrumente führen v.a. bei Leistungsträgern zur Intensivierung des Einsatzes, später – aus Selbstschutz – zum systematischen Unterlaufen der Vereinbarungen.
➢ Immer mehr Beschäftigte entwickeln – als Schutz vor Demoralisierung – einen zynischen Habitus.

➤ Immer mehr Beschäftigte erleben Arbeit als erschöpfende Belastung.

Diese Ergebnisse sprechen für sich. Sie werden durch eine weitere Umfrage bestätigt, die Erhard Tietel und Dörthe Meyfeld unter den Abonnenten der Fachzeitschrift *Supervision* durchführten (Tietel/Meyfeld 2010). Auch meine eigenen, umfangreichen Erfahrungen als Supervisor in den verschiedensten Feldern psychosozialer und sozialer Arbeit gehen in die gleiche Richtung.

Die Folgen der Ökonomisierung in Organisationen der psychozialen und sozialen Arbeit beschränken sich aber nicht auf das subjektive Befinden und den Gesundheitszustand der Beschäftigten. Sie gehen weit darüber hinaus und betreffen die Qualität der von ihnen geleisteten Arbeit, wirken sich damit negativ auf das Befinden der Patienten aus.

Daher lautet meine *achte These*:

Die infolge der Ökonomisierung auftretende Verdichtung, Beschleunigung, Standardisierung und Effizienzsteigerung in der psychosozialen Arbeit führt – in Verbindung mit Dokumentationszwängen und Rechtfertigungsdruck – inzwischen vielerorts zu einer spürbaren Verschlechterung der Arbeitsqualität, unter der nicht nur die Patienten, sondern in der Folge auch die Beschäftigten leiden.

Auch dazu referiere ich – zusammenfassend – einige Ergebnisse der bereits vorgestellten Befragung von Supervisoren (Haubl/Voß 2009):

➤ Zeitaufwändige Dokumentations- und Evaluationspflichten sollen die Qualität sichern und steigern, verkehren sich aber oftmals ins Gegenteil: Sie kosten unangemessen viel Zeit und führen zu einer Verschlechterung der Arbeitsqualität.

➤ Professionellen fällt es immer schwerer, die Ressourcen für »gute Arbeit« zu erhalten. In der Folge nimmt Entprofessionalisierung zu: Viele Beschäftigte arbeiten bereits heute in dem Bewusstsein, das Wohl derer zu gefährden, die auf ihre Dienste angewiesen sind.

➤ Schuldgefühle, unhaltbare Zustände aufrechtzuerhalten, sind die Folge.

➤ Die Feststellung, angesichts steigender Arbeitsbelastung nicht mehr mithalten zu können, verursacht bei vielen Beschäftigten quälende Schamgefühle und führt – in der Folge – zu Rückzug und kommunikativer Isolierung.

➤ Die Folge negativer Selbstbewertung in der Arbeit ist ein innerer Anerkennungsverlust, der das berufliche Selbstwertgefühl bedroht.

➢ Die ursprüngliche Grundhaltung des »Berufs als Berufung« gerät bei vielen ins Wanken (Tietel/Meyfeld 2010).

Zur Illustration dieser bedenklichen Entwicklung mag eine kurze Supervisionsskizze dienen: Die kontinuierliche Supervision des Teams der Aufnahmestation einer vormals angesehenen Psychiatrischen Klinik offenbarte zahlreiche ernsthafte Mängel in der psychiatrischen Basisarbeit. Der realistisch eingestellte Teamleiter formulierte das Resümee einer Sitzung, in der dies besonders deutlich wurde, so: »Wir müssen eben unsere Ansprüche absenken. Wir können nur noch darauf achten, dass niemand zu Tode kommt!« Auf einer psychiatrischen Station mit ursprünglich beziehungsorientiertem Arbeitsansatz kam dieser Satz einem beruflichen Offenbarungseid gleich. Am selben Tag fand ein Audit zur Re-Zertifizierung der Klinik statt, das ohne Probleme absolviert wurde ...

Es sind solche Situationen, die massive Scham- und Schuldgefühle sowie berufliche Selbstzweifel bei den Beschäftigten auslösen. Manche engagierte Mitarbeitende und Leitungen drücken dies offen aus und üben Kritik, etwa in Supervisionen. Andere reden die Mängel schön und besänftigen damit die eigene Gewisseninstanz. Das Team der eben erwähnten Aufnahmestation *vergaß* mehrfach den Termin der Supervisionssitzung, was ich im Nachhinein ähnlich verstand: Hätten die Sitzungen stattgefunden, wären – bei allem Verständnis für die schwere Arbeit der beruflichen Akteure – gravierende Mängel in der Basisversorgung offenbart bzw. besprochen worden. Es wäre unmöglich gewesen, dies zu vermeiden. Da schien es – so dachte ich mir – besser, den Supervisor unverrichteter Dinge wieder nach Hause zu schicken. Vielleicht enthielt das Vergessen auch einen Anteil verborgener Aggression demjenigen gegenüber, der die Botschaft der Mängelverwaltung formulierte und damit festhielt ...

Meine *neunte These* bezieht sich auf die Zielfixierung in der psychosozialen Arbeit:

Wir wollen alle angemessene Ziele in der Arbeit anstreben und wenn möglich auch erreichen. Die verbreitete Fixierung auf immer perfektionistischer formulierte, zergliederte Teil- und Detailziele mit ihrer Rigidität erschwert und behindert aber die grundlegende Aufgabe psychosozialer Arbeit, eine unaufdringliche, vertrauensvolle, verlässlichen Halt gebende Beziehung als Basis von Entwicklung bereitzustellen.

Jede Form der psychiatrischen Arbeit ist engstens mit der Orientierung an Zielen und dem Ringen sie zu erreichen verbunden. Das Setzen unerreichbarer (und daher destruktiv wirkender) Ziele ist eine der inneren Hauptursachen für Burnout bei Professionellen (Heltzel 2003a). Professionelle stellen sich etwa sehr sensibel auf schwierige Patienten ein und erreichen – gemessen an *deren* Möglichkeiten und Einschätzungen – tatsächlich Bemerkenswertes. Aber die Helfer selbst bewerten die kleinen, aus der Sicht der Patienten beachtlichen Fortschritte nicht als Erfolge und sind dann – im Gegensatz zu ihren Patienten – höchst unzufrieden damit. Sie meinen, mehr erreichen zu müssen und zweifeln an ihren beruflichen Kompetenzen, oder an ihren persönlichen Ressourcen oder an beidem. Die Selbstkritik oder besser: die Selbstentwertung der beruflichen Akteure kann gnadenlos sein, und die tägliche Arbeit wird womöglich als Arena des Scheiterns erlebt. Schon unter privilegierten Bedingungen (so wie sie von Mitte der 1970er bis etwa zum Beginn der 1990er Jahre gegeben waren) ist die Bewältigung dieser Spannung zwischen den eigenen, gehobenen Ansprüchen und den tatsächlich zu erreichenden Erfolgen in der psychosozialen Arbeit eine wirkliche Herausforderung. Sie gelingt denen am besten, die sich mit ihrem Selbstwerterleben einigermaßen im Gleichgewicht befinden oder etwas dafür tun, sich in ihrer Selbstwertschätzung zu stabilisieren und zu balancieren (Selbsterfahrung, eigene Therapie, usw.).

Von großen, tendenziell unerreichbaren Ansprüchen an die eigene Arbeit Abschied zu nehmen und nicht in nachhaltiger Kränkung angesichts des eigenen Scheiterns zu versinken, ist daher eine der wesentlichen Aufgaben in der Berufsentwicklung von professionellen Helfern. *Fallsupervisionen* in der Psychiatrie handeln immer auch davon, was mit den Patienten »geht« – oder was eben nicht erreichbar ist und einer systematischen Überforderung gleichkäme. Die Patienten in ihren Einrichtungen sind – wem erzähle ich das?! – oftmals so traumatisiert, so eingeschränkt, so angsterfüllt und so verunsichert, dass sie sich kaum mehr als die *Erhaltung ihres prekären Status quo* vorstellen können. Sie fühlen sich schon bei kleinsten Änderungen fürchterlich irritiert und unter Druck gesetzt. Sie kommunizieren auf vielfältige Weise, dass sie sich – bitte! – *keine* konkreten Veränderungen wünschen (oder nur mikroskopisch wahrnehmbare Varianten derselben)!

In vielen Fällen ist daher tatsächlich viel erreicht, wenn sich die Bewohnerin, die Betreute, die Ratsuchende *nicht mehr von Leistungszielen bedrängt und unter Druck gesetzt fühlt.* Wenn sie in einer vertrauensvollen, verlässlichen Beziehung zu einer Bezugsperson die Erfahrung macht, dass sie – *so wie sie ist* – akzeptiert, anerkannt, gemocht und geschätzt wird. Dass sie sich also auch selbst wertschätzen und mögen kann.

Das mag sich aufseiten der Professionellen ziemlich unaufwendig, ja belanglos, womöglich sogar wie Zeitverschwendung anfühlen. Was dabei nämlich an Inhalten ausgetauscht wird, ist fast unerheblich. Es kommt viel mehr auf das Angebot und die weitere Gestaltung einer tragfähigen, hilfreichen *Beziehung* an – zunächst einmal ohne jeden weiteren Anspruch auf Veränderung (Mentzos 1991; Heltzel 2000, 2003b). Eine meiner Supervisandinnen – eine engagierte, tatkräftige und bodenständige Krankenschwester aus der ambulanten Einzelfallhilfe – tat sich anfangs richtig schwer damit, ihre Patienten *nicht* ständig zielorientiert anzustoßen. In der Gruppensupervision erzählte sie davon, dass sich die größten, anfangs nicht für möglich gehaltenen Veränderungen bei einer Borderline-Patientin einstellten, nachdem sie diese in der seit Jahren bestehenden ambulanten Betreuung »ganz in Ruhe gelassen« und ihr bei regelmäßigen Treffen nur unaufdringlich zugehört hätte. Ohne die Unterstützung in der Fallsupervision wäre ihr das nicht möglich gewesen, denn das »ewige« Auf-der-Stelle-Treten der Patientin und ihre totale Verweigerung von Fortschritt in der Betreuung hätte ihr (der Krankenschwester) schwer auszuhaltende Gefühle der Langeweile, der Ungeduld, der Ohnmacht, der beruflichen Selbstzweifel und des schlechten Gewissens vermittelt: »Wenn mir hier in der Gruppensupervision nicht ständig vermittelt worden wäre, dass das so sein darf, dass das Sinn macht, dass das die richtige Einstellung und dass das professionell ist – ich hätte das nie im Leben ausgehalten! Und jetzt ist mir die Patientin dankbar, dass ich zu ihr gestanden habe und kommt mit Veränderungen auf mich zu, die ich ihr gar nicht mehr zugetraut hätte!«

Eine ganzheitliche, unaufdringliche, verlässlichen Halt gebende, beziehungsorientierte und auf zurückhaltende Förderung von Eigenentwicklung setzende Arbeitshaltung und zwanghaft definierte, zergliederte Einzelziele, deren Erreichbarkeit an Indikatoren gemessen und deren zugehöriger Betreuungsaufwand nach Minuten pro Jahr hochgerechnet wird – wie passt das zusammen?

Auf diese Frage möchte ich mit meiner *zehnten und letzten These* antworten:

Institutionell-bürokratische Strukturen und verwaltungstechnische Regelungs- und Steuerungssysteme schützen Individuen, Kollektive und die Gesellschaft als ganze vor Gefühlen der tiefen Verunsicherung, der Angst, der Scham und der Schuld (sog. soziale, psychosoziale oder institutionelle Abwehrsysteme).

Aus psychodynamischer Sicht erfüllen Organisationen eben nicht nur sachlich-rational definierte Aufgaben. Sie werden zusätzlich von Einzelnen, von Gruppen und von der Gesellschaft insgesamt zur Abwehr und Bindung archaischer Ängste und anderer tiefer Affekte benötigt und entsprechend genutzt (Jaques 1955; Menzies Lyth 1970; Mentzos 1976; Hinshelwood 1993; Obholzer/Zagier Roberts 1994; Lohmer 2000). Sie geben damit – in einer Zeit zunehmender gesellschaftlicher Verwerfungen und Umbrüche, in einer Epoche des wachsenden Zerfalls von Werteorientierungen und institutionellen Bindungen – notwendigen Schutz und Halt. Die meisten der betreffenden psychoanalytischen Untersuchungen wurden bezeichnenderweise in Krankenhäusern durchgeführt, wo allein schon durch den Kontakt mit Schwerkranken und Sterbenden existenzielle Ängste vor Krankheit, Zusammenbruch, Tod und Vernichtung wachgerufen werden und von den dort Tätigen bewältigt werden müssen.

Dabei helfen eben nicht nur individuelle Schutzmechanismen wie Verdrängung, Abspaltung und Verleugnung unerträglicher Affekte und Fantasien, sondern auch soziale und institutionelle Regelungen, Routinen und bürokratische Vorgaben, wie die Arbeit zu organisieren ist. Typischerweise werden diese Abwehrsysteme – durch informell tradierte Praktiken, dokumentierte Betriebsanweisungen, Umsetzungsbestimmungen usw. – so in die routinemäßigen Abläufe der Institution bzw. der Organisation inkorporiert, dass sie zu einem selbstverständlichen, von niemandem mehr infrage gestellten Bestandteil der Arbeit werden.

In der Universitätspsychiatrie der 1960er Jahre waren das beispielsweise die weißen Kittel der Ärzte und Pfleger, die der Somatik entlehnte medizinische Visite, das formalisierte System psychopathologischer Diagnostik oder der verdinglichende Umgang mit Patienten in den Vorlesungen – bei fast vollständigem Fehlen eines verstehend-psychotherapeutischen Ansatzes. In meinen ersten Praktika im LKH (Verwahrpsychiatrie) fielen mir die umfangreichen Patientenakten mit seitenlangen psychopathologischen Verlaufsbefunden über Patienten auf, für die sich persönlich niemand interessierte. Solche Routinen verschaffen Abstand, schützen vor emotionaler Beteiligung und untergraben schließlich die eigentlichen, therapeutischen Ziele der Organisation.

Wer heute unentwegt dokumentieren muss und ständig mit Anfragen des Kostenträgers, mit Widerspruchsverfahren, Evaluationsprojekten, Zertifizierungsprozessen und betriebswirtschaftlichen Selbststeuerungsschleifen befasst ist, muss diese Zeit anderswo hernehmen – vorzugsweise aus der patientenbezogenen Tätigkeit, deren Anteil an der Gesamtarbeitszeit tendenziell sinkt. Es kommt hinzu, dass die aufgezählten formalen Tätigkeiten fast ausnahmslos computergestützt erfolgen, sodass der persönliche Austausch nicht nur mit den Patienten, sondern auch unter den Beschäftigten selbst immer mehr abnimmt.

Diese Entwicklung wird durch konzeptionell-therapeutische und organisationelle Prozesse weiter gefördert: Modulartig gestaltete Therapiekonzepte und Tendenzen zur flexiblen Vernetzung in der teambezogenen Zusammenarbeit führen häufig dazu, dass Professionelle in immer anderer Zusammensetzung wechselnde, in Modulen zusammengefasste Patientengruppen behandeln (in der Rehabilitation von Abhängigkeitskranken etwa ist dies das von den Kostenträgern vorgeschriebene Behandlungskonzept). Obwohl die Theorie flexible Vernetzungen und vielfältige Integrationsschritte vorsieht, erfolgt in der Praxis eine zunehmende Zergliederung, Zerstückelung und Fragmentierung von Zusammenhängen: Was früher im persönlichen Austausch kommuniziert und integriert werden konnte, muss nun in der computergestützten Patientendokumentation und der elektronischen Patientenakte virtuell zusammengesetzt werden.

Diese Prozesse resultieren großteils aus technischen Fortschritten und sind weitgehend unumkehrbar. Ich will sie weder beklagen noch verurteilen. Mich interessiert der Aspekt psychosozialer und institutionalisierter Abwehr, den sie enthalten: Wer in die bürokratisch-technischen Systeme des Patienten-Managements eintaucht, ist vor den belastenden Auswirkungen unmittelbarer Patientenkontakte *zunächst geschützt*. Er kann sich an den PC zurückziehen und sich in Dokumentationsraster, Tabellen und Skalierungsschemata vertiefen. Er fühlt sich entlastet. Der emotionale Druck kehrt freilich *auf Umwegen* zu ihm zurück, wenn er sich nun *statt von den Patienten von den Schutzsystemen* bedrängt, gezwungen, diszipliniert und geknechtet erlebt: Er fühlt sich – nun gerade! – ohnmächtig ausgeliefert und befürchtet den definitiven Zusammenbruch und die eigene Krankheit. Er leidet – nun umso mehr! – unter Scham- und Schuldgefühlen, weil er seinem eigenen Anspruch nicht gerecht werden kann und seine »Fitness« zu verlieren droht. Er passt nicht mehr hinein in die ihn bedrängenden Effizienzwelten und er muss erschrocken realisieren, dass er diese Arbeitswelten – so rational und zielorientiert sie ihm erschienen – schließlich als »verrückter« erlebt als seine »verrücktesten« Patienten.

Dies ist der Zeitpunkt, an dem wir innehalten und ernsthaft überlegen sollten, wie wir diese Entwicklung infragestellen und korrigieren können!

Literatur

Baier, L. (2000): Keine Zeit! 18 Versuche über die Beschleunigung. München (Antje Kunstmann).

Böhle, F. (2011): Neue Anforderungen an die Arbeitswelt – neue Anforderungen an das Subjekt. In: Keupp, H. & Dill, H. (Hg.): Erschöpfende Arbeit. Gesundheit und Prävention in der flexiblen Arbeitswelt. Bielefeld (transcript Verlag), S. 77–96.

Bröckling, U.; Krasmann, S. & Lemke, T. (Hg.): Gouvernementalität der Gegenwart. Studien zur Ökonomisierung des Sozialen. Frankfurt a.M. (Suhrkamp).

Bröckling, U. (2000): Totale Mobilmachung. Menschenführung im Qualitäts- und Selbstmanagement. In: Bröckling, U.; Krasmann, S. & Lemke, T. (Hg.): Gouvernementalität der Gegenwart. Studien zur Ökonomisierung des Sozialen. Frankfurt a.M. (Suhrkamp), S. 131–167.

Bröckling, U. (2004): Unternehmer. In: Bröckling, U.; Krasmann, S. & Lemke, T. (Hg.): Glossar der Gegenwart. Frankfurt a.M. (Suhrkamp), S. 271–276.

Bröckling, U. (2007): Das unternehmerische Selbst. Soziologie einer Subjektivierungsform. Frankfurt a.M. (Suhrkamp).

Haubl, R. & Voß, G. (2009): Psychosoziale Kosten turbulenter Veränderungen. In: Haubl, R.; Möller, H. & Schiersmann, C. (Hg.): Positionen (1). Kassel (University Press).

Heltzel, R. (2000): Psychodynamische Grundhaltung in der Gemeindepsychiatrie. Psychotherapie Forum Heft 8/2000, 107–116.

Heltzel, R. (2003a): Zehn Methoden, wie Professionelle das eigene Ausbrennen fördern können. Soz. Psych. Inf. 33(4), 11–20.

Heltzel, R. (2003b): Können psychiatrische Organisationen haltende Umwelt sein? In: Ardjomandi, M.E. (Hg.): Jahrbuch für Gruppenanalyse Bd. 9. Heidelberg (Mattes Verlag), S. 139–158.

Hinshelwood, R.D. (1993): Wörterbuch der kleinianischen Psychoanalyse. Stuttgart (Verlag Internationale Psychoanalyse).

Hofemann, K. (2005): Handlungsssspielräume des neuen Steuerungsmodells. In: Schubert, H. (Hg.): Sozialmanagement. Zwischen Wirtschaftlichkeit und fachlichen Zielen. Wiesbaden (Verlag für Sozialwissenschaften), S. 27–48.

Jaques, E. (1955): On the dynamics of sozial structure. In: Klein, M.; Heimann, P. & Money-Kyrle, R. (Hg.): New Directions in Psycho-Analysis. London (Tavistock), S. 478–498.

Lohmer, M. (2000): Psychodynamische Organisationsberatung. Stuttgart (Klett-Cotta).

Menzies Lyth, I. (1970): Eine psychoanalytische Betrachtung sozialer Institutionen. In: Bott Spillius, E. (Hg.): Melanie Klein Heute. Entwicklungen in Theorie und Praxis, Bd. 2: Anwendungen. München, Wien (Verlag für Internationale Psychoanalyse), S. 301–331.

Mentzos, S. (1976): Interpersonale und institutionalisierte Abwehr. Frankfurt a.M. (Suhrkamp).

Mentzos, S. (1991): Psychodynamische Modelle in der Psychiatrie. Göttingen (Vandenhoeck & Ruprecht).

Obholzer, A. & V. Zagier Roberts (Hg.,) (1994): The unconcious at work. Individual and organizational stress in the human services. London, New York (Routledge).

Rosa, H. (2005): Beschleunigung. Die Veränderung der Zeitstruktur in der Moderne. Frankfurt a.M. (Suhrkamp).

Schubert, H. (2005): Zur Logik des modernen Managementbegriffs. In: Schubert, H. (Hg.): Sozialmanagement. Zwischen Wirtschaftlichkeit und fachlichen Zielen. Wiesbaden (VS Verlag für Sozialwissenschaften), S. 63–86.

Stamm, C.; Sennewald, C. & Kinstner, U. (2010): Eingliederungshilfe im Wandel. Nachrichtendienst Deutscher Verein (NDV) Oktober 2010, S. 434–439.

Thielemann, U. (2004): Integrative Wirtschaftsethik als Reflexionsbemühung im Zeitalter der Ökonomisierung. In: Mieth, D. & Schumann, O.J. (Hg.): Reflexionsfelder integrativer Wirtschaftsethik. Tübingen, Basel (A. Francke Verlag), S. 69–102.

Tietel, E. & Meyfeld, D. (2010): Supervision – Gewinner oder Verlierer in Finanzkrisenzeiten? Zeitschrift Supervision, Heft 1/2010, 39–50.

Ulrich, P. (2004): Sich im ethisch-politisch-ökonomischen Denken orientieren – Der St. Galler Ansatz der integrativen Wirtschaftsethik. In: Mieth, D. & Schumann, O.J. (Hg.): Reflexionsfelder integrativer Wirtschaftsethik. Tübingen, Basel: (A. Francke Verlag), S. 11–28.

Voß, G. (2008): Gesellschaftlicher Wandel und seine Wirkung auf Beratung. Zeitschrift Supervision 2008(4), 36–47.

Die Supervision und das Glück

Ferdinand Buer

> »Glück beziehungsweise Zufriedenheit ist bis heute der wichtigste Maßstab zur Beurteilung aller politischen und privaten Bestrebungen. Man kann ohne Übertreibung sagen, daß die Verkündung des allgemeinen Menschenrechts auf individuelles Glück der eigentliche Startschuß der Moderne war, die versprach, ihre Überlegenheit über die von ihr verdrängten traditionellen Lebensweisen nachzuweisen, indem sie uns den Weg zum individuellen Glück eröffnete« (Bauman 2010, S. 11f.).

Der Soziologe und Sozialphilosoph Zygmunt Bauman hat die westlichen Gesellschaften unter scharfe Beobachtung gestellt. Fast jedes Jahr liefert er uns eine Neubeschreibung der gegenwärtigen Lage (Bauman 1995, 1996, 1997, 2000, 2005, 2009). In diesen Zeitdiagnosen präpariert er immer wieder andere Trends heraus, denen er dann plakative Überschriften verleiht. So sieht er immer mehr Entwurzelte, die als Vaganten umherziehen, dabei wie Flaneure die Schönheiten und Schrecklichkeiten der Welt betrachten, um sich dann im Konsum zu berauschen. Diejenigen jedoch, die hier nicht mithalten können, werden von diesen Neonomaden oft nur noch als Abfall behandelt. Diese Entwicklung resultiert für ihn aus der weitgehenden Zersetzung traditionaler Lebensweisen. Sie hat uns ein »Ende der Eindeutigkeiten« beschert: Wir sind daher dazu verdammt, unser Leben selbst zu bestimmen, ihm eine originäre Gestalt zu geben. Und der Maßstab ist das individuelle Glück. Das Diktum: »Jeder ist seines Glücks Schmied«, ist somit nicht mehr nur eine freche Zumutung, sondern eine schlichte Tatsachenbeschreibung. Und hier taucht nun auch bei Bauman das Bild des Lebenskünstlers auf:

> »Wir alle sind also Lebenskünstler – ob wir es wissen oder nicht, ob es uns in den Kram passt oder nicht. Die Arbeit eines Künstlers besteht darin, dem Form- und Gestaltlosen eine Form, eine Ordnung aufzuprägen. Er versucht, bestimmte Dinge gezielt herbeizuführen, andere zu vermeiden. Er ›ordnet‹ das ›Chaos‹, indem er das zufällig Vorhandene auf eine bestimmte Weise ›organisiert‹« (Bauman 2010, S. 195).

Was hat das nun alles mit Supervision zu tun? Ganz einfach: Supervision ist selbst Teil dieses Chaos und soll zugleich dazu beitragen, das Chaos zu ordnen. Genauer: Gerade die arbeitsweltbezogenen Beratungsformate sind Teil eines chaotischen Steigerungsspiels. Die *Steigerungslogik*, wie sie der Soziologe Gerhard Schulze (2004) beschrieben hat, ist auf lineare Leistungssteigerungen fixiert, die in nach oben offenen Skalen in einem Zahlenwerk eindeutig festgestellt werden müssen. Nur so können sie überhaupt objektivierbar gemacht werden. Es wird bei dieser Nutzenkalkulation eine Regelhaftigkeit der Entwicklung unterstellt, die man erkennen und beherrschen könne. Dieses Steigerungsspiel wird nun aber in zentralen Bereichen der Gesellschaft (nicht nur in den Unternehmen, sondern ebenso an der Börse, in den Naturwissenschaften, in der Politik, in Konsum und Werbung) von vielen Akteuren gleichzeitig gespielt mit dem Ergebnis, dass die Wirkungen unüberschaubar geworden sind. Da das Steigerungsspiel aber immer weitergeht, müssen auch die subjektiven Mitmachpotenzen der MitspielerInnen ständig gesteigert werden. Das Problem ist nur, dass die Ergebnisse dieser Bearbeitung von Produzenten wie von Konsumenten nicht so einfach objektivierbar sind. Die Objektivierung des Subjektiven ist somit *die* Achillesferse des Steigerungsdenkens (Buer 2010, S. 320f.).

Hier nun kommen die BeraterInnen ins Spiel: Sie sollen die individuellen Kapazitäten der Subjekte steigern helfen. Die Paradoxie der Beratung heute besteht aber darin: Auf der einen Seite kann das Steigerungsspiel nur gespielt werden, wenn die Steigerungen objektiv beziffert werden können. Da aber zugleich unüberschaubar viele Spiele gespielt werden und diese Prozesse interdependent sind, sind die Ergebnisse nicht eindeutig bestimmten Verursachern zuzuordnen. Trotzdem sollen aber Produzenten wie Konsumenten weiter ihre Leistung steigern. Ihre subjektiven Verarbeitungskapazitäten wie Handlungspotenzen müssen daher ebenso gesteigert werden. Die Ergebnisse sollen ebenfalls objektiv festgestellt werden, was aber noch weniger gelingen kann, weil Menschen eigensinnig sind und ständig prinzipiell unvorhersehbare Entscheidungen fällen.

Somit kommt hier eine unendliche Spirale in Gang von der Subjektivierung der Objektivierung zu deren Objektivierung bis zu deren Subjektivierung usw. Die Akteure, die diesen extrem komplexen und zudem hoch kontingenten zirkulären Prozess auf die Schnelle handhabbar machen sollen, sind die BeraterInnen. Aber auch sie unterliegen der Steigerungslogik. Die Erkenntnis dieser damit verbundenen sich ständig weiter treibenden Paradoxie macht verständlich, warum BeraterInnen stets mit Ambivalenz begegnet wird. Sind sie nun wirksam oder nicht? Werden sie nun gebraucht oder nicht? Für die Akteure auf dem Markt gilt ebenfalls eine Paradoxie:

Auf der einen Seite sind sie die Antreiber, die das Steigerungsspiel forcieren, um Wettbewerbsvorteile einzufahren. Auf der anderen Seite sind sie die Getriebenen, denen unaufhörlich mitgespielt wird.

Ein Teil dieser Akteure kommt in die Supervision. Auch wenn es vielfach zunächst um die Lösung konkreter Anliegen geht, so stehen doch alle unter dem Einfluss dieser Paradoxien. Und diese Paradoxien betreffen nicht nur die Arbeitswelten. Auch die Konsumwelten werden von ihnen beherrscht. Da bleibt oft nicht mehr viel »freie Zeit« übrig. Die Frage stellt sich nun: Kann ein jeder unter diesen Bedingungen überhaupt ein glückliches, eine geglücktes, ein gelungenes, ein gutes Leben führen, wie es die Moderne versprochen hat? So kommt auch die Frage nach dem Glück in die Supervision: Was kann Glück unter diesen Bedingungen für jeden einzelnen Supervisanden heißen? Was ist möglich? Was nicht? Oder sind glückliche Episoden nur noch im Rausch gesteigerter Arbeit (»workaholic«) und gesteigerten Konsums möglich? Ist ein Leben jenseits des Steigerungsspiels überhaupt noch denkbar? Ist dauerhaftes Glück noch ein erreichbares Ziel? Wie lassen sich diese Verhältnisse bezogen auf SupervisandInnen und SupervisorInnen genauer beschreiben?

1. Der Auftrag der Supervision

Sicher können SupervisorInnen viele Varianten von Personalarbeit innerhalb wie außerhalb von Organisationen durchführen. Wenn Supervision sich aber auf ihre Ursprungsidee besinnt und sich friedlich mit den vielen anderen seriösen Nachbarformaten auf eine spezifische, originäre Kernaufgabe verständigt, dann wendet sie sich primär an professionelle Fachkräfte im Sozial-, Gesundheits-, Bildungs-, Pastoral-, Justiz- und Wissenschaftssektor, ebenso an die Führungskräfte (Beher et al. 2007) in diesen Feldern (Buer 1999a, 1999b, 2004b, 2009c). Es geht also zum einen um die *Qualitätssicherung professioneller Beziehungsarbeit* in sozialen personalen Dienstleistungsorganisationen (Klatetzki 2010), die in ihrer Mehrheit zu den Nonprofit-Organisationen zu rechnen sind (Betzelt/Bauer 2000; Badelt 2002; Schwarz 2002).

Insofern sich Führungskräfte nicht nur in diesen Arbeitsfeldern, sondern auch in kommerziellen, staatlichen oder kirchlichen Sektoren als Professionelle verstehen – aber nach meinem Verständnis nur dann –, sind auch sie Adressaten von Supervision. Wer also seine MitarbeiterInnen unterstützen will, anspruchsvolle, verantwortungsvolle Tätigkeiten durchzuführen, muss über eine hohe Kunstfertigkeit in Menschenführung verfügen. Supervision hat also zum anderen für die *Gewährleistung guter Personalführung* zu sorgen (Buer 2002).

Diese Arbeit mit Menschen ist immer äußerst fragil. Denn sie ist durch unvermeidliche strukturell gegebene Dilemmata gekennzeichnet (Buer 2004a, 2008a), etwa zwischen Engagement und Gleichgültigkeit, Unterstützung und Kontrolle, Identifikation und Abgrenzung, Vertrauensvorschuss und Skepsis. Die Ausbalancierung dieser Antinomien geschieht in einer intimen Face-to-Face-Interaktion, die kaum von außen kontrollierbar und damit auch nicht direkt evaluierbar ist (Kühl 2008, S. 85ff.). Hier können vonseiten des Professionellen schnell Fehler gemacht werden, sodass dem Adressaten die bestmögliche Unterstützung vorenthalten, ja sogar seine Würde verletzt wird. Auch kann sich der Professionelle zu sehr verausgaben, sodass er nicht mehr effizient und effektiv arbeitet, zudem sich selbst schädigt. Supervision wurde ursprünglich erfunden, um eine angemessene Balancierung dieser Antinomien in einer vertrauensvollen Beziehung zu sichern (Schütze 1984). Sie ist somit zur Gewährleistung professionellen Handelns (Siller 2008) unverzichtbar und kann durch nichts ersetzt werden.

Sekundär muss sie auf die gegenwärtige Flexibilisierung bzw. Relativierung sämtlicher professioneller Dienstleistungen (Pongratz 2004; Littek et al. 2005) reagieren, tertiär auf die Dynamisierung der Arbeitsorganisationen, die ja fast alle schon von der oben beschriebenen Steigerungslogik infiziert sind. Die Supervision erhält zurzeit ein wenig Entlastung vom Coaching, wiewohl hier die Grenzen fließend sind (Kühl 2008). Zudem muss die Supervision gegenwärtig viele Aufgaben übernehmen, die ansonsten die benachbarte Organisationsberatung durchgeführt hat (Pühl 2009). Diese scheint nämlich in einer Krise zu stecken, wenn man bedenkt, dass die Misserfolgsrate von umfangreichen Organisationsentwicklungsprojekten bei 70% liegen dürfte (Moldaschl 2009).

Die Professionellen, um die sich Supervision kümmert, tragen dazu bei, dass für unsere Gesellschaft zentrale Güter gesichert werden wie: Wohlfahrt, Gesundheit, Bildung, Orientierung, soziale Sicherheit und Wissen. Davon, dass diese Güter optimal erbracht werden, hängt das Wohl der Bürger (»Gemeinwohl«) ab. Werden sie schlecht erbracht, werden nicht nur Einzelne geschädigt, der Zusammenhalt der Gesellschaft selbst ist gefährdet. Insofern ist Supervision unverzichtbar in einem Wohlfahrtsstaat, der seinen Bürgern eine hohe Lebensqualität gewährleisten will.

Professionelle Fach- und Führungstätigkeiten sind aber selbst konstitutiv durch große Spielräume autonomer Gestaltung gekennzeichnet (Klatetzki 2005). Es geht hier um die kunstvolle Gestaltung von Beziehungen zwischen Fachleuten und KlientInnen wie um die Kunst des Führens von MitarbeiterInnen. Und da diese Kunst vor allem die Adressaten so beeindrucken soll, dass sie mitmachen, geht es bei Professionalität vor allem um die »Kompetenzdarstellungskompetenz«, wie die Soziologin Pfadenhauer (2003) das genannt hat, also um die Fähigkeit, Beziehungsspiele angemessen zu inszenieren (Buer 2008g; 2012). Supervision bietet dann eine Probebühne für ihre KlientInnen, diese Inszenierungskompetenz einzuüben, um die eigene »performance« zu verbessern (Buer 2004a). Insofern geht es um die Kunst der Beziehungsgestaltung als Teil der Lebenskunst. Professionelle BeziehungsarbeiterInnen sind also schon immer erfahren in der Kunst der Lebensführung. Ihre Kompetenz wird durch die gegenwärtige Lage, wie einleitend skizziert, noch einmal besonders herausgefordert. Vor diesem Hintergrund könnten sich SupervisorInnen in besonderer Weise als ExpertInnen zur Gestaltung von Arbeits- und Lebensstilen erweisen, die von den SupervisandInnen gewollt und bejaht sind. Und nur diese können überhaupt glücklich machen.

2. Reflexionen und Forschungen zum Glück

Auch wenn in der Amerikanischen Unabhängigkeitserklärung 1776 »the pursuit of Happiness« zu den Menschenrechten gezählt wurde, auch wenn das »Glück« in der vom Utilitarismus geprägten angelsächsischen Kultur nach wie vor eine bedeutende Rolle spielt, auch wenn die Vokabel »Glück« aus unserem täglichen Sprachgebrauch nicht wegzudenken ist, so wurde dem »Glück« in den westlichen Ländern jedenfalls eine gewisse Skepsis entgegengebracht. Das Christentum stand ihm weitgehend ablehnend gegenüber (Lauster 2004), die akademische kontinentaleuropäische Philosophie folgte in ihren Mainstreams dem großen Philosophen Kant, der die Moral durch das individuelle Streben nach Glück gefährdet sah. Erst in den letzten Jahren hat die Beschäftigung mit dem »Glück« wieder Konjunktur: Die gesellschaftliche Entwicklung hat auch den Letzten noch zum Glückssucher gemacht, wie in der Einleitung dargelegt. Eine umfangreiche Glücksforschung hat eingesetzt, an der sich vor allem Psychologie (Bucher 2009), Soziologie (Bellebaum 2002), Ökonomie (Layard 2005;

Frey/Frey Marti 2010; Köcher/Raffelhülsen 2011) und Pädagogik (Brumlik 2002) beteiligen. Auch die Philosophie hat sich auf ihre Reflexionen zum Glück (Pieper 2004; Fenner 2003, 2007) und zum Weg dorthin, also der Kunst der Lebensführung (Werle 2000; Fellmann 2009) von der Antike bis heute besonnen. Viele SachbuchautorInnen haben sich dieses Themas angenommen und verschreiben zuhauf Rezepte, was denn nun zu tun sei, um trotz alledem noch vor dem Tode glücklich zu werden. Wenn wir uns nun auf das seriöse Wissen konzentrieren, dann stellt sich mir der für unsere Zwecke relevante Ertrag so dar (Buer 2008b, 2008c, 2008d, 2008e, 2009a, 2009b, 2011):

Seit den alten Griechen wird zwischen Zufallsglück (altgriech.: *eutychia*; engl.: *luck*) und Glückseligkeit (altgriech.: *eudaimonia*; engl.: *happiness*) unterschieden. In der Supervision kann es nicht darum gehen, auf den Zufall zu setzen. Allerdings sollte man immer mit glücklichen Zufällen rechnen. Auch kann Glückseligkeit nicht direkt hergestellt werden. Aber es können immerhin individuelle und gesellschaftliche Voraussetzungen dafür geschaffen werden, wie relative Sicherheit, relative Gesundheit, minimale Freiheit. Die Glückseligkeit umfasst auch das, was wir Lust, Vergnügen, Freude nennen (altgriech.: *hedoné*; engl.: *pleasure*). Glück im Sinne von Glückseligkeit oder Glück der Fülle (Schmid 2007) umfasst also nicht nur geistige Genüsse, sondern auch das leibliche Wohl.

Auffassungen vom Glück

Schon Aristoteles (2006) hat in seiner *Nikomachischen Ethik* überzeugend dargelegt, dass das höchste Gut, das alle Menschen letztlich anstreben, das Glück (altgriech.: *eudaimonia*) ist. Voraussetzung für diese Glückserfahrung ist ein tugendhaftes Leben. Der Tugendbegriff (altgriech.: *areté*, lat.: *virtus*) hat aber im üblichen Sprachgebrauch einen schlechten Klang. Er meint jedoch ursprünglich Tauglichkeit oder Tüchtigkeit. Wenn wir darunter das Vermögen verstehen, ein Leben zum Gelingen zu bringen, dann scheint mir dieser Begriff auch heute noch brauchbar zu sein.

Neben Aristoteles hat für mich Epikur (1988) eine große Bedeutung. Für ihn ist die Basis des Glücks, Leiden vermeiden und Lust steigern zu können. Lust soll aber so gelebt werden, dass sie Freude bereitet, nicht nur für mich, sondern auch für die, mit denen ich in Freundschaft (altgriech.: *philia*) verbunden bin. Sie muss also kultiviert werden. Es sollte ferner eine

Minimalübereinkunft geben, sich nicht gegenseitig zu schädigen. Epikur ist also keinesfalls ein Hedonist im üblichen, abwertenden Sprachgebrauch, dem es ganz egoistisch nur um die Steigerung der eigenen Lust geht. Leider ist dieses Missverständnis seit der Spätantike gerade vom Christentum verbreitet worden. Anknüpfend an Epikur hat der Utilitarismus eine liberale Konzeption einer lustvollen Moral vorgelegt. Der englische Philosoph und Ökonom John Stuart Mill (1991) zum Beispiel argumentiert so: Um das allgemeine Glück zu befördern, kann es notwendig sein, die individuelle Lust einzuschränken. Diese zeitweise Einschränkung ermöglicht aber erst das eigene Glück »in the long run«. Diese einsichtsvolle Solidarität bereitet nun erneute Lust.

Eine aktuelle Theorie des Glücks hat der deutsche Philosoph Martin Seel (1999) vorgelegt. Er bestimmt das Glück nicht inhaltlich, sondern formal. Was das Glück im Einzelnen ausmacht, muss jeder selbst wissen. Formal zeigt sich das Glück als *Wunscherfüllung* oder als *erfüllter Augenblick*. Wenn diese *episodischen Glücksmomente* immer wieder auftauchen, wenn man das Leben so selbstbestimmt gestalten kann, dass sie es kennzeichnen, kann man von *übergreifendem Glück* sprechen. Das impliziert aber, dass man in der Lage ist, auf die Anforderungen, die die Welt an einen stellt, in entscheidender Hinsicht eine angemessene Antwort zu geben. Dieses Glück muss sich dann in allen Bereichen menschlichen Lebens zeigen: Nicht nur im spielerischen Vergnügen, nicht nur in erfreulichen Begegnungen oder in besinnlicher Kontemplation, sondern eben auch in einer erfüllenden Arbeit.

In der Tradition des Aristoteles hat der amerikanische Psychologe Martin Seligman (2003) eine Konzeption »authentischen Glücks« vorgelegt: Wer seine Talente vortrefflich ausbildet, der wird dafür belohnt und kann deshalb große Freude empfinden. Es kommt also alles darauf an, seine Talente zu erkennen und weiterzuentwickeln – und sie dauerhaft zum Wohl der Mitwelt einzusetzen. Mihaly Csikszentmihaly (2004), ebenfalls amerikanischer Psychologe, hat festgestellt, dass wir tiefes Glück empfinden, wenn wir vollständig in einer uns interessierenden und fordernden Tätigkeit aufgehen. Deshalb propagiert er, ganz in der Tradition des Epikur, in allen Bereichen des Lebens dieses sogenannte Flow-Phänomen zu nutzen.

Diese Überlegungen zeigen: Wer glücklich sein will, muss sich entschließen, sich mit einem persönlich angemessenen Lebensstandard zufriedenzugeben. Denn das Streben nach immer mehr kann stets nur episodisches Glück hervorbringen. Das aber führt zu erneutem Glückskonsum und dem

damit verbundenen Zwang, ihn zu finanzieren (»hedonistische Tretmühle«). Damit wird aber letztlich eine sich selbst beschleunigende Unglücksspirale in Gang gesetzt. Ein glückendes, gelingendes, gutes Leben aber hat zwei Voraussetzungen:
- Es müssen Umstände gegeben sein oder geschaffen werden, die überhaupt Glück erleben lassen.
- Es muss sich jeder, der auf Dauer glücklich sein will, nicht nur um einen vergnüglichen, sondern auch um einen maßvollen, anständigen und sinnvollen Lebensstil bemühen.

Glück und Verantwortung

Glücklich sein kann ich aber nur, wenn die Menschen, mit denen ich zusammenlebe, mein Glück teilen oder zumindest tolerieren können. Da nun aber die Glücksvorstellungen der Menschen in unserer Zeit höchst unterschiedlich sind, treffen hier Bestrebungen aufeinander, die durchaus konträr sein können. Wenn wir uns nicht durch permanenten Streit um unser Glück immer wieder ins Unglück stürzen wollen, müssen wir auf die legitimen Glücksinteressen eines jeden Rücksicht nehmen, der mit uns zu tun hat.

Diese gegenseitige Rücksichtnahme schafft dann aber auch eine gegenseitige Annäherung, die das Zusammenleben mit anderen interessant und damit wertvoll macht. Denn diese Bemühungen um ein gemeinsames Glück binden die Beteiligten aneinander und schaffen Lebensgemeinschaften, in denen man sich wohlfühlen kann. Hier kann einer des anderen Glück sein. Wenn jemand aus diesen Gemeinschaften ohne mein Zutun ins Unglück gerät, dann werde ich mich darum kümmern, weil ich nicht glücklich sein kann, wenn mein Angehöriger, mein Freund, mein Nachbar unglücklich ist. Auch Fremde, die zufällig in meine Nähe kommen, können mein Mitleid erregen. Sie werden dann zu meinen Nächsten, deren Ansprüchen ich mich nicht einfach entziehen kann, will ich nicht selbst unglücklich werden.

Diese Bereitschaft zur Rücksichtnahme ist die Basis jeglicher Moralität. Die gemeinsamen Regeln und Praxen der Rücksichtnahme bezeichnet man als Moral. Sie hat zu garantieren, dass alle Menschen so aufeinander Rücksicht nehmen, dass möglichst alle genügend Möglichkeiten haben, ihr persönliches Glück zu realisieren. Moral hat also nach meinem Verständnis dem Glück eines jeden zu dienen. Diese Rücksichtnahme kann sich heute aber nicht so einfach an traditionell vorgegebenen Pflichten orientieren, weil das Pflichtkonzept eindeutige Kausalzusammenhänge von Handlungsverläufen voraussetzt, die den hyperkomplexen und pluralistischen Gesellschaften der »flüchtigen Moderne« (Bauman 2000) nicht mehr angemessen sind. Gerade weil wir heute in vielen Fällen nicht mehr eindeutige Verursacher festmachen können, müssen wir freiwillig Verantwortung für die Welten, in denen wir leben und arbeiten, übernehmen (Heidbrink 2007). Das aber verlangt wiederum ein hohes Maß an Eigenverantwortung. Und hier sind wieder die Tugenden gefragt, wie etwa Klugheit, situative Urteilskraft, Reflexivität, Flexibilität, aber auch Fürsorgebereitschaft und Solidarität. Je weniger wir zur Verantwortung gezogen werden können, desto mehr müssen wir sie freiwillig übernehmen. Ansonsten landen wir in einem Chaos der Verantwortungslosigkeit. Glücksstreben muss also mit Verantwortungsübernahme verbunden sein, wenn es nicht ins Unglück führen soll.

Glück und Lebenskunst

Ein solches Glücksstreben verlangt nach dauerhaften Bemühungen. Ziel muss ein Lebens- und Arbeitsstil sein, der sowohl im Alltag als auch in besonders herausfordernden Lebenslagen angemessenes Handeln gewährleistet. Einen solchen Stil auszubilden und ständig weiterzuentwickeln, ist Aufgabe der Lebenskunst. Bei dieser ars vivendi (altgriech.: *techné tou biou*) geht es um die kunstvolle Herstellung, das heißt die dauerhafte Gestaltung eines originären, authentisch gelebten Lebens. Die so geschaffene Lebens- und Arbeitsweise soll mit allen Sinnen als ästhetisch schön wahrgenommen werden. Die Philosophie hat vor allem in der Antike wichtige Anregungen zur Lebenskunst gegeben – von Sokrates, Aristoteles, Epikur über Epiktet, Seneca und Cicero bis zu Marc Aurel. Diese Angebote aus virilen Sklavenhaltergesellschaften sind aber nicht eins zu eins in die heutige Zeit übertragbar. Daher sollten sich SupervisorInnen mit zeitgenössischen Philosophien heutiger Lebenskunst befassen.

Mit der Erläuterung eines aktualisierten Tugendkatalogs bietet der französische Philosoph André Comte-Sponville (2004) eine Skizze der Fähigkeiten, die vortrefflich dazu taugen, in verantwortlichen Positionen angemessene Entscheidungen zu fällen und ihre Folgen auf Dauer auch mittragen zu können. Der deutsche Philosoph Wilhelm Schmid (1998; 2004) fordert die Individuen auf, unter den verschiedenen Lebensmöglichkeiten die richtige Wahl zu treffen, eine Wahl, die sie mit ihrer gesamten Existenz bejahen können. Um das leisten zu können, bedarf es Klugheit, Handlungskompetenz und Kunstfertigkeit. Dieses Angebot ist wiederum stark beeinflusst von den Analysen und Reflexionen des französischen Philosophen Michel Foucault (vgl. Schmid 1991).

Mit der »Sorge um sich selbst« hat Foucault (2007) den Individuen in der Postmoderne eine Perspektive gegeben: Sie sollen sich selbst stärken, um im Geflecht der Machtbeziehungen mithalten zu können. Ihm geht es um »Gouvernementalität« als eine Regierungskunst, die sich auf die Ermächtigung seiner selbst und anderer konzentriert (Buer 2012, S. 154f.). Diese Regierungskünste umfassen Askese und Stilistik als Techniken der Ein- und Ausübung der Lebenskunst. Es geht um eine »Ästhetik der Existenz«, die sich im alltäglichen praktischen Leben bewahrheitet. In dieser artistischen Lebensweise wird der Mensch zum Künstler seiner selbst. Die Deskription Baumans – »Wir alle sind Lebenskünstler« –, hier wird sie zum präskriptiven Programm: Der Zwang zur Selbststilisierung sollte als Chance begriffen werden: »Wenn wir uns schon selbst nach eigenen Vorstellungen gestalten müssen, dann möglichst nach ästhetischen Kriterien, also so, dass wir die Art und Weise unserer Lebensführung bejahen können!«

Das Anstreben eines jeden Arbeitsziels in der Supervision muss somit in eine umfassende ars vivendi eingebunden sein. Umfassende Lebensziele könnten sein:

➤ Lebensfreude statt Genusssucht
➤ Wohlstand statt Reichtum
➤ Selbstermächtigung statt Herrschaft
➤ Ansehen statt Prominenz

Als generelle Orientierungspunkte der Lebenskunst können – als Resümee dieser Reflexionen – gelten: Klugheit, Vortrefflichkeit (Tauglichkeit, Tüchtigkeit, Tugend), Spiritualität und Weisheit. Weisheit bestünde dann darin,

➤ zu *erspüren*, welche Gedanken und Handlungen zu meinem Glück wirklich beitragen und welche es zerstören,
➤ zu *erproben*, welche Art und Weise der *Vortrefflichkeit* mir möglich ist,
➤ meine Möglichkeiten auf dieses Ziel hin *klug zu nutzen*, und
➤ daran zu *glauben*, dass diese rechten Bemühungen auch gelingen können.

In diesem festen Glauben an die Realisierbarkeit des visionären Projekts der Moderne – »Glück für alle!« – zeigt sich für mich Spiritualität. Supervision sollte diesen weiten Horizont öffnen.

Glück und Sinn

Wer sich in seinem Leben darüber klar geworden ist, was ihn persönlich glücklich macht, und dabei das Glück der anderen, mit denen er es zu tun hat, ausreichend berücksichtigt, der fragt nicht nach dem Sinn seines Lebens. Es wird als sinnvoll wahr- und angenommen. Man kann also sagen: Verantwortetes Glück macht Sinn. Wie der Mensch mit den Anforderungen umgeht, die auf ihn einstürmen, entscheidet er danach, ob ihn das in einem übergreifenden und umfassenden Sinn glücklich macht oder eben nicht. Glücklichsein ist der Maßstab. Da hat Bauman recht. Diese Haltung kommt auch in der Arbeitstätigkeit zum Tragen.

3. Glück in der Arbeit

Martin Seel (1999, S. 138ff.) unterscheidet vier zentrale Dimensionen eines guten menschlichen Lebens, in denen sich Glück materialisiert:
➤ *Interaktion*: Jeder möchte in Verhältnissen intersubjektiver Anerkennung seiner Person als Person leben. Geglückte Interaktionen sind also »Handlungen, in denen wir in Antwort auf die Antwort anderer handeln – und zwar um dieses dialogischen Austauschs willen« (Seel 1999, S. 151). Aristoteles und Epikur haben eine solche Beziehung als durch »philia«, durch liebevolle Freundschaft bestimmt gekennzeichnet.
➤ *Spiel*: Spielen versetzt uns in eine Beweglichkeit gegenüber der Wirklichkeit, durch die und in der sich Spielräume eröffnen, die unvorhergesehene und unvorhersehbare Glückschancen enthalten. Wer sich also für das Glück des erfüllten Augenblicks offen halten will, kann auf spielerisches, kreatives, kunstvolles Handeln in den dafür geeigneten Situationen nicht verzichten.
➤ *Betrachtung*: Der Lebensstrom muss immer wieder unterbrochen werden durch eine distanzierte Betrachtung. Diese »contemplatio« umfasst kognitive Reflexion wie sinnliche Anschauung. Das hat Aris-

toteles mit »theoria« als die höchstes Glück bringende Lebensform des Philosophen beschrieben. Sie muss aber mit den anderen Dimensionen eines geglückten Lebens verbunden sein, damit sie nicht abhebt.

➢ *Arbeit*: Von gelingender, geglückter Arbeit können wir sprechen, wenn wir den Zweck der Arbeit akzeptieren können und die Arbeit auf Wegen angehen können, die wir auch so gehen wollen. Nicht nur das Ergebnis muss stimmen, stimmen muss vor allem auch der Prozess des Arbeitens selbst. Wer sich also allzu häufig Zielen unterwirft, die er für sinnlos hält, oder ständig an seinen Fähigkeiten und Interessen vorbei arbeitet, wird auf Dauer unglücklich werden.

In einer Arbeitsgesellschaft wie der unseren spielt Arbeit gegenüber den anderen drei Dimensionen die zentrale Rolle, nicht nur als Beitrag zur Reproduktion der Gesellschaft. Sie verleiht auch dem Einzelnen eine besondere Bedeutung (Buer/Schmidt-Lellek 2008, S. 25ff.). Anspruchsvolle Arbeit verschafft soziales Ansehen. Damit sind aber auch generell viele bedeutsame Kontakte in der Arbeitswelt, zumeist auch in der Öffentlichkeit, verbunden. Hohes Einkommen, das allerdings auch aus sonstigem Vermögen stammen kann, ermöglicht Teilhabe am gesellschaftlichen Leben. Gute Arbeit
➢ ermöglicht es, die eigenen Talente verantwortungsvoll einzusetzen und weiterzuentwickeln,
➢ in einer zweckorientierten Tätigkeit, der von den Zuständigen Nützlichkeit bescheinigt wird,
➢ die angemessen vergütet wird und
➢ die einen annehmbaren sozialen Status zuweist.

Bezogen auf die konkrete Arbeitssituation hat Bucher (2009, S. 112) folgende Glück begünstigende Faktoren aus den Ergebnissen der psychologischen Glücksforschung herausdestilliert:
➢ netter Kontakt mit anderen Personen,
➢ bewältigbare Aufgaben, erreichbare Ziele,
➢ Gewissheit, dass die Arbeit sinnvoll ist,
➢ abwechslungsreiche Aufgaben, Tätigkeiten und Örtlichkeiten,
➢ das Gefühl, die Tätigkeit unter Kontrolle zu haben,
➢ das Gefühl, Veränderungen bewirken zu können,
➢ eine klar festgelegte, akzeptierte Rolle,
➢ die Freiheit, neue Ideen zu äußern, und damit gehört zu werden,
➢ Sicherheit des Arbeitsplatzes,

> Gleichheit: geteilte Erwartungen, Fairness, keine Diskriminierung,
> eine sichere und angenehme Umgebung,
> Wertschätzung der Arbeit,
> anregende und unterstützende Supervision (!!).

Gute Arbeit ist also nur dann gute Arbeit, wenn sie auch beim Arbeitenden Glücksgefühle auslöst. Arbeitszufriedenheit lässt sich als eine allgemeine minimale Bestimmung dieses Glücksgefühls verstehen. Sie wird nun seit hundert Jahren intensiv von der Arbeitspsychologie beforscht, weil die Erfahrung lehrt, dass zufriedene Arbeiter gute Arbeit machen. Wenn nun aber unter guter Arbeit eine hohe Produktivität verstanden wird, dann müsste ihre Höhe vom Grad der Arbeitszufriedenheit abhängen. Genau das ließ sich aber bisher nicht eindeutig nachweisen (Weinert 2004, S. 245ff.; Ferreira 2007; Bucher 2009, S. 108ff.). Das scheint mir daran zu liegen, dass »Arbeitszufriedenheit« ein höchst subjektiv definierter Begriff ist, der zudem von unüberschaubar vielen Kontextvariablen beeinflusst ist. Vor allem aber wird diese instrumentalistische Fragestellung: »Durch welche Steigerung der Arbeitszufriedenheit kann die Produktivität gesteigert werden?« der Frage nach dem Zusammenhang von Glück und guter Arbeit nicht gerecht. Es ist eine Frage aus dem Sprachspiel der Steigerungslogik. Glück liegt vor allem aber in der Erfahrung der Gestaltbarkeit der Arbeit nach eigenen Vorstellungen. Wenn Menschen sich in der Arbeit, aber auch in Interaktion, Spiel oder Kontemplation auf eine sie ganz besonders interessierende Tätigkeit voll und ganz einlassen, sodass sie die Welt um sie herum vergessen, dann geraten sie in einen Zustand des Fließens.

Dieses Phänomen hat Csikszentmihalyi (2001, 2004, 2006) »Flow« genannt. In diesen Augenblicken befinden sich Fühlen, Wollen und Denken in Übereinstimmung. Das Handeln gelingt mühelos und wird als besonders schön erachtet. Diese Tätigkeit bereitet große Freude, wird als sinnvoll angesehen und ist meist sehr effektiv. Dieses Aufgehen in einer Tätigkeit kann aber auch dazu führen, dass über mögliche negative Folgen für andere nicht mehr ausreichend nachgedacht wird. Flow zu erfahren ist erst dann sinnvoll, wenn diese Erfahrung das eigene Leben wie das anderer reicher und wertvoller macht. Es ist nun aber keineswegs so, dass Flow immer nur Spaß macht; viele Flow-Tätigkeiten sind schmerzhaft und anstrengend. Das Flow-Erleben ist zudem zeitlich begrenzt. Es kann nicht davor schützen, im Normalzustand unglücklich zu sein. Es kann sogar süchtig machen, wenn dadurch eine Flucht vor dem deprimierenden

Alltag inszeniert wird. Csikszentmihalyi entwirft daher eine »autotelische Persönlichkeit«, die

> »etwas generell um seiner selbst willen und nicht zur Erreichung irgendeines künftigen äußeren Ziels tut. [...] Ist man autotelisch, benötigt man nur wenig Besitztümer und wenig Unterhaltung, Komfort, Macht oder Reichtum, da vieles von dem, was man tut, bereits lohnend ist« (2001, S. 154).

Hier haben wir den freien Menschen des Epikur vor uns, der sich autonom auf die Dinge konzentriert, die ihm Freude bereiten, und dabei selbstgenügsam lebt. Es geht dann nicht primär um Vermehrung des Vergnügens durch Wunscherfüllung; es geht nicht nur um erfüllte Augenblicke des Flow-Erlebens, sondern es geht um übergreifendes Glück durch ein selbstbestimmtes Leben in Freiheit, das sich den Herausforderungen des Lebens stellt. Wer dieses Glück will, kann sich also nicht in jeder Hinsicht der Steigerungslogik unterwerfen. Flow-Förderung kann nicht instrumentalisiert werden (Csikszentmihalyi 2006, S. 84f.). Es können höchstens Spielräume eröffnet werden, in denen freiwillig selbstvergessen und autonom gearbeitet werden kann.

Wenn es stimmt, dass selbstbestimmte Arbeit eher glücklich macht als fremdbestimmte, dann müssten sich Selbstständige glücklicher einschätzen als andere. Genau das ist der Fall, wie die Ökonomen Frey und Frey Marti feststellen:

> »Wirtschaftliche Selbstständigkeit stiftet einen Nutzen, weil damit ein höherer Grad an Selbstbestimmung und Freiheit verbunden ist. [...] Detaillierte Untersuchungen von Psychologen zeigen, dass Leute lieber unabhängig arbeiten, als sich in einem hierarchischen Entscheidungssystem unterzuordnen. [...] Selbstbestimmung verschafft Prozessnutzen, der dem angeborenen Bedürfnis nach Kompetenzerleben, Autonomie und sozialer Eingebundenheit gerecht wird. Eine ähnliche Erklärung beruht auf dem intrinsischen Wert, der sich aus der Nutzung menschlicher Potenziale und Talente ergibt. Die Möglichkeit, unabhängig zu handeln, stellt einen Wert an sich dar. [...] Selbstständigkeit als solche zahlt sich nicht unbedingt in mehr Geld aus. Viele Leute sind bereit, auf Einkommen zu verzichten, wenn sie dafür unabhängiger sind. Mit anderen Worten: Autonomie, Flexibilität und die Freiheit, eigene Potenziale zu nutzen, stiften einen nicht-monetären Nutzen und erhöhen die Zufriedenheit« (2010, S. 95f.).

Ebenso weisen die Forschungsergebnisse zur Freiwilligenarbeit auf die Bedeutung von Selbstbestimmung für die Zufriedenheit hin (ebd., S. 101ff.):

Menschen, die sich freiwillig engagieren, schätzen sich glücklicher ein als andere. Zum einen ziehen sie aus dem Helfen eine tiefe Freude. Zum anderen hilft diese Arbeit, Kompetenzen zu erwerben und den Kreis der Freunde und Bekannten zu erweitern. Menschen, die sich nicht freiwillig engagieren, unterschätzen nach Frey und Frey Marti den »Nutzen von intrinsisch gesteuerten Tätigkeiten im Vergleich zum Nutzen extrinsischer Tätigkeiten, wie zum Beispiel zusätzlichem Einkommen durch Überstunden« (ebd., S. 108).

Daraus ergibt sich eindeutig: Wer sich weitgehend fremdbestimmen lässt, etwa um seinen Arbeitsplatz zu erhalten, mehr Geld zu verdienen oder in der Hierarchie aufzusteigen, macht sich auf Dauer unglücklich. Allerdings ist mit Autonomie auch eine hohe Verantwortung verbunden. Verantwortungsvolle Tätigkeiten zeichnen sich durch einen hohen Entscheidungsdruck in unsicheren und ungewissen Situationen aus. Ein Fehler kann einen hohen Schaden zur Folge haben. Daher müssen Tätige in diesen Berufen über das entsprechende persönliche Vermögen und die kontextuellen Möglichkeiten verfügen, diese Aufgaben auch zu bewältigen (Auhagen 1999). Sind sie dabei ständig überfordert, machen sie sich ebenfalls unglücklich.

4. Das besondere Glück professionellen Arbeitens

Nun haben es SupervisorInnen primär mit professionellen BeziehungsarbeiterInnen und Führungskräften zu tun. Normalerweise haben diese ihre Arbeit mit Menschen freiwillig gewählt. Ferner ist diese Arbeit mit großen Spielräumen verbunden, die sie autonom gestalten können. Insofern trifft auf sie alles das zu, was Frey und Frey Marti über die Tätigkeit von Freiwilligen und Selbstständigen festgestellt haben. Insbesondere müssen sie eine je einmalige Vertrauensbeziehung aufbauen, die nicht von außen standardisiert vorgegeben werden kann. Sie müssen unter professionellen Gesichtspunkten Menschen bewegen, sich für ihr eigenes Glück zu engagieren. Wenn ihnen das mehr oder weniger glückt, können sie sich selbst glücklich preisen (Buer 2011, S. 71ff.).

Dabei können sie sicher phasenweise in einen Flow-Prozess geraten, der ein Zusammenwirken zwischen Berater und Klient, Therapeut und Patient, Lehrer und Schüler, Forscher und Proband, Hochschullehrer und Student, Vorgesetztem und Mitarbeiter, Pfleger und Pflegebedürftiger, Seelsorger und Gott-Suchendem Erzieher und Kleinkind, Sozialarbeiter und Jugendgruppe usw. erst so recht fruchtbar macht. In einer solchen Beziehung kann Kreativität entstehen, die neue, angemessenere Wege eröffnet (Buer 2010, S. 267ff.). Insofern kann professionelle Arbeit mit Menschen als eine anspruchsvolle »Technologie« bezeichnet werden. Sie meint dann reflexives Wissen (altgriech.: *logos*) über die Kunst (altgriech.: *techné*, lat.: *ars*) des Hervorbringens (altgriech.: *poiesis*). Es sollen also kenntnisreich kunstvolle Arrangements gestaltet werden, in denen den Adressaten das selbstständige Hervorbringen einer Lebens- und Arbeitsweise ermöglicht wird, die sie selbst freudig bejahen können.

Sicher ist diese Tätigkeit mit hohem Risiko und einer entsprechend hohen Verantwortung verbunden. Ihre Aufgabe besteht darin, die Potenziale und Potenzen ihrer Adressaten hervorzulocken, sie also zu ermächtigen, ein möglichst selbstbestimmtes Leben zu führen (Buer 2012). Die Gefahr besteht jedoch darin, sich mithilfe dieser Tätigkeit anderer zu bemächtigen, um eigene Interessen zu befriedigen. Die damit möglicherweise verbundenen Glücksgefühle können aber nur episodischer Art sein, da die Bemächtigungsanstrengungen stets gesteigert werden müssen. Dieser Steigerungszwang führt zu guter Letzt auch zur Bemächtigung seiner selbst, damit zu einer generellen Desensibilisierung und damit zur Unfähigkeit, tiefe Glücksgefühle überhaupt noch wahrnehmen zu können. Dann erscheint nicht nur die Arbeit, sondern das Leben generell als sinnlos.

Professionelle Arbeit kann und soll also mehr Glück in das Leben ihrer AdressatInnen bringen, sodass deren Lebensqualität ganz konkret optimiert wird (Kostka 2004). Eine zentrale Voraussetzung dafür, dass diese Arbeit gelingt, ist, dass diese Arbeit die Professionellen selbst glücklich macht. Unglückliche Helfer können nun mal schlecht Glück bringende Beziehungen initiieren. Daher müssen ihre eigenen Arbeitsbedingungen Glück begünstigend sein. All das, was Bucher aus der Glücksforschung zusammengetragen hat, muss also auch hier gegeben sein. Es ist somit unverzichtbare Aufgabe der Organisationen, in denen Professionelle tätig sind, diese Voraussetzungen zu gewährleisten. Zum Beispiel auch Supervision zu gewähren, da ihre Glücksförderlichkeit gut bezeugt ist. Ansonsten nehmen sie ihren Auftrag, für die Lebensqualität der Bevölkerung zu sorgen, nicht ernst genug.

Gute Beziehungsarbeit

Die Kunst professioneller Beziehungsarbeit besteht darin, die vier Komponenten dieser Berufstätigkeit in Einklang zu bringen:

➤ die eigene fachliche Spezialisierung,
➤ den Bezug zu den Referenzwissenschaften,
➤ die Etablierung im Berufsfeld und
➤ den Kontakt zu den Auftraggebern und den relevanten Instanzen.

Gelingt es, diese Komponenten zu einer kohärenten, schönen Gestalt zusammenzufügen (»alignment«), kann die Arbeit als gut, ausgezeichnet, in sich stimmig betrachtet werden, wie Gardner, Csikszentmihalyi und Damon (2005) in ihrer Studie über professionelle Arbeit in den USA herausgearbeitet haben. Erst in einer so gestalteten Umwelt kann die Freiheit der Kunst zum Zuge kommen, kann sie sich zum Wohl der AdressatInnen entfalten. Dann ist sie auch häufig mit Flow-Zuständen nicht nur der Produzenten dieser Dienstleistungen, sondern auch ihrer Konsumenten als Co-Produzenten verbunden, in denen gemeinsam Höchstleistungen vollbracht werden können: Das müssen nicht Spitzenleistungen sein wie eine gelungene Herztransplantation in der Chirurgie, eine exzellente Promotion in der Universität oder ein Einserabitur in der Schule. Es können auch ganz normale Leistungen sein, die aber schwer zu erbringen sind, etwa ein sanftes, würdiges Sterben im Hospiz, ein unabhängiges Leben in der Suchtberatung, eine glückliche Paarbeziehung bzw. eine faire Trennung in der Ehe-, Familien- und Lebensberatung, ein lebensfroher, beschwerdefreier Patient in der Psychotherapie oder neugierige, vitale Kinder in einer Kindertagesstätte.

BeziehungsarbeiterInnen sind also als KünsterInnen zu betrachten, die im Kontakt mit Menschen Gestaltungsideen entwickeln, damit spielerisch improvisieren und kreative Kräfte bei sich und anderen hervorrufen. Sie entwickeln dann einen originären Arbeitsstil, der sich durch ein angenehmes, elegantes Können auszeichnet, eingebunden in eine bejahenswerte umfassende Lebensweise.

Gute Menschenführung

Führungstätigkeiten stehen in der Tradition der Regierungskünste, der Gouvernementalität, der Governance. Auch das Führen ist eine Kunst, die konkrete Menschen in konkreten Situationen dazu bringen soll, bestimmte Dinge zu tun, die sie sonst nicht tun würden (Dahl 1957). Aufgrund dieses asymmetrischen Verhältnisses gibt es zwar eine Übermacht der Führungskraft gegenüber dem Untergebenen. Aber dieser muss sich auch führen lassen. Damit er sich aber führen lässt, ist Führungskunst gefragt. Denn der Untergebene hat die Macht, sich auf ganz subtile Weise zu verweigern. Hier können Künste der Überredung, der Verführung, aber auch der Bemächtigung und des Zwangs eingesetzt werden. Ein derart autoritärer Führungsstil führt aber zur Anpassung und zur Abtötung der Eigeninitiative der MitarbeiterInnen. Damit läge aber ein Potenzial brach, dass sinnvoll genutzt werden könnte. Zudem macht er unglücklich, nicht nur die Untergebenen, auch die Führungskraft selbst. Nicht zuletzt wird damit die Würde des Menschen verletzt. Dieser Führungsstil ist somit unverantwortlich.

So ist ein anderer Führungsstil verlangt, der sich als Leadership kennzeichnen lässt (Gardner 1997; Bennis 1998; Schwarz 2002; Buer 2002). Es kommt dann darauf an, die MitarbeiterInnen im Dialog dafür zu gewinnen, sich selbstverantwortlich für die Organisationsziele einzusetzen (Meyer 2002). Dazu gehört zum einen das Gestalten von geeigneten Rahmungen für engagiertes Arbeiten: Die Führungskraft muss dann
- eine überzeugende Vision vor Augen haben,
- ein Klima des Vertrauens herstellen,
- Sinn der jeweiligen Tätigkeiten anbieten,
- aus Fehlschlägen neue Möglichkeiten eröffnen,
- für Glück fördernde Arbeitsbedingungen sorgen,
- flexible Organisationsformen entwickeln.

Daneben muss sie mit den MitarbeiterInnen in tragfähigem Kontakt sein und die Beziehung differenziert so gestalten, dass individuell umsetzbare Ziele vereinbart und passende Rahmenbedingungen zur Verfügung gestellt werden. Dabei muss die Führungskraft die Balance zwischen dem generellen Interesse der Organisation und dem speziellen Interesse des Mitarbeiters halten können. Das alles verlangt kenntnisreiches Können, ist also eine Kunst, die nicht einfach gegeben ist, sondern mit Fleiß (lat.: *industria*) ausgebildet sein will.

Gelingt diese Kunst, dann fühlen sich die MitarbeiterInnen ermächtigt, ihre Aufgaben trotz aller unvermeidlichen und unvorhersehbaren Hindernisse und Störungen sachgemäß und menschengerecht zu erfüllen. Und die Führenden fühlen sich herausgefordert, diesen Prozess unter allen Umständen weiter zu stützen und zu fördern. Dieser rekursive Prozess kann auf beiden Seiten Kräfte freisetzen, die auch beim »Endverbraucher«, den Adressaten der jeweiligen Dienstleistungsorganisation, gut ankommen. Das kann bei denen dann sogar tiefe Gefühle der Dankbarkeit auslösen. Und das kann und darf alle Beteiligten glücklich machen.

Guter Umgang mit sich selbst

Wer aber »philia«, Freundschaft in der Beziehungsarbeit mit anderen praktizieren will, muss einen freundschaftlichen Umgang mit sich selbst pflegen: Er muss wohlwollend an seiner eigenen Tüchtigkeit arbeiten (Schmid 2004). Ebenso setzt nach Foucault (2004) das Regieren anderer die Bereitschaft und die Fähigkeit voraus, sich selbst zu regieren. Die Arbeit an sich selbst geschieht aus Sorge um sich selbst (altgriech.: *epimeleia heautou*; lat.: *cura sui*), die dann auch die Freundschaft mit anderen wichtigen Personen umschließt. Diese Lebenskunst hat die Selbstkonstitution als Stilisierung des einmaligen Lebens zum Ziel. Der Stil der Existenz geht aus persönlichen Wahlen in komplexen Situationen hervor, wie sie insbesondere in professioneller Arbeit mit Menschen an der Tagesordnung sind. Dieser Lebensstil sorgt für Kohärenz, die nicht von vornherein feststeht, sondern sich in fortlaufenden Akten erst herstellt. Das Subjekt wird also verstanden als eine einmalige, originäre und originelle Verknüpfung von sich ständig verändernden Relationen. Dieses Interesse für die individuelle Lebensführung hat eine politische und eine gesellschaftliche Dimension: Politisch: nicht Sklave, nicht Untertan zu sein, sondern über sich selbst bestimmen zu können. Gesellschaftlich: Formen der Gesellung zu schaffen, die auf der Selbstkonstitution der Subjekte beruhen und diese ermöglichen.

Dann geht es konkret zum einen um Burnout-Prävention (Gussone/Schiepek 2000), zum anderen um Work-Life-Balance (Schmidt-Lellek 2008, 214ff.). Dazu muss es zunächst einen Ausgleich zwischen den vier Dimensionen des Tätigseins geben, wie sie Seel beschrieben hat. Gerade die Supervision kann zu einem Ort der Kontemplation werden (Buer 2009a, S. 63ff.), die zur Besinnung bringt und dazu motiviert, mehr Zeit und Raum für Spiel und Begegnung zur Verfügung zu stellen. Schon das relativiert die Arbeit. Glücksgefühle können jenseits der Arbeit wieder erspürt werden. Mit diesen erfreulichen Erfahrungen muss dann auch die Arbeit wieder zu einer selbstbestimmten umgestaltet werden. In diesem Prozess der Selbstbesinnung muss entschieden werden, was ich sinnvollerweise als mein persönliches Glück ansehe, womit ich also zufrieden bin. Dann muss ich mit Besonnenheit sehen, welche Bedingungen ich dazu benötige und welche Rolle dabei welche Arbeit spielen soll. Und ich muss einschätzen, welche Möglichkeiten mir zur Verfügung stehen und ob ich sie nutzen kann und will. In diesem Prozess wird sich ein Lebens- und Arbeitsstil andeuten, der mich (wieder) glücklich machen kann. Dieser genügsame Stil muss eingeübt werden gegen alle Verführungen und Zumutungen, denen ich ausgesetzt bin. Hier entscheidet sich bzw. entscheide ich, wie viel mir mein Glück wirklich wert ist.

5. Gute Supervision

Zweifellos wird Supervision zunächst einmal nicht angefragt, um über Glück zu philosophieren und neue Wege einer ars vivendi einzuschlagen. Es geht um die Qualitätssicherung professioneller Beziehungsarbeit und/oder um die Gewährleistung guter Personalführung. Aber bringen die Risiken professioneller Arbeit nicht zwangläufig häufig auch ein Scheitern mit sich? Werden nicht die Handlungsspielräume, die für die eigenverantwortliche, fragile Arbeit mit Menschen notwendig sind, durch die Einbindung in Steigerungsspiele immer häufiger über die Maßen eingeschränkt (Haubl/Voß 2011)? Können dann noch Flow-Phänomene auftreten, die die Arbeit so wertvoll und erfreulich und dann meist auch noch effizient machen? Muss das nicht alles in der Summe unglücklich machen? Ich meine, ohne diese wirksame Unglücksspirale zu unterbrechen, kann auch die Qualität professioneller Arbeit nicht gewährleistet werden. Hier sind Grenzen zu setzen. Und das eigene verantwortbare Glück darf der Maßstab sein. Wer diese Reflexion über existenzielle Fragen der Lebensführung in den Vordergrund der Beratung stellen will, kann dieses Angebot auch Life-Coaching nennen (Buer/Schmidt-Lellek 2008; Schmidt-Lellek/Buer 2011a). Jedenfalls muss auch Supervision im engeren Sinn ein Ort der Kontemplation sein, der zur Besinnung über das rechte Maß auch in der Arbeit Anlass gibt.

Supervision und Handwerkskunst

Wie jede professionelle Arbeit ist auch Supervision eine »Technologie« im oben dargelegten Sinn. Wie diese steht auch sie historisch in der Tradition der Handwerks- und Ingenieurkünste, der »artes liberales« (u.a. Grammatik, Rhetorik, Dialektik) und der »artes mechanicae« (u.a. »medicina«,

»theatrica«) sowie der Praktiken der Konsultation des Mittelalters. Diese Handwerkskünste sind, wie Gerhard Schulze (2004) überzeugend dargelegt hat, von einer *Annäherungslogik* geprägt: Sie will nicht wie die Steigerungslogik eine bestimmte Leistung quantitativ ins Unendliche steigern. Sie strebt die Annäherung an ein Ideal an: Ist eine bestimmte Qualität erreicht, ist sie nicht mehr steigerungsfähig. Diese Logik ist dem qualitätsbewussten Handwerk wie den professionellen personenbezogenen Tätigkeiten inhärent. Ist etwa die Herstellung eines Möbelstücks, eine chirurgische Operation, eine Beratung gelungen, sodass alle damit zufrieden sind, dann ist sie vollendet, eben geglückt. Sie ist damit abgeschlossen, sie bedarf keiner Steigerung. Die Annäherungslogik steht also in einem scharfen Gegensatz zur Steigerungslogik. Sie wird aber nach wie vor gebraucht. Denn nur so sind professionelle Dienstleistungen fachgemäß zu erbringen. Gegenwärtig versuchen jedoch die Verfechter der Steigerungslogik, die Annäherungslogik zu durchdringen. Sie nehmen dabei in Kauf – oft, ohne das klar zu sehen –, dass damit professionelles Arbeiten deformiert oder gar erdrosselt wird. Es gilt, die unverzichtbare Bedeutung der Handwerkskunst wieder ins Bewusstsein zu heben, wie es etwa auch der Soziologe Richard Sennett (2008) proklamiert. In dieser Perspektive gilt es, die Herausforderungen, die das Leben in allen Bereichen stellt, zu »meistern«. Unterwürfen wir sämtliche Tätigkeiten der Steigerungslogik, dann – so Zymunt Bauman (2010, S. 17)

> »geht noch etwas verloren, das früher viele Menschen beglückte und womöglich auch heute noch für unser Glück unverzichtbar wäre: der Stolz auf eine gut gemachte Arbeit, auf unsere Klugheit und Gewandtheit, auf die Bewältigung einer Aufgabe, die Überwindung eines scheinbar unüberwindlichen Hindernisses. Langfristig verlieren wir mit dem Verschwinden dieser Fertigkeiten auch die Fähigkeit, Neues zu erlernen und neue Aufgaben zu meistern – und berauben uns damit die Freude am eigenen Werk, dem Gefühl, etwas gut gemacht zu haben, ohne dass wir weder Selbstvertrauen gewinnen noch das Glück genießen können, mit unserer Leistung und mithin mit uns selbst zufrieden zu sein.«

Supervisorische Handwerkskunst schnitzt, bosselt, malt, modelliert nun aber nicht direkt an den SupervisandInnen herum. Sie sind schließlich Menschen und kein Material. Supervision gestaltet mit kenntnisreicher Kunstfertigkeit vielmehr Arrangements, in denen die KlientInnen selbst zu KünstlerInnen werden können. Gerade als Psychodramatiker (Buer 1999, 2004b, 2008f, 2010) sehe ich daher SupervisorInnen primär als RegisseurInnen kleiner und großer Inszenierungen, in denen die SupervisandInnen wie auf einer

Probebühne die Gelegenheit haben, ihre Auftritte für die verschiedenen Vorderbühnen selbst zu entwerfen, zu erspielen und einzuüben.

Dabei dürfen SupervisorInnen durchaus Virtuosität entwickeln. »Virtuosität« ist letztlich abgeleitet von *virtus*, der Tugend oder Tüchtigkeit, und meint dann ein exzellentes Können, eine meisterliche Kunstfertigkeit. Und eben diese sollen ja auch die SupervisandInnen erwerben: Sie sollen ihr Auftreten so virtuos gestalten können, dass die Menschen, mit denen sie arbeiten wollen, begeistert und freudig mitmachen bei den Vorhaben, die beide als bejahenswert ansehen können.

Supervision und Philosophie

Gute Supervision hat reflektiertes Praxiswissen, die Kenntnis einschlägiger Forschungsergebnisse und relevanter Theorien aus den Referenzwissenschaften sowie begründetes Orientierungswissen zur Voraussetzung (Buer 2008h; Schmidt-Lellek/Buer 2011b, S. 20). Dieses Orientierungswissen kann aus den Religionen geschöpft werden. Wer jedoch deren Grundüberzeugungen nicht bejahen kann, muss sich an die Philosophie halten. Die zeitgenössische akademische Philosophie im kontinentalen Europa hat allerdings eine alltagspraktische Reflexion und Wegweisung weitgehend vernachlässigt. In deren Diskurs hatte auch das »Glück« schlechte Karten. Das hat sich inzwischen geändert. Es mehren sich auch hier die Stimmen, die Glück und Lebenskunst zum Thema machen, in Deutschland neben Martin Seel (1999, 2011) Annemarie Pieper (2004), Wilhelm Schmid (2004, 2005, 2006, 2007), Otfried Höffe (2007), Dagmar Fenner (2003, 2007), Ferdinand Fellmann (2009), Peter Sloterdijk (2009) oder Michael Hampe (2009), in Frankreich neben Michel Foucault vor allem André Comte-Sponville (2004, 2008, 2010).

In der angelsächsischen Philosophie jedoch gab es immer Stimmen, die sich ums Glück in gut utilitaristischer Tradition gekümmert haben, wie etwa der englische Mathematiker, Literaturnobelpreisträger und Hobbyphilosoph *Bertrand Russell* (1930/1977). Im Gefolge des Pragmatismus bietet der amerikanische Philosoph Richard Shusterman (2001) die *Philosophie als Lebenspraxis* dar. Und auch der Psychologe Mihaly Csikszentmihalyi (2001) steht in dieser Tradition, wenn er sich neben der Präsentation seiner Forschungsergebnisse damit befasst: *Wie Sie das Beste aus Ihrem Leben machen.*

Wer sich also als SupervisorIn um das Glück gerade auch in der professionellen Arbeit mit Menschen verdient machen will, muss sich selbst ums eigene Glück kümmern. Und hier kann die Auseinandersetzung mit diesen philosophischen Stimmen hilfreich sein. Vor diesem Chor aus dem Off kann das Gespräch in der Supervision eine besinnliche Dimension hörbar machen, die zu einer richtungsweisenden Besonnenheit führt.

Aus all diesen Überlegungen heraus möchte ich zum Abschluss vier Maximen für professionelles Arbeiten in Zeiten am »Ende der Eindeutigkeiten« zur Diskussion stellen, die gerade auch für SupervisorInnen selbst Orientierung bieten dürfen:

➢ *Tu', was du nicht lassen kannst.*
Tu' möglichst oft und intensiv, was dich glücklich macht, was dir Spaß macht, worauf du Lust hast, was dir Freude bereitet, was dich interessiert, was dein Ding ist, woran dein Herz hängt, was dich begeistert, worin du ganz aufgehst.

➢ *Lass nicht, was du tun kannst.*
Erspüre, was deine spezielle Aufgabe in dieser einmaligen Arbeitssituation ist, und handle danach nach besten Kräften. Übernimm dafür gegenüber dir selbst, der Mitwelt, der Umwelt und (wenn's geht auch noch) der Nachwelt die Verantwortung.

➢ *Tu' nicht, was du lassen kannst.*
Lass alles Überflüssige weg. Konzentriere dich aufs Wesentliche.

➢ *Lass, was du nicht tun kannst.*
Übernimm nichts, was du gar nicht (lernen) kannst. Akzeptiere deine persönlichen Begrenzungen. Versuch' nicht zu ändern, was nicht zu ändern ist. Nimm das Unabänderliche als Herausforderung an.

Literatur

Aristoteles (2006): Nikomachische Ethik. Reinbek (Rowohlt).
Auhagen, A. E. (1999): Die Realität der Verantwortung. Göttingen (Hogrefe).
Badelt, Ch. (Hg.) (2002): Handbuch der Nonprofit Organisation. Strukturen und Management (3. Aufl.). Stuttgart (Schäffer-Poeschel).
Bauman, Z. (1995): Postmoderne Ethik. Hamburg (Hamburger Edition).
Bauman, Z. (1996): Moderne und Ambivalenz. Das Ende der Eindeutigkeit. Frankfurt a.M. (Fischer Taschenbuch Verlag).
Bauman, Z. (1997): Flaneure, Spieler und Touristen. Hamburg (Hamburger Edition).

Bauman, Z. (2000): Flüchtige Moderne. Frankfurt a. M. (Suhrkamp).
Bauman, Z. (2005): Verworfenes Leben. Die Ausgegrenzten der Moderne. Hamburg (Hamburger Edition).
Bauman, Z. (2009): Leben als Konsum. Hamburg (Hamburger Edition).
Bauman, Z. (2010): Wir Lebenskünstler. Berlin (Suhrkamp).
Beher, K.; Krimmer, H.; Rauschenbach, T. & Zimmer, A. (2007): Die vergessene Elite. Führungskräfte in gemeinnützigen Organisationen. Weinheim (Juventa).
Bellebaum, A. (2002): Glück: Erscheinungsvielfalt und Bedeutungsreichtum. In: Bellebaum, A. (Hg.): Glücksforschung. Eine Bestandsaufnahme. Konstanz (UVK), S. 13–42.
Bennis, W. (1998): Menschen führen ist wie Flöhe hüten. Frankfurt a. M. (Campus).
Betzelt, S. & Bauer, R. (2000): Nonprofit-Organisationen als Arbeitgeber. Opladen (Leske & Budrich).
Brumlik, M. (2002): Bildung und Glück. Versuch einer Theorie der Tugenden. Berlin (Philo).
Bucher, A. A. (2009): Psychologie des Glücks. Ein Handbuch. Weinheim (Beltz).
Buer, F. (1999a): Lehrbuch der Supervision. Der pragmatisch-psychodramatische Weg zur Qualitätsverbesserung professionellen Handelns. Münster (Votum).
Buer, F. (1999b): Profession oder Organisation? – Wem dient die Supervision? In: Pühl, H. (Hg.): Supervision und Organisationsentwicklung. Opladen (Leske & Budrich), S. 70–103.
Buer, F. (2002): Führen – eine professionelle Dienstleistung. Oder: Wozu Führungskräfte Supervision benötigen. Supervision (3), 43–54.
Buer, F. (2004a): Über die professionelle Kompetenz, Professionalität kompetent darzustellen. Und welche Rolle Supervision heute dabei spielt. In: Buer, F. & Siller, G. (Hg.): Die flexible Supervision. Wiesbaden (VS Verlag), S. 161–201.
Buer, F. (Hg.) (2004b): Praxis der Psychodramatischen Supervision. Ein Handbuch (2. Aufl.). Wiesbaden (VS Verlag).
Buer, F. (2008a): Die Lage der professionellen Beziehungsarbeiter. In: Buer, F. & Schmidt-Lellek, Ch.: Life-Coaching. Göttingen (Vandenhoeck & Ruprecht), S. 37–54.
Buer, F. (2008b): Sinn suchen. In: Buer, F. & Schmidt-Lellek, Ch.: Life-Coaching. Göttingen (Vandenhoeck & Ruprecht), S. 71–102.
Buer, F. (2008c): Glücklich sein. In: Buer, F. & Schmidt-Lellek, Ch.: Life-Coaching. Göttingen (Vandenhoeck & Ruprecht), S. 103–113.
Buer, F. (2008d): Verantwortung übernehmen. In: Buer, F. & Schmidt-Lellek, Ch.: Life-Coaching. Göttingen (Vandenhoeck & Ruprecht), S. 135–169.
Buer, F. (2008e): Arbeit und Leben stilvoll gestalten. Anleitung zur Lebenskunst. In: Buer, F. & Schmidt-Lellek, Ch.: Life-Coaching. Göttingen (Vandenhoeck & Ruprecht), S. 172–200.
Buer, F. (2008f): Kreative Lebensgestaltung. Ein psychodramatisch-soziometrisches Coaching-Verfahren. In: Buer, F. & Schmidt-Lellek, Ch.: Life-Coaching. Göttingen (Vandenhoeck & Ruprecht), S. 277–290.
Buer, F. (2008g): Funktionslogiken und Handlungsmuster des Organisierens und ihre ethischen Implikationen. OSC 15(3), 240–259.
Buer, F. (2008h): Erfahrung – Wissenschaft – Philosophie. Drei Wissenssorten zur Konzipierung von Supervision und Coaching. In: Krall, H.; Mikula, E. & Jansche, W. (Hg.): Supervision und Coaching. Praxisforschung und Beratung im Sozial- und Bildungsbereich. Wiesbaden (VS-Verlag), 223–238.
Buer, F. (2009a): Worum es in der Beratung von *professionals* im Grunde geht: Sinnfindung in der Arbeit durch verantwortliches Streben nach Glück. In: Pühl, H. (Hg.): Handbuch Supervision und Organisationsentwicklung (3. Aufl.). Wiesbaden (VS-Verlag), S. 55–71.

Buer, F. (2009b): Warum es im Coaching nicht nur um Erfolg, sondern auch um Moral und ein glückliches Leben geht. Coaching-Magazin 2, 50–55.
Buer, F. (2009c): Die Supervision und ihre Nachbarformate. Was soll, was kann und was sollte das Besondere an der Supervision sein? In: Pühl, H. (Hg.): Handbuch der Supervision 3. Berlin (Leuthner), S. 38–63.
Buer, F. (2010): Psychodrama und Gesellschaft. Wege zur sozialen Erneuerung von unten. Wiesbaden (VS-Verlag).
Buer, F. (2011): Life-Coaching als Ort der Besinnung. Was Fach- und Führungskräfte dazu bewegen kann, gute Arbeit zu leisten. In: Schmidt-Lellek, Ch. & Buer, F. (Hg.): Life-Coaching in der Praxis. Wie Coaches umfassend beraten. Göttingen (Vandenhoeck & Ruprecht), S. 51–83.
Buer, F. (2012): Die Kultur der Macht – die Macht der Kultur. Über Machtspiele zwischen Bemächtigung und Ermächtigung in Organisationen – eine dramatologische Perspektive für Berater. In: Knoblach, B.; Oltmanns, T.; Hajnal, I. & Fink, D. (Hg.): Macht in Unternehmen. Der vergessene Faktor. Wiesbaden (Gabler), S. 147–163.
Buer, F. & Schmidt-Lellek, Ch. (2008): Life-Coaching. Über Sinn, Glück und Verantwortung in der Arbeit. Göttingen (Vandenhoeck & Ruprecht).
Comte-Sponville, A. (2004): Ermutigung zum unzeitgemäßen Leben. Ein kleines Brevier der Tugenden und Werte. Reinbek (Rowohlt).
Comte-Sponville, A. (2008): Woran glaubt ein Atheist? Spiritualität ohne Gott. Zürich (Diogenes).
Comte-Sponville, A. (2010): Glück ist das Ziel, Philosophie der Weg. Zürich (Diogenes).
Csikszentmihalyi, M. (2001): Lebe gut! München (dtv).
Csikszentmihalyi, M. (2004): Flow im Beruf. Das Geheimnis des Glücks am Arbeitsplatz. Stuttgart (Klett-Cotta).
Csikszentmihalyi, M. (2006): Flow – der Weg zum Glück. Der Entdecker des Flow-Prinzips erklärt seine Lebensphilosophie. Freiburg (Herder).
Dahl, R. (1957): The concept of power. Behavioral Science, Vol. 2, 201–225.
Epikur (1988): Philosophie der Freude. Briefe, Hauptlehrsätze, Spruchsammlung, Fragmente. Frankfurt a. M. (Insel).
Fenner, D. (2003): Glück. Grundriss einer integrativen Lebenswissenschaft. Freiburg (Karl Alber).
Fenner, D. (2007): Das gute Leben. Berlin (de Gruyter).
Fellmann, F. (2009): Philosophie der Lebenskunst zur Einführung. Hamburg (Junius).
Ferreira, Y. (2007): Arbeitszufriedenheit und Arbeitsmotivation. In: Weber, A. & Hörmann, G. (Hg.): Psychosoziale Gesundheit im Beruf. Frankfurt a. M. (Gentner Verlag), S. 232–241.
Foucault, M. (2004): Geschichte der Gouvernementalität (2 Bde.). Frankfurt a. M. (Suhrkamp).
Foucault, M. (2007): Ästhetik der Existenz. Schriften zur Lebenskunst. Frankfurt a. M. (Suhrkamp).
Frey, B. S. & Frey Marti, C. (2010): Glück: Die Sicht der Ökonomie. Zürich/Chur (Rüegger).
Gardner, H. (1997): Die Zukunft der Vorbilder. Das Profil der innovativen Führungskraft. Stuttgart (Klett-Cotta).
Gardner, H.; Csikszentmihalyi, M. & Damon, W. (2005): Good Work! Für eine neue Ethik im Beruf. Stuttgart (Klett-Cotta).
Gussone, B. & Schiepek, G. (2000): Die »Sorge um sich«. Burnout-Prävention und Lebenskunst in helfenden Berufen. Tübingen (DGVT-Verlag).

Hampe, M. (2009): Das vollkommene Leben. Vier Meditationen über das Glück. München (Carl Hanser).
Haubl, R. & Voß, G.G. (2011): Riskante Arbeitswelt im Spiegel der Supervision. Eine Studie zu den psychosozialen Auswirkungen spätmoderner Erwerbsarbeit. Göttingen (Vandenhoeck & Ruprecht).
Heidbrink, L. (2007): Handeln in Ungewissheit. Paradoxien der Verantwortung. Berlin (Kadmos).
Höffe, O. (2007): Lebenskunst und Moral oder macht Tugend glücklich? München (C.H. Beck).
Klatetzki, Th. (2005): Professionelle Arbeit und kollegiale Organisation. Eine symbolisch interpretative Perspektive. In: Klatetzki, Th. & Tacke, V. (Hg.): Organisation und Profession. Wiesbaden (VS Verlag), S. 253–283.
Klatetzki, Th. (Hg.) (2010): Soziale, personenbezogene Dienstleistungsorganisationen. Wiesbaden (VS Verlag).
Kostka, C. (2004): Lebensqualität. Bausteine und Methoden. München (Hanser).
Kühl, St. (2008): Coaching und Supervision. Zur personenorientierten Beratung in Organisationen. Wiesbaden (VS Verlag).
Lauster, J. (2004): Gott und das Glück. Das Schicksal des guten Lebens im Christentum. Gütersloh (Gütersloher Verlagshaus).
Layard, R. (2005): Die glückliche Gesellschaft. Kurswechsel für Politik und Wirtschaft. Frankfurt a.M. (Campus).
Littek, W.; Heisig, U. & Lane, C. (2005): Die Organisation professioneller Arbeit in Deutschland. Ein Vergleich mit England. In: Klatetzki, Th. & Tacke, V. (Hg.): Organisation und Profession. Wiesbaden (VS Verlag), S. 73–118.
Meyer, A. (2002): Anforderungen an die Führungsberatung aus der Sicht des Führungsparadigmas der Selbstverantwortung. Supervision (3), 24–28.
Mill, J. St. (1863/1991): Der Utilitarismus. Stuttgart (Reclam).
Moldaschl, M. (2009): Erkenntnisbarrierenj und Erkenntnisverhürungsmittel. Warum siebzig Prozent der Changeprojekte scheitern. In: Ameln, F. v.; Kramer, J. & Stark, H. (Hg.): Organisationsberatung beobachtet. Wiesbaden (VS Verflag), S. 301-303.
Pieper, A. (2004): Glückssache. Die Kunst gut zu leben (2. Aufl.). München (Piper).
Pfadenhauer, M. (2003): Professionalität. Eine wissenssoziologische Rekonstruktion institutionalisierter Kompetenzdarstellungskompetenz. Wiesbaden (Leske & Budrich).
Pongratz, H.J. (2004): Der Typus »Arbeitskraftunternehmer« und sein Reflexionsbedarf. In: Buer, F. & Siller, G. (Hg.): Die flexible Supervision. Wiesbaden (VS Verlag), S. 17–34.
Pühl, H. (Hg.) (2009): Handbuch der Supervision und Organisationsentwicklung (3. Aufl.). Wiesbaden (VS-Verlag).
Russell, B. (1930/1977): Eroberung des Glücks. Neue Wege zu einer besseren Lebensgestaltung. Frankfurt a.M. (Suhrkamp).
Schmid, W. (1991). Auf der Suche nach einer neuen Lebenskunst. Die Frage nach dem Grund und die Neubegründung der Ethik bei Foucault. Frankfurt a.M. (Suhrkamp).
Schmid, W. (1998): Philosophie der Lebenskunst. Eine Grundlegung. Frankfurt a.M. (Suhrkamp).
Schmid, W. (2004): Mit sich selbst befreundet sein. Von der Lebenskunst im Umgang mit sich selbst. Frankfurt a.M. (Suhrkamp).
Schmid, W. (2005): Die Kunst der Balance. 100 Facetten der Lebenskunst. Frankfurt a.M. (Insel).

Schmid, W. (2006): Die Fülle des Lebens. 100 Fragmente des Glücks. Frankfurt a.M. (Insel).
Schmid, W. (2007): Glück. Alles, was Sie darüber wissen müssen, und warum es nicht das Wichtigste im Leben ist. Frankfurt a.M. (Insel).
Schmidt-Lellek, Ch. (2008): Der Umgang von Fach- und Führungskräften mit sich selbst. In: Buer, F. & Schmidt-Lellek, Ch. (Hg.): Life-Coaching. Göttingen (Vandenhoeck & Ruprecht), S. 205–225.
Schmidt-Lellek, Ch. & Buer, F. (Hg.) (2011a): Life-Coaching in der Praxis. Wie Coaches umfassend beraten. Göttingen (Vandenhoeck & Ruprecht).
Schmidt-Lellek, Ch. & Buer, F. (2011b): Einführung. In: Schmidt-Lellek, C. & Buer, F. (Hg.): Life-Coaching in der Praxis. Wie Coaches umfassend beraten. Göttingen (Vandenhoeck & Ruprecht), S. 13–24.
Schulze, G. (2004): Die beste aller Welten. Wohin bewegt sich die Gesellschaft im 21. Jahrhundert? Frankfurt a.M. (Fischer Taschenbuch).
Schütze, F. (1984): Professionelles Handeln, wissenschaftliche Forschung und Supervision. Versuch einer systematischen Überlegung. In: Lippenmeier, N. (Hg.): Beiträge zur Supervision. Kassel (Gesamthochschule Kassel), S. 262–389.
Schwarz, P. (2002): Führung in Nonprofit-Organisationen zwischen Leadership und Management. Supervision (3), 13–23.
Seel, M. (1999): Versuch über die Form des Glücks. Studien zur Ethik. Frankfurt a.M. (Suhrkamp).
Seel, M. (2011): 111 Tugenden, 111 Laster. Eine philosophische Revue. Frankfurt a.M. (S. Fischer).
Seligman, M.E.P. (2003): Der Glücks-Faktor. Warum Optimisten länger leben. Bergisch-Gladbach (Ehrenwirth).
Sennett, R. (2008): Handwerk. Berlin (Berlin Verlag).
Shusterman, R. (2001): Philosophie als Lebenspraxis. Wege in den Pragmatismus. Berlin (Akademie Verlag).
Siller, G. (2008): Professionalisierung durch Supervision. Perspektiven im Wandlungsprozess sozialer Organisationen. Wiesbaden (VS Verlag).
Sloterdijk, P. (2009): Du mußt dein Leben ändern. Über Anthropotechnik. Frankfurt a.M. (Suhrkamp).
Weinert, A.B. (2004): Organisations- und Personalpsychologie (5. Aufl.). Weinheim (Beltz).
Werle, J.M. (Hg.) (2000): Klassiker der philosophischen Lebenskunst. Von der Antike bis zur Gegenwart. Ein Lesebuch. München (Goldmann).

Wenn Arbeit und Leben ins Stocken geraten ...

Sinnsuche und Sinnfindung in der Supervision

Michael Klessmann

1. **Szenen**

Die Auseinandersetzung mit Sinnfragen begegnet in der Supervision ziemlich häufig, manchmal direkt angesprochen, manchmal eher in verschlüsselter Form:

»Ich bin jetzt fünf Jahre in dieser Stelle«, sagt eine Psychologin, die schwerpunktmäßig auf einer onkologischen Station einer Klinik arbeitet. »Die Arbeit ist sehr zufriedenstellend, ich werde da wirklich gebraucht, manche Patienten sind unheimlich dankbar, dass ich für sie Zeit habe. Aber ich selbst, ich kann bald nicht mehr. So viel Sterben, so viel Leid und Schmerzen, so viel Angst, es verfolgt mich bis in meine Träume ... Manchmal kommt es mir vor, als ob sich eine dunkle Wolke auf mich legt ... Warum mache ich das immer noch? Ich muss einfach mal genauer hingucken, wie es für mich weitergehen kann.«

Ein Pfarrer steckt in einer Berufs- und Lebenskrise, sieht, wie sich seine ursprüngliche Berufsmotivation und sein Glaube verändert, ja stellenweise geradezu aufgelöst haben, und zweifelt daran, dass er in seinem Beruf weiterarbeiten kann. »Was ich tue, kann ich, immer weniger verantworten, je länger ich es tue, ich glaube selber nicht mehr an das, was ich sage und ich merke, dass ich die Leute nicht mehr erreiche. Aber was soll ich dann machen? Ich gehe auf die 50 zu, habe Familie, ich kann nicht einfach noch mal neu anfangen.«

Die Frage nach Zukunftsperspektiven, so könnte man hier deutend hinzufügen, ist häufig auch eine Sinnfrage: Was muss/will ich tun, um vor mir selbst oder den Augen anderer bestehen zu können? Wie lassen sich die realen Möglichkeiten mit eigenen Wünschen, Zielen, Selbstbildern in Übereinstimmung bringen?

Ein junger Mann, der ein Studium der Kulturwissenschaft abgeschlossen hat und schon seit knapp einem Jahr keine seinen Vorstellungen entsprechende Anstellung findet, sondern sich mit verschiedenen Jobs durchs Leben hangelt, erzählt in einer Supervisionsgruppe von einem Traum, in dem er sich in einer winzigen Nussschale auf einem riesigen, wilden Meer hat treiben sehen und dann in Panik aufgewacht ist. Die anderen in der Gruppe spüren seine Angst – und seine Erleichterung, diese Angst hier einmal ausbreiten zu können. Abgesehen von ein paar Tipps, was er bei der Stellensuche vielleicht noch berücksichtigen könne, fokussiert das Gespräch dann bald auf die Frage, was für ein Bild von seinem Leben er eigentlich hatte und hat, ob er das ändern muss/will oder daran festhalten kann etc.

Unterbrechungen des bisher gewohnten Lebens- und Arbeitsablaufs und krisenhafte Ereignisse (zu denen nicht nur, wie die allerdings recht umstrittene Life-Event-Forschung herausgefunden hat, bedrohliche Ereignisse und Erfahrungen zählen, sondern unter Umständen auch erfreuliche wie eine Heirat oder die Geburt eines Kindes [vgl. Franke, 2008, S. 100ff.]) provozieren häufig Sinnfragen. Wenn bisherige Selbstverständlichkeiten infrage gestellt werden, greifen die vertrauten und eingeschliffenen Verhaltensmuster nicht mehr: Ein tiefgehender Konflikt im Beruf, ein gescheitertes Projekt, Überlastung, die nach einer gewissen Zeit nicht mehr zu ignorieren ist, Arbeitslosigkeit, biografische Erfahrungen wie Krankheit oder Tod eines nahestehenden Menschen etc. lassen die Frage entstehen: Was mache ich da bzw. was geschieht mit mir? Kann alles so weitergehen wie bisher? Haben die Ereignisse einen (tieferen) Sinn, einen Zweck? Hat das, was ich tue, (noch) einen Wert, für mich, für andere? Wozu dient diese Erfahrung? Wie wirkt sie sich auf meinen Beruf, auf mein Selbstverständnis aus? Will ich das so oder suche ich etwas Anderes?

Die Fragen sind oftmals Ausdruck eines Erschreckens, gleichsam eines Aufwachens – und enthalten möglicherweise gerade deswegen die Chance einer Neuorientierung. Existenzphilosophisch würde man sagen: Hier zeigt sich das Leben als Aufgabe, der man sich zu stellen hat. Etwas salopper könnte man formulieren: Da muss jemand ein paar Schritte zurücktreten und neu und anders überlegen, wie es weitergehen kann und soll, wie sich unter den veränderten Umständen die wahrgenommene »Realität«, die eigenen Wünsche und Fähigkeiten und mögliche Ziele miteinander vereinbaren lassen.

Die saloppe Formulierung zeigt, dass Supervision sehr wohl von solchen Zusammenhängen betroffen ist. Denn wenn es in der Supervision darum geht, die Arbeitszusammenhänge eines Supervisanden zu verstehen und zu verbessern, dann stehen solche übergreifenden Fragen nach dem Sinn und dem Zweck der beruflichen Arbeit (im Kontext eines Lebenszusammenhangs) immer mit im Hintergrund. Die an der Supervision Beteiligten müssen entscheiden, ob und wann dieser Hintergrund so wichtig ist, dass er zum Vordergrund, d. h. zum expliziten Thema werden soll.

Dazu ist es hilfreich, wenn der Supervisor/die Supervisorin eine Vorstellung hat von dem, was mit der Sinnthematik gemeint sein kann. Diese Thematik ist prinzipiell uferlos, seit den Anfängen der Philosophie- und Theologiegeschichte ist sie immer wieder traktiert worden. Hier sollen nur einige wissenssoziologische und konstruktivistische Aspekte zum Thema angesprochen werden (vgl. auch Buer 2008; Schulz 2008).

2. Wissenssoziologische und konstruktivistische Perspektiven zum Thema Sinn

»Human beings are meaning-making creatures« (Rosen/Kuehlwein 1996, S. 3), hat der amerikanische Konstruktivist Hugh Rosen formuliert. Die Welt, so Rosen, begegnet uns wie ein Rohrschach-Test, also wie eine zufällige Ansammlung von Tintenklecksen, die für sich genommen bedeutungslos, unsinnig und zusammenhangslos erscheinen. Diese Ansammlung von Klecksen muss interpretiert werden, man muss ihnen eine Ordnung, einen Zusammenhang geben, man muss Verbindungen und Abgrenzungen herstellen und dadurch aus den sinnlosen Einzelteilen ein sinnvolles Ganzes machen – auf diese Weise entsteht Sinn und Bedeutung, ohne die wir wiederum nicht leben könnten, weil wir sonst von einer »sinnlosen« Fülle an Einzelreizen überflutet würden.

Eine hübsche kleine literarische Umsetzung desselben Ansatzes gibt Robert Musil in seinem Roman *Der Mann ohne Eigenschaften* (1930): Er beschreibt, wie ein Herr und eine Dame einen Unfall, in den ein PKW verwickelt ist, miterleben. Die Dame, so heißt es, hat als Zeugin des Unfalls ein unangenehmes Gefühl im Magen bekommen; darauf sagt der Herr zu ihr, der Unfall komme daher, dass die heutigen schweren Wagen einen zu langen Bremsweg hätten. Dann schreibt Musil: »Sie wusste nicht, was ein Bremsweg sei, und wollte es auch nicht wissen; es genügte ihr, dass damit dieser grässliche Vorfall in irgendeine Ordnung zu bringen war und zu einem technischen Problem wurde, das sie nicht mehr unmittelbar anging« (1981, S. 11).

Sinn zu finden heißt Ordnung, Zusammenhang und damit auch Abgrenzung und Unterscheidung herzustellen; offenbar brauchen wir solche Ordnung immer neu, um uns in der unbehausten Welt einigermaßen sicher zu fühlen. Wenn wir nur mit zahllosen unzusammenhängenden Details zu tun hätten, würden wir verrückt. (Diese Bemerkung ist übrigens durchaus wörtlich zu nehmen: Psychiater haben Schizophrenie verstanden als das Scheitern, Zusammenhänge in der Vielfalt der Sinneswahrnehmungen herzustellen: Sinneswahrnehmungen stürzen gleichsam ungefiltert auf einen psychotischen Menschen ein, er kann gar keine oder nur »falsche« oder absurde Verknüpfungen zwischen ihnen herstellen und wird darüber »irre«.[1])

Am Bild vom Rohrschach-Test wird mehreres über den Sinnbegriff, wie ich ihn hier verwende, deutlich:

1. Sinn bezeichnet zunächst etwas einfaches, nämlich eine Bedeutungsgebung; in den Worten der Soziologen Peter Berger und Thomas Luckmann: »Sinn ist das Bewusstsein davon, dass zwischen Erfahrungen eine Beziehung besteht« (1995, S. 11). Der Mann in Musils Szene stellt eine Beziehung zwischen dem Unfall und der technischen Ausrüstung des Autos her und gibt dem Geschehen damit eine spezifische Bedeutung, welche die Frau wiederum von ihrem unangenehmen Gefühl im Magen entlastet: Wenn der Unfall auf ein technisches Problem zurückzuführen ist, geht er sie in ihrer moralischen Existenz nichts an. (Eine ähnliche Funktion erfüllt die im Zusammenhang mit großen Unglücken oft zu hörende Bemerkung, die Ursache sei »menschliches Versagen«: Damit wird das Unglück zu einem bedauerlichen Einzelfall, der mit der technischen Ausrüstung des Ganzen [Flugzeug, Bahn etc.] nichts zu tun hat und insofern die Struktur unserer modernen Welt nicht weiter infrage stellt.)
2. Den Prozess der Bedeutungsgebung kann man noch genauer charakterisieren, indem man mit Niklas Luhmann sagt, man treffe in diesem

---

[1] Vgl. Benedetti (1983, S. 33f.), der von »Wirklichkeitszerfall« und »Selbstzerfall« spricht.

Prozess eine Unterscheidung. Der zitierte Herr bei Robert Musil entscheidet sich, aus der Fülle der Deutungsmöglichkeiten jenes Unfalls eine einzige auszuwählen, weil er vermutet, dass sie für die Dame hilfreich sein könnte. Andere Deutungsmöglichkeiten sind damit nicht prinzipiell ausgeschlossen, aber sie treten momentan, in diesem Kontext, in den Hintergrund. Mithilfe einer solchen Unterscheidung wird die Situation überschaubar und damit potenziell sinnvoll.

3. Neben der Bedeutungsgebung kann Sinn auch die Absicht, die Richtung[2], die Zielsetzung meinen, die sich jemand vorgenommen hat oder die vorgegeben ist. Jemand beginnt ein Psychologiestudium, um später psychotherapeutisch tätig sein zu können. Die Mühen des Weges zu diesem Ziel werden als sinnvoll, als richtig und notwendig, in Kauf genommen, weil das Ziel als solches mit hoher Bedeutung ausgestattet ist und von daher die Teilschritte ihren Sinn bekommen. Wenn das Ziel seinen Sinn verlieren sollte – z. B. weil die Berufschancen gegen Null gehen – wird möglicherweise auch der Weg dahin sinn- und bedeutungslos.

4. Sinn stellt also eine individuelle (oder auch kollektive) Konstruktion, eine Bedeutungs*gebung* dar, nicht etwas objektiv Vorgegebenes und für alle Verbindliches. Sinn wird nicht irgendwo abgelesen und übernommen, sondern hergestellt. Sinn bezeichnet nicht mehr, wie bis in die beginnende Neuzeit hinein, eine in Gestalt von Religion oder Tradition vorgegebene Ordnung, in die sich der Einzelne nur einfügen und deren Setzungen er für sich als gültig übernehmen muss, sondern Sinn wird entworfen und auch wieder verworfen, je nach wechselnden inneren und äußeren Lebensumständen. Der Mensch ist aktiver Konstrukteur, der aus den Begegnungen des Lebens Bedeutung konstruiert und organisiert.

5. Wir konstruieren Sinn, bringen ihn aktiv hervor, insofern wir auf jeweils individuelle Art und Weise Zusammenhänge zwischen Erfahrungen herstellen. Gleichzeitig gilt auch das Gegenteil: Wir empfangen Sinn, finden ihn vor, er stellt sich unvermittelt und überraschend ein; man kann ihn nicht erzwingen, Sinnfindung kann wie ein plötzliches Aha-Erlebnis sein. Wenn ein Mensch nach dem Sinn seines Lebens oder eines Ereignisses fragt, bewegt er sich in dieser Spannung von

---

2 Das althochdeutsche Verb »sinnan« bezeichnet ursprünglich eine Ortsbewegung: »reisen, ans Ziel gelangen«

Aktivität und Passivität, von Sinnstiftung und Sinn-Empfangen: Man muss einen Sinn finden *wollen* – und man muss zugleich offen dafür sein, dass sich ein Sinn unverhofft und ganz anders als erwartet einstellt. Letzteres bezeichnet man auch als eine spirituelle Haltung oder als eine Glaubenshaltung, die darauf vertraut, dass sich, so absurd und sinnlos das Leben oftmals erscheint, doch ein bis dato verborgener Sinn aus einem größeren, gleichsam transzendenten Horizont heraus zeigen wird.

6. Sinn bezeichnet niemals nur eine Konstruktion des Intellekts, sondern ist immer emotional eingebettet und durchdrungen und hat dann auch Konsequenzen für ein ethisch verantwortetes Verhalten: Eine sinnhafte Erfahrung macht glücklich und zufrieden, gibt Kraft für weiteres Handeln, während Sinnlosigkeit als bedrohlich, ängstigend und deprimierend erlebt wird und auf diese Weise Handlungsimpulse eher lähmt.

7. Sinn ist zwar aktive individuelle Konstruktion, aber diese ist natürlich immer angewiesen auf Sprachspiele und Sinnmuster, die Umwelt, Kultur, Tradition und Bezugsgruppen vorgeben. Einerseits sprechen wir in der Postmoderne von der »Freisetzung aus traditionalen Bindungen« (vgl. Ulrich Beck 1986, S. 205ff.); gleichzeitig geht diese Freisetzung nie so weit, dass jemand sich gleichsam autonom selbst entwerfen könnte und müsste. Jede individuelle Konstruktion greift zurück auf bereits vorhandene Strukturen und Muster. Das sieht man gegenwärtig am deutlichsten daran, in welchem Maß wir alle uns einerseits frei und ungebunden vorkommen, zugleich jedoch in einem bisher kaum dagewesenen Maß von dem abhängig sind, was uns Markt, Mode und Medien vorsetzen und damit unsere Wahlmöglichkeiten begrenzen.

8. Sinnfindung, Bedeutungsgebung vollzieht sich in der Regel kommunikativ und narrativ: Indem ich anderen erzähle, was ich mache, was mich beschäftigt und umtreibt, indem andere zuhören, kommentieren, nachfragen, und Eigenes hinzufügen, klären sich für mich selbst Perspektiven und Prioritäten und auch Identitätsfragen. In dem Maß, in dem traditionelle Welterklärungsmuster (Religion, Tradition) ihre selbstverständliche Tragkraft verloren haben, muss Sinn, angesichts des entstandenen Vakuums, immer neu kommunikativ entworfen werden. In einem solchen Prozess des Erzählens kann sich das Gefühl einstellen, wenigstens in begrenztem Maß AutorIn des eigenen Lebens zu sein.

9. Sinn bezeichnet zwar einen individuellen Such- und Findungsprozess, ist aber häufig auf andere Menschen oder die Umwelt und damit auf bestimmte überindividuelle Maßstäbe bezogen. Eine Arbeit wird als sinnvoll oder wertvoll erlebt, weil sie anderen zugutekommt, weil sie bei anderen Zustimmung und Anerkennung findet, weil sie ethischen Ansprüchen genügt. Das gilt in besonderem Maß für helfende Berufe, aber auch für alle, deren Arbeit Menschen das Leben erleichtert oder verschönert. Individueller Sinn und überindividuelle Verantwortung und Maßstäbe gehören also häufig zusammen.
10. Sinn entsteht meistens in der Spannung von Affirmation und Kritik: Anpassung an das Bestehende und Bestätigung des Status quo bedeuten Sinngebung für die einen (ich weiß mich dann von einer größeren Gemeinschaft und ihren Anschauungen getragen), kritische Infragestellung dessen, was ist und was gilt, stiftet Sinn für andere (ich gewinne mein Selbstbewusstsein, indem ich mich gerade von der Menge der anderen unterscheide). Beide Tendenzen zu verknüpfen und nicht auseinanderfallen zu lassen, gilt als Ausdruck von Reife und Bildung. Dass der größere Teil der Menschen Sinn aus Anpassung an Vorgegebenes bezieht, dürfte allerdings – trotz Individualisierung und Pluralisierung – deutlich sein.
11. Es gibt nicht länger den einen umfassenden Sinn des Lebens oder des Berufs, sondern eher eine Reihe von kleineren Sinnhaftigkeiten: der Sinn eines Projekts, der Sinn einer beruflichen Phase, der Sinn eines Lebensabschnitts. D. h. Sinn verändert sich mit den Veränderungen der Biografie, mit den Veränderungen der gesellschaftlichen und kulturellen Umwelt. Analog zu der in der Wissenssoziologie eingeführten Unterscheidung von kleinen, mittleren und großen Transzendenzen könnte man von Sinn mit kleiner, mittlerer und großer Reichweite sprechen: Sinn kleiner Reichweite bezieht sich z. B. auf einzelne berufliche Erfahrungen, die mit Freude und Erfolg verbunden sind; Sinn mittlerer Reichweite betrifft etwa die Berufsausübung als ganze, die grundsätzlich, trotz einzelner Rückschläge, als zufriedenstellend erlebt wird; und Sinn großer Reichweite könnte die Weltanschauung im weitesten Sinn meinen, die jemand seinem Leben zugrunde legt und die sich möglicherweise in einer positiven Antwort auf die Frage nach dem Sinn des Lebens und des Seins ausdrückt.
12. Abwesenheit von Sinn, die Erfahrung von Sinnlosigkeit bezeichnet einen Zustand der Ohnmacht, des Sich-Ausgeliefert-Fühlens, der

Passivität, des Schmerzes, in dem es einem nicht (mehr) gelingt, einen irgendwie bedeutungsvollen Zusammenhang zu einem bestimmten Ereignis herzustellen. Ein solcher Zustand wird in der Regel als höchst unangenehm erlebt, deswegen greifen Menschen sogar zu obskuren Sinndeutungen (z. B. die immer noch verbreitete Vorstellung von Krankheit als Strafe), um schwer erträgliche Sinnlosigkeit nicht aushalten zu müssen. Dabei wäre gerade an solchen Stellen zwischenmenschliche Solidarität von großer Bedeutung. Der Theologe Henning Luther hat es so beschrieben: »In Klage und Verzweiflung liegt mehr ehrliche Hoffnung als in Beteuerung von Sinn und Lebensgewissheit. Die Trauer hält die Treue zum Anderen, zum Besseren, zum Ende des Leidens, den die Affirmation des Daseins längst verraten hat. Nur wer klagt, hofft« (1998, S. 170). Wer Sinnloses in Sinnvolles umdeuten will, wird zu einem »leidigen Tröster«, wie es im Buch Hiob heißt (Hi 16,2). Hiob verlangt von seinen Freunden, dass sie seine Klage anhören und mit aushalten. »Hört doch meiner Rede zu und lasst mir *das* eure Tröstung sein« (Hi 21,1). »Der Verzweiflung und Klage zuhören – dies und nichts anderes als Tröstung gelten zu lassen, dies ist wahrlich eine Provokation für die, die für alles noch einen Sinn suchen müssen« (Luther 1998, S. 171).

Trost ist für viele supervisorische Ohren wahrscheinlich eine befremdliche Kategorie, die traditionellerweise eher in kirchlicher Seelsorge verortet wird. Gemeint ist jedoch die auch in der Supervision bekannte Erfahrung, dass sich Erleichterung und Entlastung einstellen, wenn man das Empfinden von Angst, Ausweglosigkeit, Sinnlosigkeit und Verzweiflung überhaupt erst einmal aussprechen kann, ohne dass es bagatellisiert wird.

Sinn großer Reichweite haben Berger und Luckmann auch als »symbolische Sinnwelten« bezeichnet. Symbolische Sinnwelten fundieren das Alltagswissen, auch das berufliche Wissen, geben den vielen Einzelannahmen eine umgreifende Richtung, stellen sie in einen größeren Bedeutungszusammenhang hinein und fundieren damit auch einen Teil des beruflichen wie privaten Verhaltens (z. B. im Blick auf moralisch relevante Entscheidungen). Symbolische Sinnwelten beanspruchen, auch die Grenzsituationen des Lebens zu umfassen, also die Situationen, in denen regelmäßig Sinnkrisen aufbrechen (s. Berger/Luckmann 1980, S. 98ff.). Bis ins 20. Jahrhundert hinein galt Religion als wichtigste Gestalt einer solchen symbolischen Sinnwelt;

ihre besondere Leistung bestand und besteht darin, dass sie den Anspruch erhebt, die außerordentlichen Lebensereignisse, Geburt, Krankheit, Sterben und Tod symbolisch zu integrieren, also ihnen im Rahmen einer religiösen Wirklichkeitsdeutung insgesamt einen Platz zuzuweisen und einen Zusammenhang herzustellen. Einerseits wird der Anspruch einer religiösen symbolischen Sinnwelt schon lange nicht mehr fraglos akzeptiert, andererseits haben sich religiöse Perspektiven pluralisiert; andere symbolische Sinnwelten, die durchaus auch einen impliziten Anspruch auf umfassende Lebens- und Weltdeutung enthalten, treten als Konkurrenz auf. Ein paar Beispiele:

- Viele Menschen sind ausgesprochen wissenschaftsgläubig geworden: »Nur was empirisch festgestellt wird, hat Gültigkeit«, heißt es dann – wobei großzügig übersehen wird, dass auch empirische Forschung von vorgängigen Sinnannahmen und Setzungen lebt und durchaus nicht nur von dem, was man beobachten und messen kann.
- Andere haben sich den Kriterien der Ökonomie verschrieben: Entscheidend ist, dass die Kosten-Nutzen-Relation stimmt; nur was Erfolg hat, zählt; alles wird ökonomisch funktionalisiert, es gibt im Grunde keine zweckfreien Bereiche mehr im Leben.
- Für viele steht der Bezug auf das eigene Selbst im Vordergrund. »Hilf dir selbst, dann hilft dir Gott«, sagte man früher; in der Gegenwart verkündet beispielsweise die Zeitschrift *Psychologie heute*: »Der Glaube an die eigene Kraft versetzt Berge« – um noch die wissenschaftliche Absicherung hinzuzufügen, dass dieser Gedanke in der Sozialpsychologie »Selbstwirksamkeit«, »self-afficacy« genannt werde (vgl. Pscherer 2001).
- Verbreitet sind esoterische Anschauungen und Praktiken, die sich jede/r nach Belieben und Bedürfnis zusammenbastelt: Esoterik, vom Begriff her das Innere, das Geheimnisvolle, repräsentiert einen Markt religiöser Sehnsüchte, ein großes Experimentierfeld spiritueller und okkulter Ansätze, denen vielleicht eine Zielsetzung gemeinsam ist, nämlich der Wunsch, auf dem Weg zum Göttlichen, oder zum wahren Leben mithilfe übernatürlicher, den Sinnen und der analytischen Vernunft verborgener Kräfte und Mittel voranzukommen. Aus dieser Suche erwächst leicht wieder ein neues Ordnungssystem, ein umfassendes Sinn- und Welterklärungsmuster.

Ins Grundsätzliche gewendet heißt das: Unser alltägliches und berufliches Verfügungswissen ist in aller Regel noch einmal fundiert durch ein Orientierungswissen, verstanden als ein Mosaik von weltanschaulichen Vorannahmen, von Sinn- und Wertorientierungen (vgl. Utsch 2002).

Supervisoren sollten sich Rechenschaft geben über ihre eigenen weltanschaulichen Vorverständnisse, denn die beeinflussen natürlich den supervisorischen Prozess.

3. Supervision und Sinnarbeit

Supervision und Sinnarbeit haben, so behaupte ich, so etwas wie eine natürliche Affinität zueinander. Denn Sinn hat etwas mit sinnen und sich besinnen zu tun, also mit denken, überlegen, betrachten, reflektieren; wer nach dem Sinn fragt, braucht ein gewisses Maß an innerem Abstand vom alltäglichen Geschäft, braucht den Willen zur (selbst-)kritischen Reflexion dessen, was er tut, braucht Muße und die Bereitschaft, Bilanz zu ziehen. Es geht darum, vergangenes Handeln Revue passieren zu lassen, Konsequenzen für die Zukunft zu ziehen, mögliche Ziele anzuvisieren, wichtig von unwichtig, nützlich (für wen?) und unnütz zu unterscheiden, Erfolg und Misserfolg zu bilanzieren usw. Indem ich Sinnsuche mit solchen Worten beschreibe, charakterisiere ich im Grunde auch den Prozess der Supervision.

Anders gesagt: Wer sich mit beruflichen Themen und Problemen in Supervision begibt, kann Sinnfragen kaum ausweichen. Denn berufliche Probleme bezeichnen häufig Situationen, in denen einem ein bestimmtes Handeln als nicht mehr sinnvoll, als nicht zielführend, als dysfunktional erscheint, sodass man das Gleichgewicht neu justieren möchte. Die Arbeit an solchen Themen stellt unweigerlich auch die Frage nach dem Sinn und produziert neuen, veränderten Sinn. Bereits das Erzählen kann auf mehrfache Weise als sinnvoll erlebt werden:

➤ Im Erzählen kann sich bereits das Gefühl einstellen, nach wie vor Subjekt und Autor des eigenen Handelns zu sein und nicht nur Opfer der Verhältnisse.
➤ Schon das aufmerksame Zuhören kann als eine Form der Wertschätzung erlebt werden: So undurchsichtig oder demütigend eine berufliche Situation dem Akteur erscheint – sie ist es offenbar wert, gehört und genau angeschaut zu werden.
➤ Im Erzählen sortiert sich bereits dies und das, erscheint das Problem nicht mehr nur konfus und überwältigend.
➤ Im Erzählen werden eigene Schwächen deutlich – das kann schmerz-

lich sein –, aber zugleich auch Stärken und Ressourcen. Das baut wiederum auf und macht Mut.

Damit klingt bereits an: Sich mit der Sinnfrage zu befassen, macht Arbeit, kann anstrengend und mühsam sein, aber auch bereichernd und ist insofern in sich selbst wiederum sinnvoll. Die Auseinandersetzung mit der Sinnfrage ist anstrengend, weil der Sinn, die Bedeutung, der Wert eines Ereignisses, einer Erfahrung, eines Handlungszusammenhangs nicht immer offensichtlich ist, man also danach suchen und forschen muss. Oder auch weil es bei der Sinnsuche passieren kann, dass lieb gewordene »Glaubenssätze« und Gewohnheiten als zur jetzigen Lebenssituation nicht mehr passend, als früher einmal unhinterfragt von Eltern oder Lehrern übernommen, und so gesehen, als überholt aufgedeckt werden. Sich solchen Erkenntnissen zu stellen, kann befreiend, aber eben auch mühsam und belastend sein.

Sinnarbeit hat deswegen viel mit Bilanzieren zu tun: Bilanz eines Projekts, eines Handlungszusammenhangs, eines Berufsabschnitts, vielleicht sogar eines ganzen (Berufs-)Lebens. Bilanz ziehen heißt, sich Rechenschaft geben, bewerten, sortieren, deuten, Vergangenes abschließen und möglicherweise neue Perspektiven eröffnen.

Ein wichtiger Bestandteil von Sinnarbeit in der Supervision besteht darin, die Frage nach dem möglichen Sinn eines bestimmten Zusammenhangs als Ausdruck von Motivation, von Lebendigkeit zu würdigen. Wer nach dem Sinn eines Ereignisses fragt, gibt sich offensichtlich nicht zufrieden mit dem Status quo. Er/sie will und sucht anderes, Neues. Insofern kann bereits die Suche nach Sinn als Ausdruck produktiver Unruhe anerkannt werden.

Ich unterscheide hier eine Sinnfrage, die in einem relativ reflektierten Zustand gestellt wird und eine Antwort erarbeiten will, von einer, die aus einer hoch bedrängenden Lebenssituation wie einer Krankheit, einem dramatischen Konflikt heraus oder angesichts von etwas Unabänderlichem wie dem Tod gleichsam eruptiv aufbricht. In letzterer Situation ist sie oftmals keine wirkliche Frage, auf die es eine Antwort gäbe (»Warum ist das passiert?«, »Das ist doch völlig sinnlos!« etc.), sondern eher emotionaler Ausdruck von Verzweiflung, Ohnmacht und Schmerz. Hier geht es dann nicht darum, nach einer differenzierten und rationalen Antwort zu suchen, sondern den emotionalen Ausdruck in seiner Bedeutung zu verstehen, anzuerkennen und mit auszuhalten.[3]

---

3 Solche Situationen begegnen in der Seelsorge mit kranken und sterbenden Menschen häufig (vgl. dazu Klessmann 2009, S. 207ff.), sind aber auch in der Supervision nicht ausgeschlossen.

Zur Sinnarbeit gehört die Frage nach den Ressourcen einer Person, den intellektuellen, emotionalen und materiellen, vor allem auch den sozialen Ressourcen, also den Netzwerken, in denen jemand lebt und aus denen er Unterstützung ziehen kann. Gerade angesichts von krisenhaften Ereignissen geraten eigene Ressourcen leicht aus dem Blick, da ist es von besonderer Bedeutung, sie (neu) zu vergegenwärtigen.

Ein bilanzierender Rückblick auf einen Berufs- und/oder Lebensabschnitt ist wichtiger Bestandteil der Sinnarbeit. Ein Zukunftsentwurf ist kaum machbar, wenn er nicht in Auseinandersetzung mit der (individuellen wie kollektiven) Vergangenheit geschieht. Deswegen sind Instrumente, die zum Bilanzieren einladen, in diesem Zusammenhang hilfreich: Lebenslinien malen, Arbeitslinien, Lernlinien, Metaphern für einen Lebens- oder Berufsabschnitt finden usw. Solche Instrumente können dazu beitragen, dass sich eine Zusammenschau eröffnet, wo jemand bisher vielleicht nur separate Einzelteile wahrgenommen hat, Ausgeblendetes kann auftauchen, Widersprüchliches erkannt und vielleicht integriert werden etc. Es kann sein, dass in dem Zusammenhang auch biografische Erinnerungen wieder lebendig werden, welche Sinnelemente und Werte Eltern und Lehrer vermittelt haben, was man übernommen hat, wovon man sich abgegrenzt hat oder noch abgrenzen sollte.

In solchen Prozessen wird Sinn aktiv gesucht und konstruiert; darüber sollte nicht in Vergessenheit geraten, dass Sinn nicht erzwungen werden kann, sondern sich oft unvermutet und unverdient einstellt. Fragen wie: »Was ist dir geschenkt worden?«, »Was verdankst du anderen?«, können für diese Dimension sensibilisieren und vor dem Größenwahn schützen, man sei der alleinige Autor seines Lebens, müsse und könne alles selber herstellen und im Griff haben. Sinnarbeit in einer so stark auf Leistung und Erfolg bezogenen Gesellschaft heißt für mich, sich gerade für diese Dimension des Sich-Verdankens zu öffnen.

Sinnarbeit beinhaltet Reflexion auf die Werte, die für jemanden leitend sind. »Was ist dir in deinem Beruf (und darüber hinaus) wirklich wichtig? Wofür (für welche Anliegen) möchtest du dich wirklich engagieren? Hast du eine Vision von einer sinnvollen Berufstätigkeit?« Und weitergehend: Was ermöglichen bestimmte Sinnannahmen? Und was verhindern sie auch?

Dergestalt Sinnarbeit zu betreiben heißt, dass man diskursfähig, auskunftsfähig wird im Blick auf Sinn und Werte.

Zwei Bemerkungen zum Schluss:

Die vorangehenden Ausführungen könnten so verstanden werden, als sollten SupervisorInnen wie die Geier darauf lauern, im Material des Supervisanden Sinnfragen zu entdecken, und diese dann unbedingt bearbeiten wollen. Natürlich ist das nicht gemeint. Es geht mir darum, dass SupervisorInnen für offensichtliche und verborgene Sinnfragen aufmerksam und sensibel sind, nicht nur am konkreten, berufsbezogenen Material der Supervisanden gleichsam kleben, sondern gelegentlich auch dazu anregen, den Horizont zu weiten. Denn dass Sinnfragen einen wichtigen Teil des Fundaments der Supervision bilden und die konkrete Arbeit sowohl der Supervisanden wie der SupervisorInnen entsprechend prägen, scheint mir fraglos. Dann aber ist es wichtig, an diesem Punkt achtsam zu sein.

Sinnarbeit bezeichnet einen Weg und kein Ergebnis; auf diesem Weg gelangen wir immer nur an Zwischenziele, nie an das endgültige Ziel. D. h. Sinnsuche, die nach dem Ganzen des Lebens fragt, die sich Gottes oder der Transzendenz in einer absoluten, vollständigen Weise vergewissern möchte, muss scheitern; der Sinn des Ganzen, der umgreifende Sinn des Lebens ist eine eschatologische oder utopische Kategorie (vgl. Biehl 1985). Menschliche Sinnsuche, auch in religiöser Gestalt, ist und bleibt vorläufig und bruchstückhaft und steht immer in der Spannung von Sinn-Finden und Sinn-Verfehlen, von der Notwendigkeit aktiv zu werden und doch das Entscheidende zu empfangen – die Erinnerung an diesen Sachverhalt kann und sollte uns entlasten in allzu angestrengten Bemühungen, Sinn selber herstellen zu wollen.

Literatur

Beck, Ulrich (1986): Risikogesellschaft. Auf dem Weg in eine andere Moderne. Frankfurt a. M.
Berger, Peter L. & Luckmann, Thomas (1980): Die gesellschaftliche Konstruktion der Wirklichkeit. Frankfurt a. M.
Berger, Peter L. & Luckmann, Thomas (1995): Modernität, Pluralismus und Sinnkrise. Gütersloh.
Benedetti, Gaetano (1983): Todeslandschaften der Seele. Göttingen.
Biehl, Peter (1985): Die Sinnfrage – Gottesfrage oder »Götzenfrage«? In: Pöhlmann, Hans-Geord (Hg.): Worin besteht der Sinn des Lebens? Gütersloh, S. 47–59.
Buer, Ferdinand (2008): »Sinn suchen«. In: Buer, Ferdinand & Schmidt-Lellek, Christoph: Life-Coaching. Über Sinn, Glück und Verantwortung in der Arbeit. Göttingen, S. 73–102.
Franke, Alexa (2008): Modelle von Gesundheit und Krankheit. Bern.
Klessmann, Michael (2009): Seelsorge. Begleitung, Begegnung, Lebensdeutung im Horizont des christlichen Glaubens, 2. Aufl. Neukirchen.

Luther, Henning (1998): Die Lügen der Tröster. Das Beunruhigende des Glaubens als Herausforderung für die Seelsorge. Praktische Theologie 33, 163–176.
Musil, Robert (1981): Der Mann ohne Eigenschaften. Reinbek.
Pscherer, Jörg (2004): Der Glaube an die eigene Kraft versetzt Berge. Psychologie heute. 2004(11), 24ff.
Rosen, Hugh & Kuehlwein, Kevin (Hg.) (1996): Constructing Realities. San Francisco.
Schulz, Hannah (2008): Vier Dimensionen von Sinn. In: Krapohl, Lothar; Nemann, Margret; Baur, Jörg & Berker, Peter (Hg): Supervision in Bewegung. Opladen, S. 291–310.
Utsch, Michael (2002): Die spirituelle Suche: Aufgabe der psychosozialen Beratung? Wege zum Menschen 54, 55–66.

Die Autorinnen und Autoren

Michael B. Buchholz, Dipl.-Psych., Dr. phil., Dr. disc.pol., apl. Prof. für Sozialwissenschaften der Universität Göttingen, Professor an der International Psychoanalytic University (IPU), Berlin, Lehranalytiker (DGPT, DPG), eigene psychoanalytische Praxis. Zuletzt erschien mit Günter Gödde *Der Besen mit dem die Hexe fliegt* (2012).

Ferdinand Buer, Prof. Dr., war Erziehungs- und Sozialwissenschaftler an den Universitäten Münster und Göttingen, Leiter des Psychodrama-Zentrums Münster. Tätig zurzeit als Supervisor und Coach. Zahlreiche Fachpublikationen, u. a. mit Schmidt-Lellek *Life-Coaching* (2008).

Marina Gambaroff, Studium der Psychologie, Theaterwissenschaft, Slavistik und Anglistik; Wissenschaftliche Assistentin am Zentrum für Psychosomatische Medizin Gießen; Psychoanalytikerin (DPV); Mitglied der DGPT und DGSv ; Freie Praxis in Berlin für Einzel- und Gruppentherapie, Paarberatung, Supervision, Balintgruppen. Zahlreiche Publikationen, u. a. *Utopie der Treue* (1984).

Rolf Haubl, Dr. Dr., Dipl. psych., Germanist, Profesor für Soziologie und psychoanalytische Sozialpsychologie, Uni Frankfurt/M., Direktor des Sigmund-Freud-Institutes, Supervisor (DGSv). Zahlreiche Publikationen, u. a. *Risikofaktoren für Arbeitsqualität und psychische Gesundheit* (2012).

Brigitte Hausinger, Dr. phil., Dipl. Supervisorin. Tätig in der Supervisionsausbildung der Uni Kassel, langjährige Supervisionspraxis in der Organisations- und Führungskräfteentwicklung; Vorstandsmitglied der DGSv.

Redaktionsleitung der Zeitschrift *Supervision*, zahlreiche Veröffentlichungen zu Veränderungen in der Arbeitswelt.

Rudolf Heltzel, Arzt für Psychiatrie, Neurologie und Psychotherapie, Psychoanalytiker, Gruppenanalytiker, in eigener Praxis und als Superrvisor und Berater in Organisationen tätig. Zahlreiche Publikationen, u. a. mit W. Weigand *Im Dickicht der Organisation* (2012).

Mathias Hirsch, Dr. med., Facharzt für Psychiatrie und für Psychotherapie, Psychoanalytiker (DGPT), Gruppenanalytiker, psychoanalytische Praxis in Düsseldorf und Berlin. Forschungsschwerpunkte: familiäre Traumatisierung, Psychoanalyse des Körpers, kulturpsychologische Themen, sexueller Missbrauch. Zahlreiche Veröffentlichungen.

Michael Klessmann, Prof. Dr. theol., Kirchliche Hochschule Wuppertal/Bethel, Ausbildung in Pastoralpsychologie, Gestalttherapie und Supervision; viele Jahre in der Seelsorgeausbildung und als Lehrsupervisor (DGfP) und Seelsorger in einer psychiatrischen Klinik tätig.

Mathias Lohmer, Dr. phil., Dipl.-Psych., Psychoanalytiker, arbeitet als freier Organisationsberater, Supervisor, Coach und Psychotherapeut in München; Beratung in Führungsfragen, Teamentwicklung und Veränderungsprozessen.

Marga Löwer-Hirsch, Dr. phil., Psychologische Psychotherapeutin, Supervisorin (DGSv), Senior Coach (DBVC), Leiterin des Institus für Analytische Supervision an der Akademie für Psychoanalyse und Psychosomatik Düsseldorf.

Winfried Münch, Dr. phil., em. Professor für Psychoanalyse, Gruppendynamik und psychosoziale Beratung, eigene Beratungspraxis, Ausbildungs- und Lehrsuperviosr. Mitherausgeber der Zeitschrift *Supervision*; zahlreiche Publikationen zur Beratung.

Mario Wernado (1964–2012), Dr. med., Arzt für Psychiatrie und Psychotherapie, Sozialmedizin und Rehabilitationswesen, langjähriger Chefarzt der Soteria-Klinik Leipzig, anschließend in eigener Praxis tätig, Supervisor (DGSv) und Organisationsberater.

Beate West-Leuer, psychologische Psychotherapeutin, Supervisorin (DGSv), Lehrsupervisorin, Senior Coach (DBVC), Lehrbeauftragte der Uni Düsseldorf, im Vorstand der Akademie für Psychoanalyse und Psychosomatik Düsseldorf e. V., Leitung des POP in Düsseldorf. Redaktion der Zeitschrift *Agora*, Publikation: *Coaching – ein Kursbuch* (2003).

Wolfgang Weigand, Prof. Dr., em. Professor für Supervision, Personal- und Organisationsentwicklung der FH Bielefeld und Ratsvorsitzender der Stiftung Supervision, Gründungsmitglied der Deutschen Gesellschaft für Supervision, deren Vorsitzender von 1992–2001. Lehrsupervisor an verschiedenen Ausbildungsinstituten, Organisationsberater und Trainer für Gruppendynamik (DAAG) v. a. für mittelständische Unternehmen und Einrichtungen im psychosozialen Feld. Herausgeber der Zeitschrift *Supervision – Mensch. Arbeit. Organisation.*

Psychosozial-Verlag

Burkard Sievers (Hg.)
Psychodynamik von Organisationen

Franziska Lang, Andreas Sidler (Hg.)
Psychodynamische Organisationsanalyse und Beratung

2009 · 415 Seiten · Broschur
ISBN 978-3-89806-803-1

2007 · 182 Seiten · Broschur
ISBN 978-3-89806-580-1

Psychodynamische Organisationsbetrachtung hat sich als wichtige, Erfolg versprechende Methode der Beratung und Intervention erwiesen. Der vorliegende Sammelband fasst die neuesten Erkenntnisse der letzten fünf Jahre zusammen. Die Autoren tragen zum Verstehen der unbewussten psychosozialen Dynamik von Organisation, Führung und Management bei, beschreiben Fallbeispiele der psychoanalytischen Organisationsberatung und betrachten den Zusammenhang von Psychoanalyse und Ökonomie. Damit ermöglichen sie Beratern, Managern, Psychoanalytikern, Supervisoren und Studierenden Zugänge zu einem tieferen Verständnis der Organisationen, in bzw. mit denen sie arbeiten.

Namhafte Autoren geben Einblicke in den Stand der Diskussion rund um Konzeption und Praxeologie psychoanalytisch orientierter Beratungspraxis. Prinzipien, historische Bezüge, sich neu entwickelnde Konzeptionen und Methoden – dargestellt anhand von eindrucksvollen Fallbeispielen aus der Beratungspraxis.

Walltorstr. 10 · 35390 Gießen · Tel. 0641-969978-18 · Fax 0641-969978-19
bestellung@psychosozial-verlag.de · www.psychosozial-verlag.de

Psychosozial-Verlag

Dunja Voos
Psychoanalyse tut gut
Ein Ratgeber für Hilfesuchende

Stefano Bolognini
Verborgene Wege
Die Beziehung zwischen Analytiker und Patient

2011 · 173 Seiten · Broschur
ISBN 978-3-8379-2145-8

2011 · 265 Seiten · Broschur
ISBN 978-3-8379-2071-0

Wer darüber nachdenkt, eine Psychoanalyse zu beginnen, steht vor vielen Fragen. Hilft mir die Methode bei meinen Problemen? Muss ich mich auf die Couch legen? Was kann die Methode leisten und wo liegen ihre Grenzen?

Psychoanalyse hilft bei vielen Störungen – unter anderem bei Ängsten, Depressionen und ADHS. Sie fragt danach, wie das Leiden entstanden ist, und versucht, mithilfe dieses Verstehens einen Ausweg zu finden. Dabei lernt man manchmal Seiten an sich kennen, die man lieber nicht kennengelernt hätte – aber dieses Kennenlernen führt zu größerer Eigenständigkeit und zu einem besseren Verständnis von und für sich selbst.

Im ersten Teil des Buches werden Fragen rund um die Psychoanalyse erläutert. Der zweite Teil beschreibt die gängigsten Krankheitsbilder und ihre möglichen Ursachen aus psychoanalytischer Sicht.

Die Beziehung zwischen Analytiker und Patient ist eines der zentralen und auch schwierigsten Themen der psychoanalytischen Theorie und Praxis. Sie ist ein komplexes Gebilde, aufgebaut auf einem empfindlichen Gleichgewicht von Distanz und Teilnahme, klarem Verstand und Gefühl, Analyse und Empathie. Abwechslungsreich und verständig beschreibt Bolognini ihre verschiedenen Arten, ihre Abläufe, Erfolge und Misserfolge anhand relevanter Theorien von Freud bis zur Gegenwart. Unkonventionell und differenziert schildert er diese besondere Beziehung zwischen zwei Menschen: eine gemeinsame Reise in weitgehend unbekannte Gefilde, bei der die Reisenden insbesondere destruktive Zustände des Geistes und des Lebens im Allgemeinen erkunden. Die zahlreichen, einfühlsam wiedergegebenen klinischen Fälle veranschaulichen die theoretischen Ausführungen und machen das Buch zu einer lebendigen Lektüre.

Walltorstr. 10 · 35390 Gießen · Tel. 0641-969978-18 · Fax 0641-969978-19
bestellung@psychosozial-verlag.de · www.psychosozial-verlag.de

 **Psychosozial-Verlag**

Wolf-Detlef Rost
Psychoanalyse des Alkoholismus

Michael Tillmann
Ich, das Geräusch

2009 · 308 Seiten · Broschur
ISBN 978-3-8379-2007-9

2009 · 110 Seiten · Broschur
ISBN 978-3-89806-618-1

Dieses Buch will das Verständnis für die Psychodynamik hinter der Sucht fördern und sieht den Alkoholismus als Symptom einer tiefer liegenden Störung. Ausgehend von der psychoanalytischen Theorie werden dazu unterschiedliche Formen von Alkoholabhängigkeit diagnostisch erfasst und an zahlreichen Fallbeispielen erläutert. Darüber hinaus reflektiert der Autor psychodynamisch die gängige Behandlungspraxis sowie die Selbsthilfe und entwickelt ein kausal angelegtes Modell der Behandlung von Süchtigen.

Dieses von psychoanalytischen Gedanken inspirierte Buch will helfen, das individuelle Symptom zu verstehen und mit gesellschaftlichen Einflüssen in Beziehung zu setzen. Während Globalisierung und Moderne entsinnlichen und verstören, fordert der Tinnitus zu einer Kommunikation auf, mithilfe derer diese verloren gegangene Sinnlichkeit wiedergefunden werden kann: Betrachten Sie den Tinnitus nicht als etwas Feindliches, sondern versuchen Sie zu verstehen, was er Ihnen sagen möchte.

 **Psychosozial-Verlag**

Eberhard Th. Haas
Das Rätsel des Sündenbocks
Zur Entschlüsselung einer grundlegenden kulturellen Figur

Eberhard Th. Haas (Hg.)
100 Jahre Totem und Tabu
Freud und die Fundamente der Kultur

2009 · 275 Seiten · Broschur
ISBN 978-3-8379-2001-7

2012 · 299 Seiten · Broschur
ISBN 978-3-8379-2092-5

Aller Anfang war Gewalt: Zum Ziel anthropologischer Selbstaufklärung widmet sich der Autor Freuds kontroversem Verständnis von den Ursprüngen der Kultur sowie dessen Weiterentwicklung durch René Girard. Im Zentrum des Buches steht eine tragische Figur, der Sündenbock, der in paradoxer Weise zum Friedensstifter und Heilsbringer erhoben werden kann. So schaffen sich Kulturen ihr Wertvollstes: Kunst, Ritual, Religion und Moral.

»Haas erinnert facettenreich und eindringlich an die schlechte Nachricht, die Freud der Menschheit ins Stammbuch schrieb.«
International Journal of Psychoanalysis

Freuds Kulturauffassung, die er zeit seines Lebens vertrat, lässt sich als maßgeblichen Beitrag zu einer allgemeinen Theorie des Opferrituals ansehen. 100 Jahre nach Erscheinen von Totem und Tabu ist dieses Buch immer noch Gegenstand heftiger und fruchtbarer Kontroversen. Gerade in den Humanwissenschaften hat das Thema »Ritual« erneut besondere Aktualität gewonnen.

Die Debatte wird im vorliegenden Band von Kulturwissenschaftlern verschiedener Disziplinen fortgeführt und um erstmals ins Deutsche übersetzte Texte ergänzt. Die hier versammelten Aufsätze sind den zentrifugalen Kräften des Spezialistentums entgegengerichtet und haben das Potenzial zu einer Theoriesynthese.

Walltorstr. 10 · 35390 Gießen · Tel. 0641-96 99 78-18 · Fax 0641-96 99 78-19
bestellung@psychosozial-verlag.de · www.psychosozial-verlag.de

Psychosozial-Verlag

Jean Laplanche
Neue Grundlagen für die Psychoanalyse
Die Urverführung

Jean Laplanche
Die unvollendete kopernikanische Revolution in der Psychoanalyse

2011 · 200 Seiten · Broschur
ISBN 978-3-8379-2006-2

2005 · 221 Seiten · Broschur
ISBN 978-3-89806-460-6

Mehr als 20 Jahre nach der Erstpublikation liegen die *Neuen Grundlagen für die Psychoanalyse* von Jean Laplanche nun erstmals in deutscher Übersetzung vor. Der profunde Kenner des Freud'schen Werkes setzt sich darin kritisch mit den Ursprüngen der Psychoanalyse bei Freud und seinen Nachfolgern auseinander. Er entwickelt einen weitreichenden Vorschlag für eine Neubegründung der Psychoanalyse. Das Buch bildet einen zentralen Moment im Schaffen des Autors und eröffnet den Weg zur »Allgemeinen Verführungstheorie«. Es ermöglicht, die Entstehung des Unbewussten, die Natur des Triebes, aber auch das Wesen der psychoanalytischen Praxis neu zu begreifen, und stellt insofern einen Meilenstein für eine metapsychologische Neubestimmung der Psychoanalyse dar.

Die in diesem Band enthaltenen Aufsätze aus den Jahren 1989 bis 1992 sind nach wie vor aktuell und zeigen, dass der Gegensatz zwischen einer »kopernikanischen« Tendenz, die den Menschen sich selbst gegenüber dezentriert, und einer »ptolemäischen« Tendenz, die ihn unaufhörlich auf sein Ich rezentriert, in der Psychoanalyse und auch im Denken Freuds gegenwärtig bleibt. Zu behaupten, dass der Mensch ursprünglich um den Anderen »kreist« und dass er sich von Kindheit an von einer radikalen Andersheit aus bildet, ist eine Revolution, die es fortzusetzen gilt – von Freud aus und über ihn hinaus.